山下登司夫弁護士追悼論集

なくせ！
じん肺・アスベスト被害
――法廷内外における闘いの軌跡

山下登司夫弁護士追悼論集
刊行委員会〔編〕

日本評論社

山下登司夫 弁護士

トンネルじん肺集団訴訟の訴状提出　原告らとともに
（東京地方裁判所、１９９７年５月１９日）

労働者たちとともに。ダンプ運転手たちの奥多摩工業事件労働委員会闘争の行動に参加する山下弁護士（1983 年）

第17回「なくせじん肺全国キャラバン」にて
横断幕を持って先頭に立つ（2006年10月20日）

滅多にない休みの日には山岳写真を撮りに山に出かけた

集会で熱く語る若かりし山下弁護士

発刊にあたって

二〇一七（平成二九）年六月二一日、山下登司夫先生は、七五年の生涯を閉じられた。

山下先生は、一九七一（昭和四六）年に弁護士登録し、急逝されるまで、四〇年以上にわたり、全国各地でたたかわれた「じん肺」の被害者救済のために、心血を注いで活動されてこられた。一九八九（平成元）年からは、全国じん肺弁護団連絡会議（全国弁連）の幹事長に就任し、全国各地のじん肺訴訟の理論構成・訴訟方針などの議論に加わるようになり、全国のじん肺訴訟を牽引する役割を果たされてきた。

山下先生が関わったじん肺訴訟は、本書の寄稿にあるとおり、戦後のじん肺闘争の歴史そのものである。「炭鉱夫じん肺」では、常磐じん肺訴訟、北茨城じん肺訴訟、長崎北松じん肺訴訟、長崎伊王島じん肺訴訟、筑豊じん肺訴訟、三井三池じん肺訴訟、北海道石炭じん肺訴訟。「金属じん肺」では、細倉じん肺訴訟、秩父じん肺訴訟、北海道金属じん肺訴訟。「トンネルじん肺」では、道南じん肺訴訟、ゼネコンを被告とする補償請求団訴訟、国を被告とする根絶訴訟。「アスベスト」では泉南アスベスト訴訟、建設アスベスト訴訟に取り組んでこられた。

被害実態と責任の所在を的確に捉えたうえで、精緻な理論を組み立て、説得的で迫力ある山下先生の法廷での弁論は、被害者・支援に勝利への確信を抱かせるものにとどまらず、裁判所や被告の代理人をも説き伏せるものだった。

数年前に体調を崩されて以降は、各地の訴訟に出廷することはできなくなったが、首都圏建設アスベスト訴訟においては実働の弁護団として、法廷内外の活動に携わってこられた。

建設アスベスト訴訟で各地の高裁判決が積み上がり、一部が最高裁に係属し、ようやく最大のじん肺被害である建設アスベストの全面解決が展望できる時期を迎えるなかで、志なかばにして逝去せざるを得なかった山下先生の無念さは、察するにあまりある。

山下先生を失ったことは、全国各地のじん肺被害者、支援、弁護団にとって、大きな打撃であるが、遺された我々にできることは、先生の遺志を引き継いで、じん肺被害の救済・じん肺被害の根絶に取り組んでいくしかない。

本書は、山下先生が取り組んでこられたじん肺根絶のたたかいの概要を記録するだけのものにとどまらず、これまでともにたたかってきた全国のじん肺被害者、支援者、弁護団のたたかいの「記念碑」でもある。

今後もさらに続くであろう「謝れ、償え、なくせ、じん肺」を実現するための諸活動に、本書がその一助となることを期待したい。

二〇一八（平成三〇）年一二月

全国じん肺弁護団連絡会議幹事長・弁護士　田中貴文

目次

第二部　山下弁護士と私

第三部　論考・弁論要旨（山下登司夫）

［資料編］

第一部

じん肺・アスベスト訴訟をともに闘って

常磐じん肺訴訟のたたかい

常磐じん肺訴訟弁護団・弁護士
水口洋介

一　常磐じん肺のたたかいの発端

常磐じん肺のたたかいは、たった一人の元炭坑夫である井田春雄さんのたたかいからはじまった。優秀な炭坑夫として常磐炭礦に二〇年以上働いていた井田さんは、炭坑夫を辞めてから新しい仕事についていた。常磐炭礦とは、一九七一年に閉山された本州最大の炭礦であった。常磐炭礦は、閉山後、映画「フラガール」で有名になった常磐興産に社名変更し、常磐ハワイアンなどの観光・不動産事業に事業転換した。

井田さんは、炭坑夫を辞めて一〇年以上経過してから、じん肺と診断されて症状が悪化した。井田さんは、旧常磐炭礦の後身である常磐興産に対してお見舞いを求めたが会社から拒否をされ、一九八三年一二月に六〇歳若さでじん肺にて亡くなった。一九八四年一〇月に、遺族は井田さんの遺志をついで常磐興産に対して東京地裁に訴訟を提起した。

これが、その後一二年半にわたり、多数の元炭坑夫たちがたたかった常磐じん肺闘争の発端であった。当時、小野寺利孝弁護士と山下登司夫弁護士は、井田さんの訴訟のために、いわき市に何度も訪れて多くのじん肺患者と出会った。そして、地元いわき市の広田次男弁護士の協力も得ることができた。東京と地元いわき市、福島の合同の弁護団が結成された。弁護団は何度も東京の医師とともに、いわき市で自主的なじん肺検診運動を実施して、じん肺患者の相談を受けるようになった。その中から、じん肺検診井田さんと同じく常磐炭礦にじん肺加害の責任を認めさせるたたかいに参加するじん肺患者の輪が広がっていった。

二　常磐じん肺第一陣訴訟の闘いと画期的な勝訴判決

旧常磐炭礦じん肺患者と遺族は、一九八五年九月、福島地裁いわき支部に対して、第一陣一次訴訟（原告数一七名）を提訴し、続いて翌年八六年五月には第一陣二次訴訟を提訴した（原告数七名）。当時一九八五年三月に、長崎地裁佐世保支部が、長崎北松じん肺訴訟で原告じん肺患者の請求を認容した原告勝訴判決を下していた。この長崎北松じん肺の勝訴判決に励まされての提訴であった。

常磐興産は、裁判においても、「坑内では粉じんが発生していなかった」などと全面的に企業責任を争った。福島地裁いわき支部での裁判は月一回のペースで審理が進められて、毎回の法廷では、被告代理人と激しい攻防が展開された。地元の福島の弁護団、東京からの弁護団は、毎期日前日に泊まり込みの弁護団会議を行い、翌日の法廷に備えて準備をした。このとき弁護団会議の議論をリードしたのは山下弁護士であり、徹底した証拠資料の検討、徹底した討議を経た上での法廷は、毎回真剣勝負の場であった。

東京地裁での井田さんの裁判では、一九八九年一〇月に常磐興産が井田さんに損害賠償金を支払う和解が成立した。しかし、福島地裁いわき支部での訴訟においては、常磐興産は和解を拒否して徹底的に争いを続けた。一九八八年には常磐第二陣訴訟（原告数六七名）を提訴し、北茨城市においても、常磐興産に対するじん肺訴訟が続々と提訴され、常磐炭田地域に闘いの輪が広がっていった。

そして、一九九〇年二月二八日、福島地裁いわき支部は、画期的な原告全面勝訴の判決を下した。この判決は、常磐興産の責任を全面的に認めたものであるが、さらに常磐炭礦（常磐興産）は炭坑夫がじん肺が発症することを認識しており、「未必的故意」があるとして「故意責任」を認定し、よって常磐興産の「消滅時効」の主張を「著しく正義に反する」と判断して、消滅時効の援用を明確にしりぞけたものであった。実は、この判決の一年前、長崎北松じん肺訴訟の控訴審である福岡高裁が、一九八九年三月、一審判決を変更して、多くの一審原告を「消滅時効が完成している」として請求棄却の判決を下していたのである。この逆風の中での常磐じん肺一陣訴訟の判決であった。この情勢の中での、時効援用を正義に反するとして排斥した常磐じん肺一陣判決は、全国的に見ても画期的な成果であり、全国のじん肺患者と運動を励ますものになった。

三　仙台高裁での勝利和解と全面的和解

常磐興産は、第一陣判決に対して仙台高裁に控訴した。しかし、一九九二年一月に、仙台高裁において、時効差別をすることなく一審原告全面勝利の和解が成立した。この和解は、常磐じん肺第二陣訴訟、また北茨城じん肺訴訟の全面和解につながり、一九九四年二月までに常磐じん肺訴訟、北茨城じん肺訴訟計六件において原告全員救済の勝利和解につながった。

この流れは裁判だけで生まれたものではなかった。地元いわき市は元々常磐炭礦という大企業のお膝元であり、後身の常磐興産はいわき市での影響力は強かった。他方、多くの元炭坑夫が暮らしている地域であり、多くの市民にとって元炭坑夫は、祖父であり、父親であり、夫であった。駅前でのビラ配布や署名活動をする中で、市民の支持は目に見えて広がっていった。原告団や家族が、そして弁護団も駅前で署名活動、ビラ配布を繰り返し行った。駅前を通る若い女性が「私にも署名させて欲しい」と積極的に応じてくれるまでになった。このような運動と世論の流れの中で、全面的な解決につながっていたと言える。その先頭に立ったのはやはり山下弁護士であった。

四　アンカーとしての第三陣訴訟——管理区分二、三の非合併症患者の救済

地元いわき市には、じん肺患者のうち重篤な患者（要療養患者）ではない比較的に中軽症のじん肺患者（管理区分二、三の非合併症患者）が多数存在していた。この管理区分二、三の非合併症患者は、「常磐じん肺請求人団」を結成して常磐興産に対して補償を要求した。その要求は、「見舞金三〇〇万円を支払い、将来じん肺症が進行して要療養となった場合いは、裁判の和解基準による賠償を支払え」というものであった。この請求人団を組織し、たたかいの構想を描いたのは小野寺弁護士も山下弁護士であった。請求人団は、一年半にわたり、常磐興産と交渉したが、最終的には決裂した。そこで、一九九二年一〇月、第三陣訴訟（二次）をいわき支部に提訴した（原告数一七九名）。常磐興産は、管理区分二、三の非合併症患者である原告を「損害賠償を認めるほどの健康障害がない」として裁判所で損害も責任も争った。

他方、一九九四年一二月、長崎地裁は伊王島じん肺訴訟において管理区分二、三の非合併症患者について企業責任を認める勝訴判決を下した。また、一九九五年七月、福岡地裁飯塚支部も、筑豊じん肺訴訟において、管理区分二、三の非合併症患者に損害賠償を認めた。山下弁護士は、これらの全国各地のじん肺訴訟と運動にも、積極的に

参加し、全国の訴訟をリードする役割を果たした。

常磐じん肺第三陣訴訟の原告らは、これらの全国のじん肺患者のたたかいによる勝訴判決を手に入れ、そして、いわき市地元の市民からの訴訟支援の世論が常磐興産を追い込んでいった。そして、最後には、常磐興産は第三陣訴訟の原告らの要求を受け入れるに至った。

一九九六年三月一二日、常磐興産は、請求人団の要求する全面解決を受け入れ、しかも、解決にあたって原告団と共同記者会見を行った。そこで、常磐興産代表者が「会社は今般、非合併症管理二、三の原告らと和解するにあたり、これまでの全ての原告の皆さんに対して、企業としての社会的責任を認め、衷心よりお見舞い申し上げある」と述べた。

この和解の骨子は「①管理区分二、三の非合併症患者について見舞金（管理二で二二五万円、管理三で三〇〇万円）を支払う。②将来重症となった場合には、労災認定に従い、認定日から一年以内に和解基準に基づき見舞金との差額を支払う」というものであった。

一二年半にわたる常磐じん肺訴訟のたたかいは、最終的に常磐興産が社会的責任を認めて常磐じん肺全面補償の和解をして全面解決を獲得した。これは、常磐じん肺訴訟の成果であるが、同時に全国的なじん肺闘争が連帯して進めた訴訟と運動の大きな成果であった。

五　最後に——追悼　山下弁護士

常磐じん肺闘争は、弁護団長の小野寺利孝弁護士、東京事務局長の山口英資弁護士、そして、地元事務局長の広田次男弁護士を中心とした弁護団全体の取り組みの成果であり、何よりも原告や支援の力の成果にほかならない。

しかし、その訴訟と運動での山下弁護士の役割は絶大のものであった。山口英資弁護士や広田次男弁護士も本書で思い出として触れられるとおりである。

山下弁護士は、常磐興産の主張に対して、徹底的な調査と分析を踏まえた論陣をはり、被告が提出した証拠から、常磐炭礦がじん肺患者の発生を知っていたこと、にもかかわらず国家検定の水準に達していない防じんマスクを使用させていたことを動かしがたい証拠に基づき徹底的に主張・立証を尽くした。その準備書面は訴訟資料を緻密に分析された結果であり、山下弁護士の「職人」としての執念がこもっていた。

山下弁護士は、常に「社会科学的な分析が必要である」と述べていた。例えば、戦後の石炭産業の歴史を調査し、いかに国と石炭企業が一体となって石炭増進に邁進して、労働者の生命と健康を無視したのか。膨大な歴史的な資料を集めて主張を展開した。その指導を受けたていた私は、このような主張が判決を導くために「果たして効果があるのか、必要なのか」と質問したことがある。すると、山下弁護士は「炭坑夫じん肺が構造的な原因を持っていることをあきらかにすることが必要だ。裁判官に確信を持たせることが必要」、「何よりも社会科学的な分析が大切なんだ」と教えてもらった。そして、常磐じん肺第一陣判決は、判決文の中で、石炭増産の経過を事実認定した上で炭坑夫の生命・健康が軽視された問題点を指摘していた。山下弁護士の主張が裁判官の心証に強く影響を与えていたことが判決文を読んで分かった。

山下弁護士は、相手を舌鋒鋭く攻撃するだけでなく、被告代理人とも裁判官とも腹をわって話すことを得意とされていた。相手を厳しく追及をするが、同時に信頼関係を維持するという点では常に相手の胸襟を開かせる技を持っておられた。

山下弁護士は、常磐じん肺訴訟を一つの「線」としての闘いと位置づけるのではなく、全国のじん肺訴訟とじん肺闘争全体として各地の訴訟を繋げて「面」としてたたかう方策を常に意識し実践されていた。じん肺闘争が各地訴訟の「単線」の闘いとしてだけでなく、全国的な「戦列」としての闘争に高めることを目指しておられた。

今思えばこの山下弁護士の姿勢は、その後の細倉じん肺訴訟、トンネルじん肺訴訟、建設アスベスト訴訟にすべて一貫している。常磐じん肺は、じん肺訴訟のたたかいの山下弁護士の原点であったと言えるのでないか。

山下弁護士の陶冶をうけた当時の若手弁護士であった私たちは、むずかしくとも一歩でも半歩でも山下弁護士の力量に近づく努力をしていかなければならないし、今の若手弁護士に伝えていきたいと思う。

山下先生　ありがとうございました。

山下登司夫弁護士と北松じん肺裁判

長崎北松じん肺訴訟弁護団・弁護士
河西龍太郎

1　私が初めて長崎北松じん肺裁判の原告となる炭鉱夫のじん肺患者と会ったのはもう四〇年位前のこととなるが、私は今でもそのことを昨日のことのように覚えている。私は三〇歳になった頃で、佐賀市内に法律事務所を開いたばかりであった。その事務所にJR佐世保駅からさらにバスで一時間も（当時のこと）かかる山奥から、佐賀の見ず知らずの私の事務所に紹介状も持たずにやって来て、いきなり裁判をしてくれと言うのである。私はその時、炭鉱夫という人達と初めて出会ったのだと思う。その炭鉱夫のじん肺患者は五～六人、私の事務所のソファーにムカデのように丸くなって座って、瀬戸物の欠片のように白い眼を光らせながら、何軒の法律事務所を訪ねて事件依頼をしてきたが断られたと言う。話を聴くと彼らは日鉄北松炭鉱の労働者であり、日鉄北松炭鉱というのは一〇年以上前に既に閉山しているという事であった。

当時の通説では企業主の労働者に対する健康保持義務は退職後一〇年で時効となるとされていたので、全員が敗訴となる。しかも、じん肺裁判というのは日本の資本主義を裁くような裁判なので、日本の西端の名前も知らないような炭鉱で、企業責任の追及が可能なのだろうか。私はどちらかと言えば猪突猛進型の弁護士であると自覚しているのであるが、それでも躊躇せざるをえない。「しばらく考えさせてください」と言って帰ってもらった。元炭鉱夫の人達は帰りの列車の中で「あの弁護士も駄目バイ」とがっかりして帰ったとのことである。

2　私は彼らが帰ったあと、数人の友人の弁護士に電話をした。その弁護士たちは皆「面白そうな話じゃないか、自分は参加していいよ」という返事だった。

それで私もようやくやる気になって、北松のじん肺患者の人達に裁判の依頼に応じると返事した。結局、こんな事件をたった一人で受けて負けたら赤っ恥をかくというのが、私がこの事件を受けた時の正直な気持ちだったのであろう。

後に勉強して判ったことであるが、日鉄北松炭鉱というのは、日本の西の端の山奥にある名前の知られていない小炭鉱ではなく、当時の八幡製鉄所が製鉄に使うコークスを作る強粘結炭を掘り出すために関連会社として作った日本の資本主義を支えた大炭鉱という事が判明した。

3　長崎北松じん肺訴訟の弁護団は皆炭鉱に関してはまったく無知であった。一方の日鉄鉱業側の証人は鉱山大学を出て炭鉱の現場でも働いた経験のあるプロである。その知識の差は明らかであり、口の悪い原告（元炭鉱夫）は「後、先も判らない弁護士に任せて大丈夫なのか」と陰口を言っていた。炭鉱夫には「後山」と「先山」がいて、先山が掘った石炭を後山がモッコで運び（通常は夫が先山、妻が後山）、仕事をするので、炭鉱夫なら誰でも知っている後、先を弁護士は知らないと言って笑われたのである。弁護団はこの事などで奮起して一〇名近くの弁護士が一週間上京して国会図書館に出かけて、分担して炭鉱の夕の字、じん肺のジの字の付く書類をコピーして持ち帰ったことがあった。

4　長崎北松じん肺訴訟の弁護団のほぼ全員が、この裁判は全国的な闘いとして発展させていかなければ解決できない事件であることを自覚していたが、一審判決まではやはり地元で一審判決を勝ち取ることを第一の目標としていた。

一審判決は一九八五年三月二五日長崎地裁佐世保支部で出された。その判決は一部に時効棄却者を出したが、加害企業の責任を厳しく認めた、じん肺絶滅運動の基礎となし得る判決であった。長崎北松じん肺原告団が本格的に全国運動を展開したのは、やはり、一審判決以降ではあるまいか。

山下登司夫弁護士との印象的な出会いもこの頃から始まったとの印象を私は持っている。というのは私は山下登司夫弁護士が日鉄鉱業の本社前で行った情熱的な熱弁を今でも覚えているからである。

5　長崎北松じん肺訴訟原告団の闘いは素晴らしかった。東京を含む全国のオルグは延べ五〇〇日を超え、延べ二〇〇〇人を超える原告が全国にオルグに廻ったと思う。長崎北松じん肺訴訟のじん肺患者原告は全てじん肺の管理区分四の最重症患者であった。本来なら布団で寝ているべき人達である。こういう人達が皆カバンの中に酸素ボンベを隠しもってオルグに出ているのである。私はそのようなじん肺患者と一緒に東京オルグをしたことがある。一日中東京をめぐり廻ってオルグを終えて夕方本郷の旅館に戻る手前に小さな坂があった。じん肺患者は一〇歩歩くと一休みするといったふうで疲れきって宿に着いたのである。

私はそのような活動を共にして、何故、長崎北松炭鉱といった僻地での炭鉱夫じん肺裁判が全国のじん肺闘争の中核となるのかということが判った。それは長崎じん肺訴訟の原告団が、日本で一番戦闘的で、団結力が強かったからである。私はそのことをようやくその頃に気づいたのであるが、山下登司夫弁護士は優れた理論家としてそのことを外部から早期に気づいていたのである。

6　山下登司夫弁護士は常磐じん肺裁判の重鎮であり、全国トンネルじん肺裁判の責任者である。その立場から全国じん肺弁護団連絡会議の幹事長を務められたものと考える。しかし、長崎北松じん肺裁判の一審判決以後は、長崎北松じん肺訴訟の常任弁護団ではないかと思うくらい、長崎北松じん肺訴訟に張りついていただいた。地元の重要な弁護団会議にはほとんど参加していただき、重要な全国情勢を話していただいた。全国の重要なじん肺訴訟には必ず山下登司夫弁護士が出席して長崎北松じん肺裁判の意義を話してくれた。東京での長崎北松じん肺の支援集会ではいつも主催者の一員として協力していただいた。長崎北松の地は日本の西の端にある。しかし、長崎北松じん肺闘争は全国のじん肺裁判の支援がなければ勝てない。長崎じん肺訴訟と全国のじん肺訴訟及び支援運動をしっかり結びつけるという重要な役割を山下登司夫弁護士は自らの身体をはって務めていただいた。

山下登司夫弁護士がこれほど身体をはって長崎北松じん肺のために頑張ったのは、山下登司夫弁護士の人柄やその性格が長崎北松じん肺の原告団から強く愛されていたことも大きな理由の一つであると思うが、私は、山下登司夫弁護士が優れた理論家であり、全国のじん肺闘争の成果に支えられ、長崎じん肺闘争が完全勝訴しない限り「じん肺被害の根絶」「じん肺被害者の完全救済」を二つの柱とするじん肺闘争の全面勝利はありえないという確信を持っておられたからだと考えている。

7　以上の通り、山下登司夫弁護士が長崎北松じん肺裁判に与えた影響は限りなく大きく、それをダラダラ述べていては限がなくなると思われるので、以下に箇条書きにしてまとめたい。

①長崎北松じん肺裁判の意義を全国のじん肺訴訟及び支援者に正確に伝えたこと。
②長崎北松じん肺訴訟の原告団、弁護団、支援者らに全国のじん肺闘争の実情を正しく知らせたこと。
③全国じん肺弁護団連絡会議の中で、長崎北松じん肺裁判の意義を正しく位置づけ、その支援を全国のじん肺闘争の中心として位置づけたこと。
④東京を中心に全国のじん肺支援闘争の結集をはかり、日鉄鉱業の本社行動を中心にした大きな支援運動を展開したこと。
⑤北海道から東京、九州から東京へじん肺の根絶と被害の完全救済を求める全国キャラバンをこれまでに三〇回

近くも成功させたこと。

⑥長崎北松じん肺闘争の最高裁闘争において全国のじん肺闘争の力量を結集し、全国の支援する会の力を結集して大きな成果をあげたこと。

⑦長崎北松じん肺裁判は控訴審において、事実上敗訴に近い反動判決をうけた。これは全国的なじん肺闘争の広がりの中で一審の弁護団を三つに分けて新しいじん肺裁判を提訴したため長崎北松弁護団の力量が落ちたことが大きな敗因の一つである。そのために長崎北松じん肺裁判の上告審にあたっては新しい弁護士の参加を呼び掛けた。その呼びかけに応じて当時東京で活躍されていた多くの有名な労働弁護士の数々が上告審弁護団に結集していただいた。これは最高裁で高裁の反動判決を差し戻す有力な方法であったと思われるが、これは山下登司夫弁護士等を中心とする全国じん肺弁護団連絡会議の大きな力によるものと考える。

⑧以上は山下登司夫弁護士の功績としてまとめたものであるが、この成果が小野寺利孝弁護士その他の全国じん肺訴訟弁護団及び事務局の力量による成果であることは言うまでもない。

8　私達は本気になって「じん肺被害者の完全救済」と「じん肺被害の根絶」に取り組んだ。全国のじん肺訴訟の協力の下で、私達は九割がた目的をやり遂げたと自負している。残された課題として「被害者の完全救済」に関しては「時効差別」問題がある。私は「じん肺被害の救済」の壁として時効の採用はありうると考えていた。北松の炭鉱夫の中には親子三代炭鉱夫を続けていたじん肺患者がいる。そんな患者が「俺の祖父も畳の上で血を吐いて死んだ。多分じん肺だったのだろう」と言う。残念ながらそういう患者には私も「お気の毒です」としか言えないと思う。しかし、長崎北松じん肺裁判の時効棄却者はそういう患者（原告）ではなかった。長崎北松じん肺の原告団は皆ほとんど同じ時代に、ほとんど同じ炭鉱で働いた労働者である。では何故ある人はじん肺に早く罹患し、ある人は遅れてじん肺に罹患するのだろうか。答えは簡単である。一番粉塵の多い職場で一番長く働いていた炭鉱夫が早い時期に急性のじん肺に罹患して時効棄却されるのである。炭鉱は断層にぶつかると新しい炭層を見つけるまでは石炭が掘れない。炭鉱夫は皆出来高払いだからその間はオマンマが食えない。炭鉱夫達は二〇代から三〇代の働き盛りの力の強い掘進夫を一〇名くらい集めて「特攻隊」を作る。通常は坑道は入気抗と排気抗の二本を作って石炭を掘っていくのであるが、特別の場合であるので坑道は一本しか掘らない。そんなひどい職場で一〇時間～一二時間もの長時間労働を続けたのである。「特攻隊」のメンバーは若くしてバタバタと急性じん肺に罹患して倒れていき、裁判では早くじん肺に罹患したことを理由に時効棄却されていったのである。二〇代や三〇代の働き手を失って残された家族はどうやって生活していったのか。このような不合理は決して許されてはならない。「じん肺被害の絶滅」には退職後の「じん肺検診」が課題である。現在粉塵企業は粉塵対策及び在職者のじん肺検診についてはー定のことはやっていると思う。しかしそこが企業の狡いところであるが、在職者のじん肺検診はやるが退職者に対するじん肺検診はやろうとしていない。これでは企業の行っている粉塵対策も企業内で働いている間にはじん肺を発症させない程度の対策しかたてていないと言われても反論できないであろう。さらに残された粉塵職場で発生するじん肺患者の問題がある。アスベストは現在使用禁止になっているが、過去には建築資材として多くの市場に出まわっていた。現在そのようなアスベストを使った建築物が老朽化して建て直す時期を迎えている。きちっとしたじん肺対策をしないとじん肺被害が多発するであろう。また石工じん肺、陶磁器じん肺も中小企業で問題が難しいが放置できない被害を発生させている。

9　全国に解決すべきじん肺問題はまだまだ多く残されていると思う。しかし、これらの残されたじん肺問題のすべてを新しい闘争をつくって解決していくことは不可能に近い問題であろう。やはりこれらの残った問題はこれまでの全国のじん肺闘争が担っていかなければならない課題であろう。私はこんな事を考えると出るのは溜息ばかりといった気持ちになってしまう。

しかし、生前の山下登司夫弁護士は困難に直面すると、古い言葉ではあるが、まるで人間機関車のように馬力を取り戻して困難に突進していく弁護士であった。そういう意味で全国じん肺闘争弁護団はたいへん重要な時期にたいへん重要な人物を失ったわけであり、悔やんでも悔やみきれないというのが私の正直な気持ちである。

10　最後になったが、私は司法研修所の二三期生であり、山下登司夫弁護士と同期である。それだけでなく、登山という共通の趣味を持っていた。一緒に山行したことはなかったが、よく山の話はした。私は学生の頃、山岳会に入っていたので、初歩の雪山やロッククライミングはやったことがあるので、山行では自分のほうが少し上かなと思っていたが、私はトレーニングしないで山行するとバテてしまう方なので、じん肺裁判に関与してからは山行を諦めていたが山下登司夫弁護士はトレーニングもしないまま、かなり厳しい山行を続けていたようであった。その山下登司夫弁護士の基礎体力に感心していた。それだけに今回の訃報は私にとっても大変な驚きであった。

心から、ご冥福をお祈りいたします。

北茨城におけるじん肺闘争

常磐炭田北茨城じん肺弁護団・弁護士

安江　祐

一　はじめに

茨城県北部（地元では「県北（けんぽく）地域」と呼んでいる。）、現在の北茨城市、高萩市、日立市の一部となっている十王町あたりまでは、福島県いわき市から続く常磐炭田地帯の一部となっており、かつては、大小いくつもの炭鉱が栄えていました。

その北茨城の炭鉱も国のエネルギー政策の転換の中で次々に姿を消していきました。一九七一（昭和四六）年八月一四日、常磐炭鉱茨城鉱業所中郷新坑において大規模な出水事故が発生し、常磐炭鉱茨城鉱業所も完全に閉山、坑内採炭を行っていたすべての炭鉱が県北地域から姿を消すことになりました。

常磐炭田で最大手であった常磐炭鉱は、常磐興産株式会社と名称を変え、石炭産業で蓄積した資本を基礎として常磐ハワイアンセンター（現「スパ・リゾート・ハワイアンズ」）等を中心とする観光事業や不動産事業等に転身して、東証一部上場企業として現在も営業を続け、地元のいわき市や北茨城市においても地域社会の中で強い影響力を維持してきました。ただ、同じ炭鉱企業でも、倒産同然に閉山し、その後は企業として存続できなかったところも数多くありました。

多くの元炭鉱労働者は、地域の中で暮らし、年々歳を重ねる中で、セキやタン、息切れなどといった自覚症状を覚える人が多くなりました。しかし、在職中もじん肺について適切な教育を受けることなく、閉山後は全く放置されてきたなかで、じん肺特有の自覚症状が現れていても、「風邪」や「年のせい」と思い込み、適切な治療や最低限の権利保障である労災補償すら受けることなく生活していたのです。

二　じん肺集団検診運動の広がり

1　常磐じん肺訴訟のはじまり

常磐炭鉱（現常磐興産）に対するじん肺加害責任の追及は、一九八三（昭和五八）年に井田春雄さんという磐城鉱業所で働いた元炭鉱夫のたった一人の闘いから始まりました。その年に井田さんが亡くなると、遺族がその遺志を引き継いで一九八四（昭和五九年）一〇月二三日に東京地裁に常磐興産株式会社を被告として井田じん肺訴訟を提起したのです。

そして、翌一九八五（昭和六〇）年九月一七日、福島地裁いわき支部に、常磐じん肺訴訟が提起されました。翌年提訴された第二次訴訟と合わせて「常磐じん肺第一陣訴訟」と呼ばれるようになったこの訴訟は、患者単位で二四名が原告となりました。原告やその家族は、常磐興産のいわば「城下町」のいわき市の中で訴訟に立ち上がったもので、勇気ある決断でした。

ただ、この原告団は既にじん肺と認定されて労災補償を受け、全国じん肺患者同盟福島支部に結集している患者とその遺族が中心でした。その人たちは、常磐炭田一帯に暮らす多くの元炭鉱夫の中のほんの一握りの人たちであり、閉山から一五年も経過しているにもかかわらず、いまだに自分がじん肺であることすら分からないで暮らしている元炭鉱夫が数多くいることに、私たち弁護団も思い至っていなかったのです。

2　阿部家治さんとの出会い

阿部家治さんは北茨城市の磯原にあった大日本炭鉱を中心に働いていた元炭鉱夫でした。出稼ぎに行っていた東京都江戸川区で体調を崩し、たまたま受診した病院で労災職業病に詳しい平野敏夫医師と出会ってじん肺と診断され、労災認定を受けることができました。自分がじん肺ならば自分と同じように炭鉱で働いていた仲間たちもじん肺になっているに違いないと、北茨城市に戻ってからかつての仲間に声をかけ、東京の平野医師の元を訪れて診断をしてもらうという活動を続けている人でした。その阿部さんがいわき支部ではじまった常磐じん肺訴訟の法廷に傍聴に訪れ、そこで弁護団とのつながりが生まれました。

3　燎原の火のように…

「実際に検診を受ければじん肺患者と分かる人がこの常磐炭田にはいっぱいいる。」この阿部さんからの問題提起を受けて、患者と医師と弁護団が協力するじん肺集団検診運動がスタートしたのです。一九八六（昭和六一）年四月二〇日、満開の桜の下、北茨城市磯原で第一回目の集団検診が実施され、受診した五五名全員にじん肺の所見が認められ、内一六名が要療養の労災認定を受けるという結果となりました。これをきっかけに集団検診運動は北茨城市から隣接するいわき市や高萩市にも広がり、五年ほど経過した時点で総受診者は一五〇〇名を超え、労災認定を受けた人は三〇〇名にも及びました。集団検診運動はまさに燎原の火のように常磐炭田地域に広がり、それまで忘れ去られていた元炭鉱夫のじん肺患者に最低限の権利である労災補償を得る機会を提供したのです。

三　北茨城における常磐興産のじん肺加害責任追及の闘い

1　常磐炭田北茨城じん肺第一陣、第二陣訴訟の闘い

一九九〇（平成二）年二月二六日、常磐炭鉱茨城鉱業所で働いた元炭鉱夫で集団検診運動の中で要療養の労災認定を受けたじん肺患者とその遺族が、常磐興産を被告として水戸地裁に常磐炭田北茨城じん肺訴訟を提起しました（第一陣）。いわきに続き茨城でも常磐興産のじん肺加害責任を追及する闘いが開始されたのです。すべての原告が集団検診の中でじん肺と認定された患者であったことも画期的でした。

提訴の二日後、いわき支部で常磐じん肺第一陣訴訟の判決が言い渡され、常磐興産のじん肺加害責任が断罪されました。水戸地裁では被告の加害責任を前提とした審理を要求しましたが、常磐興産は、「磐城鉱業所と茨城鉱業所は違う」として、その責任を争う姿勢を示していました。水戸地裁でも会社側の証人が証言することになりましたが、後に述べるとおり、その尋問に際しては、山下先生に大きな役割を果たしていただきました。

じん肺で要療養と認定された患者とその遺族で構成された第一陣と第二陣訴訟は、患者単位で第一陣が二九名、第二陣が二三名となりましたが、常磐じん肺訴訟第一陣、第二陣の和解成立の流れの中で、第一陣は一九九三（平成五）年三月二四日、第二陣は一九九四（平成六）年二月九日、水戸地裁でそれぞれ和解を勝ち取りました。

2　中軽症患者の救済に向けて

じん肺集団検診を受診した人の中には、じん肺の所見はあるが、管理IIやIIIで続発性気管支炎などの合併症を発症しておらず、労災認定を受けていない患者さんたちも数多くいました。その患者さんたちも、今後進行して管理IVになったり法定の合併症を発症すれば要療養として労災認定の対象となるのであり、救済の必要性がある事には変わりありません。これまでのじん肺訴訟は労災で要療養と認定された重症患者が中心で、労災認定がなされていないじん肺が原告となっているのは長崎伊王島じん肺訴訟などごく一部にとどまっていました。

常磐炭田では、集団検診運動によって多くのじん肺有所見者を発見して組織化することが可能となり、いわきと北茨城それぞれで、常磐興産を被告として、中、軽症患者を中心とする第三陣訴訟を提起することができました。一九九三（平成五）年五月二六日に第一次訴訟を水戸地裁に提起した常磐炭田北茨城じん肺第三陣訴訟は、その後提起した第二次、第三次も含め患者単位で九二名にも及びました。

3　常磐じん肺問題の全面解決へ

第三陣訴訟の提起により、いわきと北茨城を合わせて、常磐興産に対して常磐じん肺問題の全面解決を迫る土俵ができあがったのです。一九九四（平成六）年一二月一三日に長崎地裁で言い渡された長崎伊王島じん肺訴訟第一審判決で、中軽症患者についても重症患者に匹敵するような高額な賠償が認められたことも追い風となり、一九九六（平成八）年三月一二日の常磐じん肺全面解決が実現しました。

中、軽症者については、一時金で終わりにするのではなく、当初は見舞金を支払い、将来要療養と認定された際に追加で賠償金の受け取るという二段階方式の解決を行い、常磐興産といわき、北茨城の原告団・弁護団が、会社の謝罪も盛り込んだ「終結共同宣言」を行うことで全面解決とすることができました。井田春雄さんがたった一人で立ち上がってから、実に一二年半が経過していました。

四　全国の闘いに励まされて

1　トンネルじん肺の闘い

常磐興産のじん肺加害責任を追及する闘いは一定の成果を収めることができましたが、北茨城のじん肺問題はそれにはとどまりませんでした。「あやまれ、つぐなえ、なくせじん肺」をスローガンに、一九九七（平成九）年五月一九日に東京地裁など全国五地裁に提起された全国トンネルじん肺訴訟は、全国各地に広がり、二〇〇〇（平成一二）年五月三一日には水戸地裁でも全国トンネルじん肺水戸訴訟が提起されました。

原告数は第一グループ、第二グループ合わせて患者単位で一二名と各地の訴訟に比べると少数でしたが、いくつもの現場を渡り歩くトンネル鉱夫の特殊性から被告となる企業の数は二〇数社を数えました。

原告の多くは北茨城に住み、炭鉱で働いた後にトンネル鉱夫となった人も多くいました。炭鉱で坑内労働に従事したことから、その経験を生かしたということになるのですが、じん肺についての教育が行き届いていれば、引き続き粉じん作業に従事するという選択はしなかったかもしれません。

全国の闘いで勝ち取った和解基準に従い、二〇〇三（平成一五）年三月までに全員が和解しました。炭鉱での粉じん職歴はトンネルの和解金を減額する事情となりましたが、常磐炭鉱の職歴があった原告は常磐じん肺の基準に基づき常磐興産から相当の和解金を支払わせることができました。

2　東日本石炭じん肺訴訟の提起

北茨城で最大手の常磐炭鉱で働いていた人たちの多くは、常磐興産から救済を受けることができました。しかし、既に炭鉱を経営した企業がなくなってしまった人たちは、常磐じん肺の闘いとともに繰り広げられた集団検診運動によってじん肺と認定され労災補償は受けられたものの、企業による相応しい救済を受けることができないままでした。

企業責任に加え国の責任も掲げて闘ってきた筑豊じん肺、北海道石炭じん肺では、二〇年近い闘いの末、二〇〇四（平成一六）年四月二七日、筑豊じん肺訴訟の最高裁判決で国の責任を認める司法判断を確定させました。この貴重な闘いの成果により、これまで企業による救済を受けられなかった元炭鉱夫に国による救済の道が開かれたのです。

茨城でも、二〇〇六（平成一八）年四月一二日、国を被告とする東日本石炭じん肺訴訟を水戸地裁に提起しました。かつて日本の戦後復興とその後の経済発展を地底から支えた炭鉱夫も高齢化が進んでいましたが、水戸や東京の行動に病苦を押して参加するなど、じん肺根絶をめざす運動にも積極的に参加してくれました。

訴訟は、二〇〇八（平成二〇）年一〇月までに、患者単位で五五名の原告について和解が成立しました。

この東日本石炭じん肺の和解成立により、北茨城におけるじん肺闘争もようやく区切りをつけることができたのです。

五　北茨城のじん肺闘争と山下登司夫先生

1　茨城との関わり

山下先生はじん肺闘争が始まる以前から茨城とは関わりがありました。ともにじん肺闘争を闘う中で、百里基地訴訟の弁護団に加わり水戸地裁の石崎裁判長から退廷命令を受けた話などを懐かしげに話しておられるのを聞いたことがありました。

また、当時の全日自労の顧問として、茨城のダンプ労働者の争議にも関わりを持ち、後に茨城労連の議長なども務めた大平東勝さんなどとも親しくお付き合いをされていたようです。

2　全国の闘いの中で

北茨城のじん肺闘争は、じん肺集団検診運動にはじまり、いわきの常磐じん肺闘争とも連動してたいへんダイナミックな展開を見せたといっていいと思います。特に常磐じん肺全面解決後、常磐以外の患者さんの救済はいわば積み残しの課題だったわけですが、全国的なトンネルの闘いと石炭じん肺の国の責任追及の闘いが成果を上げる中で、北茨城の患者さんたちにも救済の途を開いたことはたいへん大きな意味のあることでした。全国トンネルじん肺弁護団の幹事長として、あるいは全国じん肺弁護団連絡会議の幹事長として、山下先生がリードしてくれた全国規模の闘いの成果を、北茨城の患者さんたちも受け取ることができたのです。

3　常磐炭鉱茨城鉱業所のじん肺加害責任──「茨城鉱業所タイムス」の活用

水戸地裁での常磐炭田北茨城じん肺訴訟では、会社側は「磐城鉱業所と茨城鉱業所は違う」といって責任論から争い、会社側の証人を尋問することになりました。その尋問をリードしたのはいわきでも責任立証の中心を担っていた山下先生でした。その山下先生が活用したのが会社が発行していた社内報「茨城鉱業所タイムス」でした。これは、北茨城地域の炭鉱の歴史を調べる過程で、茨城大学で地域史を研究している斉藤典生先生と出会い、先生が持っていた「茨城鉱業所タイムス」の全号のコピーをいただいたものです。戦後すぐの時期にはじまり、一九七一（昭和四六）年の閉山まで二〇年余り、その分量は相当の量になっていました。

常磐興産との裁判にあたって、私などもひととおり目を通しはしたのですが、「けい肺」だの「じん肺」といった言葉が出ている記事については気をつけてみたものの、それ以外はスルーしていたというのが実情で、あまり役には立たないというのが評価でした。その「茨城鉱業所タイムス」を山下先生は丹念に読み込み、その内容を駆使して反対尋問を組み立てていったのです。カッペの導入やドラムカッターの使用などの採炭技術の変遷や坑内環境の変化など、会社の証人よりも山下先生の方が詳しいといった局面が法廷に現出されました。弁護団でも、山下先生から「それはタイムスに書いてあったんじゃないか。」と指摘され、あわてて探すといったことがよくありました。

山下先生からは「役に立たない弁護団だ」と思われたのかもしれませんが、その姿勢はたいへん勉強になりました。「反対尋問するときは、俺はおまえより詳しいんだぞという姿勢が大事だ」と言われていたのが印象に残っています。

山下先生の尋問方法、特にその反対尋問の技術については、尋問前の準備の仕方から含めて、私たち若手弁護士にとってたいへん貴重な生きたお手本でした。あんなでかい声は出せなくても、あんな反対尋問がしてみたい、と私などは強く思ったものです。

六　おわりに

山下先生には、常磐じん肺弁護団の一員として、全国じん肺弁護団連絡会議の事務局として、ともに活動する中で本当に多くのことを学ばせていただきました。この場を借りて御礼を申し上げるとともに、心よりご冥福をお祈りします。

伊王島じん肺訴訟

伊王島じん肺訴訟弁護団・弁護士
熊谷悟郎

伊王島じん肺訴訟と言っても、昭和六〇年一二月二六日に長崎地裁提訴、平成六年一二月一三日に一審判決、平成八年七月三一日に福岡高裁控訴審判決、平成一一年四月二二日に最高裁判決という事件なので、若い先生方の中には事件の存在を知らない人も多いと思います。

伊王島じん肺訴訟は、長崎のじん肺訴訟としては、「私たち長崎のじん肺弁護団がはじめて提訴する事件」であったことに加え、それまでのじん肺訴訟では無かった「管理二・三非合併症患者の救済を求める最初の訴訟であった」ことから注目され、弁護団を緊張させた事件でした。

と言うのは、現在のじん肺訴訟で活躍している若い弁護団の先生方には理解できないと思いますが、「非合併症患者には、じん肺被害の症状がなく、裁判所にじん肺患者であることを立証するのが困難だ」というのがその理由だと言われました。

「管理二・三非合併症患者のじん肺被害」のとらえ方が違っており、現在合併症患者のような症状は無くても、じん肺症の患者であれば、いずれ「合併症」を併発し、現在の合併症の症状が発現することが正確に把握され、そのような立場の患者でなければ勝訴できないと考えた結果なのかと思います。

現に、他事件の弁護団からも「非合併症患者に対する賠償請求で勝てるのか」とか「大丈夫か?」、「全国のじん肺訴訟に影響を与えるので、非合併症患者の提訴には慎重な配慮が必要だ」等という「助言」を何回も受けた記憶があります。

当時は、言われるようなことを全く考えていなかったこともあって、「もしかしたら、非合併症患者に関する提訴という無謀なことをしてしまったのか」という不安にかられたこともありました。

しかし、非合併症患者が合併症を併発して重症化するのがじん肺症の進行性疾患たる所以であると言って、「大丈夫だよ!!」と自分に言い聞かせていました。

また、被告日鉄鉱業㈱も、この点に反論として、「具体的な健康被害の程度を誇大視し、単なる有所見者、すなわち単純管理二、三の者の多くが、何ら支障なく日常生活を送っている実情から乖離するという採証法則の誤り、経験則の違背のみならず、じん肺法の解釈を誤ったものである」と必死の主張を展開しました。

控訴審判決は、この日鉄鉱業の主張を排斥して、以下のような認定を行いました。

「確かに、単純管理二・管理三の者、即ち、管理二・管理三の者で合併症に罹患していない者の健康被害の程度は、管理四の決定を受けている者や、要療養の決定を受けた者に比して軽度であり、これは先に認定説示したとおりである。

しかしながら、単純管理二・管理三の者についても、エックス線写真上じん肺所見があることは否定できないばかりか、そのことは肺の繊維増殖性変化の進行又は気道の慢性炎症性変化、気腫性変化を窺わせるに足りるものであり、そこに健康被害があることは明らかであり、このことは、じん肺症状の進行性の特質に鑑みると、現時点では肺機能障害のほとんど認められない一審原告河野左郷・同宮崎正司についても、基本的に異ならない。そうすると、これらの者が、一見、日常生活上何らの支障がないかのように見えたり、労働能力に影響を及ぼさないかのように見えることがあったとしても、その健康被害を軽視することは許されない。」・「一審被告（上告人日鉄鉱業）は単純管理二、管理三の者の評価に関し、これらの者には賠償すべき損害は発生していない旨一貫して強く主張しているが、到底これを採用することはできない。」と判断しています。

そして、提訴時管理二・三非合併症であった九名の原告について、提訴から五年二ヶ月〜一三年九ヶ月を経過した六名が「管理四」、「管理三イ・ロ合併症」、「管理四死亡」等にあることを前提として損害賠償を認めた判決を行いました。

相手が日鉄鉱業であるため、提訴から最高裁判決まで一四年三ヶ月もかかりましたが、原告全員の救済を勝ち取りました。

最高裁判決以来、約三〇年を経過しようとしている現在、事件の記録も散失しており、原告の皆さん、その大部分は亡くなり、あるいは高齢化して症状を悪化しながら生活している人だけになり、又、弁護団の中にも亡くなった人が出ております。

伊王島じん肺訴訟は、全国のじん肺訴訟の歴史の中で何とか果たすべき役割を、その後に続いたじん肺訴訟に残していると思っています。

それにしても、全国弁連・故山下登司夫弁護士には、感銘することが多くあり、伊王島じん肺訴訟でも参考となる御意見をいただきました。最後のこの点を御報告します。

筑豊じん肺訴訟と山下弁護士

西日本石炭じん肺訴訟弁護団団長・弁護士
岩城邦治

筑豊じん肺訴訟の総括文書であり記念誌である「俺たちはボタじゃない―筑豊じん肺訴訟一八年四か月の軌跡」の常任弁護団員紹介欄には、山下さんについて、『会議のたびに東京から労を惜しまずやってきて、金属鉱山じん肺訴訟の経験からの貴重なアドバイスをし続けた。企業との和解交渉でも東京での重要な役割を果たした。』との紹介が写真付きで載っている。東京にいて常任というのがすごいところである。

一　控訴方針検討会議で「常任弁護団員」を名乗り出る

一九九五年七月二〇日の一審判決で国に敗訴し、一部時効棄却者も出たことを受け、筑豊じん肺訴訟弁護団は控訴方針検討の弁護団会議を開いた。ちなみに、その直前にあった北海道石炭じん肺弁護団合宿は、例年であれば涼しい北海道へ行けるというので筑豊からの参加希望が何名も出るのに、このときは一人の参加希望もなく、団長の馬奈木さんと副団長で国班責任者だった私が野幌（のっぽろ）まで出向いて判決報告を行ってきた。〝僻遠〟としか言いようのないとんでもなく遠い地で開かれた合宿で、気の滅入る報告を行った記憶がある。

控訴方針検討の弁護団会議はそれから間もなく開かれたが、山下さんは東京から参加してくれた。北松じん肺最高裁闘争と並んでじん肺運動の中核となっていた筑豊じん肺の控訴方針を検討する会議なので、全国弁護団連絡会議（全国弁連）の幹事長としては当然の参加とも言えるが、率直かつ「ガラッパチ」でざっくばらんなその物言いのおかげで、会議では積極的な意見が多く出た。その席で、山下さんは、「今日から常任弁護団の一人として、東京から会議に参加する」と、常任弁護団員となる名乗りを上げた。山下さんのこの常任の宣言もあり、落ち込んでいた弁護団員たちも息を吹き返し、その日の会議では、この判決が規制権限不行使について、『昭和六一年一一月改正前の炭則の内容は、前記保安法の委任の趣旨からして、妥当とはいい難いが、右の事情のみではこれが著しく不相当とまではいうことができない。』と指摘して結んでいる点に意見が集まった。「妥当とは言い難いと言わせるところまでは来ている」、「著しく不相当と言わざるを得ない材料を積み上げれば勝てる」という弁護団としての意思一致と勝訴まで頑張ろうという結束がはかられた。

とはいえ、「山下さんはなにをしようというのだろう」というのが当時の私の率直な印象であった。

修習の期で言うと、山下さんは私より一期先輩の二三期であった。二三期というのは、とりわけ活発な、というよりも手も口も足も出すといった、研修所からすれば「取扱注意」と言いたくなるような野武士の集まった期で、よく知ったやり手の人材も多かった。しかし幹事長となる前の山下さんを私は知らなかった。新設の全国弁連の幹事長ということで、山下さんが現れたときの私の率直な印象は、「どこかの大嫌いな政党のような〝幹事長〟などというヤクザな肩書きを持ち込んで、本気で仕事をする気があるのだろうか」というものであった。

しかし、筑豊じん肺の常任となった山下さんは、多忙な中を九州まで足を運び、筑豊じん肺勝利解決のために多方面での貢献をされた。もちろん、優れた幹事長として全国弁連を支えていきながらの弁護団員活動であった。

二　弁護団員としての非凡さ

こうして、山下さんは筑豊弁護団の一員としてほぼ毎回の会議に東京から参加してきた。自ら名乗りを上げた以上、当然といえば当然ともいえるものの、弁連幹事長として全国弁連の取りまとめや方向付けの煩雑な仕事を抱えているほか、自身の細倉じん肺や常磐じん肺の解決課題も抱え、多忙をきわめる中での東京からの参加で、本当に頭の下がる思いであった。

その中で特に私が感銘を受けたのは、山下さんが、個別原告ごとのデータや陳述を引用しながら、因果関係はもちろん責任論までも理由付けして展開してくることであった。

一般的に、弁護士は口が達者で、頭に貯め込んでいる理屈を引きながら会議で滔々としゃべる人は多い。それを途中で遮るのは困難なほどである。しかし、その多くは一般論についてであって、山下さんのように個別原告のデータや陳述を引きながら責任論にまでつなげてくる弁護士は少ない。異例ともいえる。なぜなら、一般論は全体の議論や空気から読み取って自説を構えていくことができるが、個別原告のデータや陳述は全体の議論からはつかみようがなく、あらかじめその日のテーマに合わせて記録の隅から隅まで目を通しておかないかぎり発言のしようがないからである。それを、いくつも課題を抱えて全国を飛び回っている山下さんがするので、「いったいいつどこで個人のデータにまで目を通しているのだろう」と驚嘆したのである。「着眼点の良さ鋭さと、たゆまずに記録に目を通す几帳面さや集中力に長けているのだろうな」と何度も感心させられた。また、会議の途中で「岩城さん、それは間違っているよ」と正面から指摘されたこともしばしばあった。プライドの高い弁護士を批判することは身内でもためらわれるが、ざっくばらんに山下さんから間違いを指摘されると、立つ腹も立たず、素直に誤りを改めることができた。山下さんは非凡なのである。

三　企業との和解解決に道をつける

筑豊じん肺の被告企業は、かつて筑豊を支配し財閥の原資を支えてきた三井鉱山（三井石炭）、三菱マテリアル、住友石炭、古河機械金属と、八幡製鉄に石炭を送り続けてきた日鉄鉱業の各社である。時効問題はあったものの、各社の企業責任については一審で完膚なきまでに勝った弁護団としては、速やかに企業との和解解決を実現することが課題であった。

このうち三菱マテリアルとは、まさに山下弁護士が道をつけてくれた。同社は細倉じん肺訴訟の被告企業で、ちょうど和解協議の取組みが進められていた。そのルートを使い、筑豊じん肺の常任弁護団員でもある山下弁護士が同社代理人の山西克彦弁護士と直談判してくれ、細倉じん肺和解の半年後に筑豊じん肺も解決に導いてくれた。北海道石炭じん肺も同時に和解解決に至っている。まさに山下弁護士の人間関係の広さ・深さと交渉力のたまものの解決であった。

古河とは一審判決の直後から和解協議を重ね、判決から七ヶ月で和解することができた。また住友石炭については、高裁裁判長をまつり上げる形で、時間をかけてもらって和解成立へつなげた。同裁判長は、高裁の争点であった国の責任と時効問題について、平気で後ろ向きの発言を口にする人であったことから、弁護団では「この裁判長の下では判決を求めない」ことを確認していた。「せめて和解くらいまとめて転勤してもらわないと、弁護団の名折れになる」という思いであった。

三井鉱山（三井石炭）と日鉄鉱業は「判決を見たい」と和解拒否を明言していた。

このうち三井鉱山（三井石炭）は、筑豊じん肺のほかに北海道石炭じん肺と三池じん肺の三件のじん肺訴訟の被告であった。原告の数も飛びぬけて多く、その和解解決実現は、国の規制権限不行使の違法および日鉄鉱業じん肺解決と並んで、じん肺訴訟全体の帰趨にとっても大きな意味を持っていた。その三井関連じん肺訴訟の一括和解実現に向けての全国闘争を、山下さんは全国弁連幹事長兼筑豊弁護団常任として、支援連と連携しながらリードしていき、筑豊高裁判決前の解決こそ間に合わなかったものの、高裁判決の一年後に三事件一括の全面解決へと導いていった。

振り返ってみれば、これらの例に限らず、常磐や細倉、トンネルじん肺などを通じて、山下さんの交渉力によって和解解決につながった事件は多い。山下さんの飾らない打ち解けた物言いと、落としどころをよく見極めた着眼点、良く計算された解決策、人を裏切らない誠実な交渉態度が和解を手繰り寄せる原動力だったように思われる。

四　高裁、最高裁での「規制権限不行使の違法」初判断とその活用

控訴方針検討の弁護団会議で確認した『改正前の炭則の規制は、たんに不合理であるばかりか、著しく不合理で違法である』を立証していくため、弁護団は、提出済みの全主張・立証をすべて洗いなおしていくとともに、宮田町石炭記念館、九州大学石炭研究資料センター、国立公文書館、通産省資料室などを再度回って資料の追加収集を行い、国の規制権限不行使＝石炭鉱山保安規則による規制の放置がはなはだしく不合理であったことを事実をもって明らかにしていった。多忙な中、山下さんもその検討と分析に加わった。

その努力の積み重ねを容れて、二〇〇一年七月一九日、福岡高裁井垣コートは『改正前の炭則の規制は、たんに不合理であるばかりか、著しく不合理で違法』という国の責任を認める画期的判決を言い渡した。三井鉱山と日鉄

の時効の主張も権利の濫用として退ける、完全勝訴判決であった。

同判決に対しては国と企業二社から上告受理申立てがなされたものの（三井鉱山とは前記のようにその後訴訟外で和解全面解決）、最高裁藤田コートは結局弁論を開くことなく、「上告不受理」の決定を言い渡し、筑豊じん肺訴訟は原告側の全面勝利で終了した。同判決は、国の規制権限不行使の違法を認めた初の最高裁判決となり、その後の泉南アスベスト訴訟など、各種事件で被害者救済を実現する宝刀となってきている。

私たちは、九州地区の炭鉱関係で残されていたじん肺被害者をこの判決を基準にして救済していくために西日本石炭じん肺訴訟を組織し、救済に当たってきたが、山下弁護士は、それに先駆けてトンネルじん肺問題にこの判決を持ち込み、国の加害責任を問う「トンネルじん肺根絶訴訟」を組織して、二〇〇七年六月には首相官邸での「トンネルじん肺防止対策に関する合意書」を国との間に締結する大成果を上げている。

また、各地でアスベスト被害が問題となるなか、いち早く「首都圏アスベスト訴訟」を組織し、国と建材メーカーの責任を鋭く問うている。

これらの訴訟での山下さんの活躍については、本書でそれぞれ詳しく紹介されているところである。

五　おわりに

そうした活躍を続けてきた山下さんが、まさに急逝というしか言いようのない形で亡くなられたことは、痛恨の極みであり、三〇年間一緒に山下さんとじん肺問題に取り組んできた私としては、「どうしてこんなときに亡くなられたのか」という悲しく悔しい思いでいっぱいである。「ご苦労さまでした」「安らかにお休み下さい」というのが本来とは思うが、「もう一回一緒に運動に取り組みたい」というのが今の本音の気持ちである。

三菱マテリアル細倉じん肺闘争と山下弁護士

三菱マテリアル細倉じん肺訴訟弁護団・弁護士
杉山茂雅

三菱マテリアルじん肺訴訟

細倉鉱山は、天正年間から採掘が始まったとされる古い歴史を持つ宮城県北部・栗駒山の山麓に位置する鉱山である。当初は、銀鉱山であった。一九三四年に三菱が本格的に開発に乗り出し、鉛・亜鉛の鉱山として大きく発展した。そして、神岡鉱山に次ぐ産出高をあげる日本有数の鉛・亜鉛鉱山となったが、一九八七年に閉山した。

三菱マテリアル細倉じん肺訴訟は、この細倉鉱山で働いていた鉱夫たちが、一九九二年五月一九日に二三名、同六月二二日に六六名で三菱マテリアル等四社を相手取って提訴した訴訟である。その後、四次訴訟まで提起され合計一〇七名の原告で訴訟が闘われた。

この訴訟は、一九九六年三月二二日に第一次訴訟について、原告勝利の判決が出された。判決は、三菱マテリアルのじん肺加害責任を明確に認めるとともに、それまで積み上げられてきていた集団じん肺訴訟の賠償額を上回る過去最高基準での支払いを命じるものであった。

そして、同年一〇月一五日に三菱マテリアルとの間で、第一次訴訟から第四次訴訟までのすべてについて、一括で原告全面勝利の和解を成立させた。そして、同日、三菱マテリアルが原告らに「謝罪」するとともに、原告団と三菱マテルアルとの間で終結共同宣言を発表して全面終結した。提訴からわずか四年五か月という短期間で全面解決するという成果を上げた訴訟である。

山下登司夫弁護士が、この訴訟の弁護団長を務め、弁護団の中心として訴訟活動を終始リードしていった。

常磐じん肺訴訟から細倉じん肺訴訟へ

私が、司法修習生であったころ（一九八四年四月から一九八六年三月）常磐地方では、小野寺利孝弁護士、山下弁護士を中心にして石炭じん肺の被害者の掘り起こしが行われていた。私は、過労死問題や当時問題になっていた国鉄分割民営化問題に関心があり、常磐地方でのじん肺患者掘り起こしに参加することはなかった。弁護士になってからもしばらくの間、じん肺訴訟へ関心を向けることはなかった。私の無関心をよそに、常磐じん肺訴訟は、福島地方裁判所いわき支部で進められていた。

一九九〇年二月に原告勝利の常磐じん肺訴訟第一陣判決が出された。この判決と前後して、仙台高等裁判所での控訴審を見据えて、山下弁護士を中心とする弁護団が、宮城県にオルグに来ることになった。まだ若手であった私は、誘われて控訴審の弁護団に加わり、宮城県内での法廷支援活動を行うことになった。

一九八七年の細倉鉱山閉山後、民医連とともにじん肺患者を掘り起こし、組織化をして労災認定に取り組んでいた農村労働組合にも常磐じん肺訴訟弁護団からの支援要請がなされていた。農村労働組合は、常磐じん肺訴訟の支援を決議し、控訴審の傍聴席を毎回満杯にしていった。法廷傍聴活動を続ける中で、細倉鉱山のじん肺患者たちは、企業側証人の不当な証言を聞いて、我がこととしてじん肺加害企業に対する怒りを持つようになった。そして、自らの問題としてじん肺問題に取り組むようになっていった。一九九〇年の第一回なくせじん肺全国キャラバンに取り組み、じん肺問題の学習会を開催した。同年一〇月に細倉じん肺訴訟の準備会を結成し、秘密裡に原告団の組織化を行っていった。同時に、弁護団結成のために民医連でじん肺問題に取り組んでいた広瀬俊雄医師、後に原告団長となる佐藤研さんを中心とする細倉の元鉱夫を講師にした学習会を開催した。これらの活動は、山下弁護士が主導する形で行われた。

一九九二年一月、常磐じん肺訴訟第一陣が、仙台高等裁判所で和解した。このことが、細倉じん肺訴訟に向けての動きを加速させていくことになった。この動きが三菱マテリアルに察知されると、一気に切り崩される恐れがあることから、あくまで秘密裡で準備が進められていった。

当時、農村労働組合には多くのじん肺患者が組織されていたが、労働組合と協議しながら第一次の原告団を厳選するとともに、第一次提訴後一気に原告団を拡大するという方針を立てた。その方針に従って、四月一二日二三名の原告団を結成し、五月一九日に仙台地方裁判所に提訴した。提訴当日、直ちに地元鶯沢町長を表敬訪問して支援要請を行い、地元での社会問題化を図るとともに、第二次原告団の組織化に取り組むことになった。また、提訴直後に行われた五月二二日の全国じん肺東京総行動に参加して、全国のじん肺闘争の仲間入りを果たした。

第一次原告団に参加できなかったじん肺患者からは、自分がなぜ第一次原告になれなかったのかという不満も聞かれたが、直ちに第二次提訴を行うことを約束して原告団の団結を作り上げていった。そして、約束どおり六月二二日に六六名の原告団を組織して第二次提訴を行った。これにより、瞬く間に八九名の原告団が参加する大型のじん肺訴訟となった。

山下弁護士は、提訴当時から三年で解決すると宣言した。このことも、大型原告団を組織し団結をはかるうえで大きな力となっていった。

三菱マテリアルじん肺訴訟の取り組み

並行審理の決断と迅速な訴訟進行

原告団に宣言した三年で解決するという約束を果たすことは、客観的には困難な課題であった。この約束を実現するためには、審理をどのように進めていくのかということが重要であった。偶然のことではあったが、裁判所の対応をある意味で逆手に取る方針を最初の段階で確立したことが大きな意味を持った。

第二次訴訟提訴は、第一次訴訟提訴から一か月しか経っていなかった。当然、訴訟は同一の裁判体で併合審理されるものと誰もが考えていた。原告側から併合審理を求めたにもかかわらず裁判所から併合決定がなされることはなかった。その状態で同年六月末に私は第二次訴訟が係属した裁判所の裁判長から呼ばれ、「訴訟は娘のようなもので、簡単には嫁に出さない」と併合はしないと宣言された。このことを直ちに山下弁護士に連絡するとともに、弁護団会議を開催してこの問題を協議した。

同一の訴訟を二つに分けて同時に並行して進行させていくことは、弁護団にとっても原告団にとっても極めて大きな負担となる。誰もが併合審理をすることを前提として考えており、並行して進行させることには戸惑いを感じていた。しかし、山下弁護士は、三年での解決を見据えて、それまでの全国のじん肺訴訟の到達点を踏まえた訴訟進行を図るとともに、それぞれの訴訟に役割を持たせて並行して進行すればよいのではないかと問題を提起した。すなわち原告・被告とも同じ弁護団であるのだから、責任論・病理論・被害立証等をそれぞれの訴訟に割り振り、法廷で行った証人尋問調書を他方の法廷に提出することで訴訟を促進することができるとした。しかも、第一次訴訟の原告は二三名であり、被害立証を行って早期に結審段階に持っていくことが可能であるとしたのである。この柔軟な発想に弁護団は戸惑いを感じながらも山下弁護士の迫力に押され、裁判所が併合しないのだからと自らを納得させていった。そして、併合審理の要求を撤回する旨を裁判所に通告した。

ところが、一一月になって第二次訴訟の係属裁判所から第一次訴訟と第二次訴訟を併合したいとの打診がなされた。山下弁護士は、裁判所に対して並行して審理をするに至った経過を突きつけ、訴訟の併合に反対した。山下弁護士の強い対応に裁判所も併合審理への移行を断念せざるを得なかった。これによって、第一次・第二次訴訟は、役割を分担しながら別々の裁判体で進行をすることになった。

同一の訴訟が別々の裁判体で進行することになったことで、責任論立証を含めて迅速な訴訟の進行が図られることになった。第一次訴訟は、提訴後わずか一年四か月で原告側の責任立証を基本的に終了した。三菱マテリアル側の責任立証も提訴後二年の段階で終了することになった。

その後、原告本人尋問による損害立証に移っていくことになるが、第一次訴訟の原告数は二三名であり、証拠保全・出張尋問の活用も含めて一九九五年七月には終了した。そして、同年九月六日には、第一次訴訟の証拠調べが被告側も含めてすべて終了し、事実上の結審状態に持ち込むことができた。提訴後、三年四か月のことであった。

原告団の団結強化と世論形成

山下弁護士は、原告一人一人が当事者として訴訟に主体的に参加していくことを大切にした。同時に、原告団として団結を強めていくこと、世論を形成し味方につけることの大切さを何時も考えていた。特に、地元での世論形成を重視していた。

これらを実現する基礎として、原告団の定例会議を提起し実行した。

原告たちが生活をしている地元で毎月原告団の会議を開催し、山下弁護士はそのほぼすべてに参加した。東京から東北新幹線くりこま高原駅で下車し、原告の運転する車に乗って集会所に出向き、全国の動きを分かりやすく丁寧に説明していく。北松じん肺訴訟、筑豊じん肺訴訟、北海道石炭じん肺訴訟等の先行するじん肺訴訟が切り開いた到達点を話し、この流れに細倉じん肺訴訟があること、これらの闘いと連帯する必要があることを説いた。法律家の言葉ではなく、鉱夫の言葉で語りかけた。原告たちは、山下弁護士の話に耳を傾け、細倉じん肺訴訟の意義を理解し、全国の闘いに自らの闘いを位置付け、その中で自分たちの果たすべき役割を考えていった。このことが、細倉の原告が全国のじん肺訴訟と強く連帯していく原動力となった。細倉の原告たちは東京での行動に積極的に参加し、全国各地への支援・要請活動を活発に行ったのである。

山下弁護士は全国じん肺弁護団連絡会議の幹事長であったこともあり、この立場を活用して東京でそして全国で細倉じん肺訴訟を認知してもらうことにも腐心した。東京で行われるじん肺総行動には、当然のこととして細倉の原告は積極的に参加した。細倉じん肺訴訟が始まった当時は、北松じん肺訴訟が争点になっており、日鉄鉱業に対する要請行動が中心に組まれていた。日鉄鉱業への抗議活動・要請活動に細倉の原告たちは自らの問題として取り組んだ。筑豊じん肺訴訟等への支援と連帯を始めとする各地のじん肺訴訟への支援・要請行動にも積極的に参加した。細倉の原告たちは、福岡、長崎、札幌にも出向いて行った。原告たちが行く先々には、必ず山下弁護士がいた。そのことが、山下弁護士を先頭に頑張っている弁護団に対する信頼につながっていった。

そして、細倉じん肺訴訟が三菱資本との闘いであることから、丸の内で行われる三菱総行動にも、細倉の原告たちは積極的に参加していった。

これらの積み重ねが、各地のじん肺訴訟の原告団との相互支援を強固なものにした。同時に、全国でも東京でも細倉じん肺訴訟が認知されることにつながっていった。その結果、新宿区では細倉じん肺訴訟を支援する組織も結成され、東京の労働者との連帯も進められた。その後、新宿区の支援者たちは、細倉鉱山の現地調査に訪れ、栗駒山で原告たちとの交流を行っている。

同時に、地元での世論形成も積極的に行った。第一次訴訟を提起した当日、栗原郡一〇町村（現栗原市）の議会・首長への挨拶行動を行った。また、全国じん肺キャラバン等の機会をとらえて栗原郡内での議会・首長への要請活動を何度も繰り返した。

一九九三年七月には、原告らに一人三〇〇筆の個人署名を集めることを提起した。原告団一〇〇名で三万筆が目標となる。栗原郡内の人口の約三分の一になる数であった。原告たちは、様々なつながりを活用し、役場ぐるみ、農協ぐるみで署名をお願いした。地域の商店も協力してくれた。これらの努力で原告団は、このとてつもない目標をやり遂げてしまった。このことが、栗原郡内における細倉じん肺訴訟への認知度を高め、郡内の雰囲気を変えていった。

署名活動では、第一次訴訟の判決直前に、判決に向けての団体署名を集めることを原告団に提起した。会社や労働組合などの団体がほとんど存在しない栗原郡で、団体署名を提起しても集めるところがあるのかと誰もが危惧をいだいた。しかし、原告たちは、知恵を出し合って檀徒総会、生産者組合、納税者組合、カラオケ同好会、〇〇商店など地域で「団体」と考えられるところから、なんと一五〇〇筆もの署名を集めてきた。

原告一人一人が、訴訟の主役になっていたのである。そのことが、地域の世論を大きく味方につけることにもつながっていた。

原告団を成長させた定例会議であり、そこでの山下弁護士の原告団への働きかけの結果であった。

細倉じん肺訴訟全面解決とその成果

三菱マテリアル細倉じん肺第一次訴訟は、一九九五年九月六日にすべての証拠調べを終了して事実上結審した。裁判所は、直ちに和解勧告を行い、第一回和解期日を一〇月五日に指定した。相被告であった熊谷組は、裁判所の和解勧告に応じたが、三菱マテリアルは和解を拒否した。その結果、一二月一日に熊谷組との間でのみ、過去最高の基準での和解を成立させた。このような状況で、一九九六年三月二二日、それまでの全国のじん肺訴訟で切り開いてきた解決水準を落とすことなく、集団じん肺訴訟での過去最高の賠償基準での原告勝利の判決が言い渡された。法廷での弁護団・原告団の闘いと、法廷外での闘いが有機的に絡み合って、提訴からわずか三年一〇か月で三菱マテリアルに対する判決が言い渡されたのである。これは、全国の訴訟と連動するとともに、相被告熊谷組との間でそれまでの水準を落とすことなく和解を先行的に勝ち取った成果でもあった。

そして、いよいよ全面解決に向けての闘いが進められた。

第一次判決直後から三菱マテリアルに対して、判決を基準とした和解解決をはかること、じん肺を発生させた社会的責任を認めて謝罪すること、じん肺防止の誓約を行うことを求めて東京での行動を行った。三菱銀行（現三菱ＵＦＪ銀行）等の背景資本にも要請を行っていた。この要請活動の中で、その年の四月に東京銀行と合併することになっていた三菱銀行も早期解決すべきであるとの意向を表明するようになった。弁護団は、第二次、第三次訴訟が進行中であった裁判所に対して、しかるべき取締役を裁判所に呼んで三菱マテリアルの意向を聞いてもらいたいと要請し、裁判所もこれに応えて五月に取締役を裁判所に呼び、意向を確認した。

同年七月三一日、伊王島じん肺訴訟の福岡高裁判決が、細倉じん肺訴訟判決と同水準で出された。

このような中で、九月三日、仙台高裁は訴訟進行の打ち合わせを行い、その場で和解による早期解決を求めた。三菱マテリアルは、一三日の第二回打ち合わせにおいて、和解勧告があれば和解の席につくことを表明した。そして、二五日に控訴審の第一回口頭弁論が開かれ、裁判所から正式に和解勧告が出された。これを受けて一〇月一五日に一括して全面和解が成立した。原告団・弁護団は、訴訟の当初から加害企業に対して謝罪とじん肺根絶の誓約を求めており、このことを明らかにした終結共同宣言を三菱マテリアルらとの間で締結して細倉じん肺闘争は終結した。四年五か月の闘いであった。

細倉じん肺訴訟の全面和解は、加害企業がじん肺を発生させた社会的責任を認め、じん肺患者に「謝罪」して、じん肺防止の誓約を行うとともに、じん肺被害を償うにふさわしい水準での和解であった。これは、それまでのじん肺訴訟の到達点をさらに前に進める輝かしい成果であった。この成果は、全国のじん肺訴訟を励ますものとなった。

このような和解を成立させるにあたって、山下弁護士は、三菱マテリアルを包囲する世論を形成するための準備を周到に練り上げ、実行に移していった。その上で、法廷内外で解決に向けたロードマップを示し、弁護団・原告団を牽引していった。裁判所・三菱マテリアル等にも水面下も含めて解決の方向を示して説得した。その方針は、原則を堅持しながら、柔軟なものであった。世論を味方につけたその方針には、裁判所も三菱マテリアルも従わざるを得なかったのである。

秣森合宿と骨酒

細倉じん肺訴訟では、世論形成の意味もあり、地元での様々なイベントや宣伝活動がなされた。そればかりではなく、弁護団・原告団の団結を図ることも忘れていない。その中でも印象に残っているのは、民宿秣森（まぐさもり）での合宿・宴会である。

民宿秣森は、栗駒山の中腹にある。原告団副団長の鈴木政志さんが、何かのつながりで探してきたのだと記憶している。余談だが、この民宿は三菱の関係者も利用していたと後日聞かされた。

現地調査の後だったと思うが、この民宿に弁護団と原告団で一泊をして懇親を深めた。地元の山菜やイワナ料理等が出され、みんなで舌鼓を打った。極め付きは、イワナの骨酒であった。大きめの片口にたっぷりの燗酒が入れられ、その中に大ぶりのイワナが一尾浮いていた。フグのひれ酒よりも濃厚な口当たりですぐになくなってしまった。もっと飲みたいということで、二杯目を所望した。骨酒用にとっていたイワナはその一尾だけだったが、是非にということで二杯目を出してもらった。民宿の方は、うまみは出ないよと言いながら骨酒にしてくれた。みんなで味の落ちた二杯目を飲み干した。

その後、山下弁護士は、骨酒でうまみが溶けだしてしまったイワナを食べだしたのである。身がパサパサすると言いながら、イワナを食べつくしてしまった。その様子に参加者は笑い転げた。そして、夜も更けるまで酒を酌み交わし、懇親を深めていった。

山下弁護士は、東京でもイワナの骨酒の話を吹聴していたのであろう、支援者の中でイワナの骨酒の話が広まった。そのイワナの骨酒を飲みたいと言って、細倉の現地調査に参加する人も現れた。これも山下弁護士の深慮遠謀であったのだろうか。本人に聞いてみたいものである。

秩父じん肺訴訟について

秩父じん肺訴訟弁護団・弁護士

島田浩孝

一　裁判所への提訴

秩父じん肺訴訟は、埼玉県の最奥部にあった（株）ニッチツ秩父鉱山をはじめとして、長年秩父地域の鉱山で働き、じん肺に罹患した患者、遺族らが、被害に相応しい賠償とじん肺根絶を求めて提訴した訴訟である。

一九九一年九月、株式会社ニッチツ（以下、「ニッチツ」という）で働いていた五名の元労働者が「ニッチツはじん肺予防対策を怠ったために、大勢のじん肺患者を出した」として、加害責任と損害賠償の要求書を会社に提出した。会社は一旦検討を約束したが、第二回の交渉では「安全対策は十分行ってきた。会社に責任はない。裁判をやるなら受けて立つ」と回答してきた。この回答は、ニッチツ秩父鉱山において身を粉にして働きじん肺という不知の病に罹患した労働者たちの怒りを買った。その後、会社の無責任で非人道的な姿勢を正そうと、提訴の準備が進められ、九二年一〇月一二日一四名（患者単位九名）の原告がニッチツ外三社を被告にして、当時の浦和地方裁判所熊谷支部に訴訟を提起した。秩父じん肺第一陣訴訟の提訴であった。

その後、九三年一〇月五日、四名の原告（患者単位三名）がニッチツをはじめ秩父地域で石灰石鉱山を営む会社三社を被告として第二陣訴訟を提起した。さらに、九四年一二月六日には、一二名の原告（患者単位一二名）が、ニッチツ外一社を被告として第三陣訴訟を提起した。

二　原告らの主張と被告らの主張

原告らは、被告らがそこで働く労働者がじん肺にかからないように必要な措置をする義務（健康保持義務）があるのに、そうした義務を怠り、その結果として原告らを不治の職業病であるじん肺に罹患させたと主張した。

これに対し、被告らはこうした義務を尽くしてきたと主張する一方で、ニッチツは原告の請求権は時効によって消滅したと強く主張し、菱光石灰工業株式会社（以下、「菱光石灰工業」という）は石灰石鉱山ではじん肺にはならないと争ってきた。

秩父じん肺訴訟は、他の全国のじん肺訴訟と同様に多くの争点を抱えて争われたが、中でもニッチツが強く争ってきた時効問題と菱光石灰工業など石灰石鉱山を営む各社が主張してきた石灰石鉱山におけるじん肺加害責任の問題が大きな争点として闘われてきた。

三　第一陣訴訟の一審判決

九九年四月二七日に浦和地裁熊谷支部で、秩父じん肺訴訟（第一陣）の判決が言い渡された。それは、被告企業の加害責任を明確に認め、原告全員を救済するという画期的なものであった。

1　時効について

ア　このうち、時効の問題については、その起算点をめぐり、九四年の最高裁判決（長崎北松じん肺上告審判決）が「各行政上の決定に相当する病状に基づく各損害には、質的に異なるものがある」として、原審の「最初の行政認定時」説を否定し、その損害賠償請求権はじん肺管理区分の最終行政認定時から一〇年経過することにより時効で消滅するという判断を示していた。

イ　しかし、秩父じん肺訴訟では、上記最高裁判決では救済されない原告がおり、まずじん肺が進行性・不可逆性の疾患であり、その損害は死ぬまで蓄積していくことなどを根拠として、じん肺においては、死亡によってその症状の進行が止まったときに、その者についての全損害について損害賠償請求が可能となるのであって、消滅時効は死亡まで進行を開始しないと強く主張した。それと同時に、上記最高裁判決の射程距離上で、死亡が生命侵害であり、健康被害とは全く「質的に異なった損害」の発生であることに鑑み、最高裁判決が重い管理区分の認定に質的な変化を認め、新たな損害が発生すると評価した以上、その論理的な帰結として、死亡した者については、死亡時が時効の起算点とされるはずであると主張した（死亡時別途起算点論）。

ウ　こうした中で、熊谷支部の判決は、上記の最高裁の判断を前提にしながらも、死亡に基づく損害は新たに死亡の時に発生するとして、時効は死亡時から別途進行すると判断した（死亡時別途起算点論）。進行性、不可逆性というじん肺被害の特質を踏まえ、実質的には右最高裁判決を一歩進める判断を示したものと評価できるものであった。この結果、右最高裁判決をそのまま適用すると時効により棄却される可能性があった原告も含め、全員が救済されることとなった。

しかし、一方でこの判決は、右最高裁判決の論理を前提としており、最高裁判決に対する批判（例えば、このように段階的に捉えることが進行蓄積型被害と言われるじん肺被害の特質に合致するのか）を同様に受けることになる。さらに、この判決は、「管理四の行政上の決定に相当する病状に基づく損害はそれぞれ時効によって消滅している」として、原告らの損害額が減額されることになった。

これらは今後克服されるべき課題として残されたことになる。

2　石灰石鉱山の危険性について

石灰石鉱山におけるじん肺発生の危険性の問題も、おそらく全国で初めて争われた問題であり、注目を集めることになった。菱光石灰工業は、ラットなどを使った実験結果なるものを証拠として提出し、石灰石はじん肺の原因物質ではないとして争った。しかし、ここでも熊谷支部の判決は、右実験結果にも批判的検討を加えた上で被告の主張を退け、石灰石鉱山においてもじん肺発生の危険性があることを明確に認めた。

四　第一陣訴訟の東京高裁判決

二〇〇一年一〇月二三日、東京高裁は秩父じん肺訴訟第一陣訴訟の控訴審判決を言い渡した。

1　時効について

ア　一審判決とほぼ同額の賠償額を認定し、やはり原告全員を救済した判決であった。争点の時効については、①生前の損害についての賠償請求権の消滅時効は、最終の行政上の決定を受けたときを起算点として進行、②死亡に基づく損害についての賠償請求権の消滅時効は、患者原告の死亡時を起算点として進行するとして、全員を救済した。

イ　ただ、やはり控訴審判決が採用したのも、行政決定時に加えて死亡時も時効の起算点となるという「死亡時別途起算点論」であり、原告らが強く主張した「死亡時起算点論」は採用されなかった。その結果、控訴審判決においても、管理四と認定されてから一〇年以内に提訴した原告と一〇年経過して提訴した原告では慰謝料額に差が設けられている。

2　石灰石鉱山の危険性について

他方で、石灰石問題については、原告のじん肺の発症やその後の増悪は、他の金属鉱山における削岩作業のみに起因するものとしても不合理ではなく、これに被告の石灰石鉱山における粉じんの曝露が寄与していると認めるにはなお証拠が不十分として、その責任を否定した。

この点については新たに課題を残したことになる。

五　訴訟の成果と課題

1　上述のとおり、秩父じん肺訴訟第一陣第一審判決が契機になって、行政上の管理区分とは別に死亡時が時効起算点となるとの判断が、判例上確立するに至った。これにより多くの原告が救済されることになった。この点において、秩父じん肺訴訟の果たした役割は決して少なくないと思われる。

しかし、他方で、この考え方には、最終の行政認定を受けてから一〇年以上を経過して生存している者は「死ぬまで権利行使ができない」という不都合が指摘される。また、この判決によれば、管理区分四の認定を受けてから一〇年以内に提訴した原告より、一〇年経過してから提訴した原告は、認められる慰謝料が低くなる。長くじん肺被害に苦しんできた者ほど損害額が減額されることになり、やはり不合理である。その解決は、後の訴訟に託されることになった。

2　さらに、石灰石鉱山の危険性についても、秩父じん肺訴訟は広く問題を提起することになった。第一陣第一審判決においては、石灰石鉱山においてもじん肺発生の危険性があることを明確に認めた判決を得ることができたものの、第二審判決においては「石灰石鉱山における粉じんの曝露が寄与していると認めるにはなお証拠が不十分」と判示された。今なお秩父地域や全国各地で石灰石鉱山が稼働していることを考えると、今後の大きな課題を残したことになる。

六　和解解決について

その後裁判は長期化し、第一陣訴訟が最高裁、第二陣訴訟が東京高裁、第三陣訴訟がさいたま地裁熊谷支部に係属していた〇二年六月から東京高裁において、早期の解決を目指して和解協議が続けられてきた。この間、裁判所における和解交渉はもちろん、原告団、弁護団をはじめとして、秩父、埼玉、東京の支援の皆さんの力もかりながら、さまざまな運動に取り組んだ。そして、ついに〇三年七月二八日ニッチツとの間で時効差別のない全員救済の和解が成立した。これを皮切りに、同年九月二二日、菱光石灰工業、太平洋セメント株式会社、武甲工業株式会社との間で和解が成立し、さらにさいたま地方裁判所熊谷支部に最後まで残っていた新鉱工業株式会社との間に和解が成立し、秩父じん肺訴訟は全面的に解決することになった。

提訴以来約一一年を要し、この間に一〇名の原告が裁判の解決を見ることなくなく亡くなられたことは誠に残念であるが、原告団の頑張りはもとより、多くの支援の方々に支えられた全員救済の全面解決であった。

七　広がった支援の輪

秩父じん肺の闘いは、秩父地域における原告団やそれを支える秩父農村労組を中心とした闘いでスタートした。しかし、その後裁判が始まり、進行する中で少しづつ支援の輪も広がっていった。全国のじん肺訴訟と共通の課題を抱えた裁判でもあり、当該の原告団・弁護団が全国じん肺原告団・弁護団に加入し、その課題をともに解決しようとしたことはもちろんである。そして、秩父じん肺訴訟の闘いに共感していただいた労組や各団体、個人などで組織された秩父じん肺裁判を支援する会が、秩父をはじめとして、飯能、そして埼玉全体でも結成された。また、じん肺闘争を支援する東京支援連も豊島、千代田、新宿の各支援連を中心に支援の輪が広がっていった。

そうした中で実際にさまざまな行動が取り組まれた。現地調査やキャラバン秩父行動（集会、秩父市内デモ、地元自治体要請、労基署要請等）、被告企業要請、背景資本要請、被告企業等社前宣伝行動、企業に対するはがき・FAX運動、裁判所に対する署名、裁判所に対するはがき要請やてがみ運動などである。また、原告団や埼玉の支援の人たちも、全国じん肺の闘いの取り組み（集会やさまざまな行動等）に参加をした。

他方で、秩父じん肺の原告団は、そもそも原告団の人数が少ないこと、症状の重い人が多いことなどから運動などへの参加が限られたことや家族の運動への参加が十分得られなかったことなどの課題も存した。しかし、最終盤のニッチツ本社前での毎週一回の朝ビラの行動には、原告団が秩父から必ず参加し、弁護団や支援の人たちを励まし、最終的な解決に大きな力を発揮した。

八　全国じん肺弁護団連絡会への加入と連帯

秩父じん肺の裁判を時効差別のない原告全員の救済の解決に導く上で、全国じん肺弁連との関係を切り離して考えることはできない。全国じん肺弁連の常任幹事会などでは、その都度裁判の状況を報告し、その主張や進行などについて、適切なアドバイスをいただいた。とりわけ、秩父じん肺裁判の主要な争点であった時効問題については、全国の到達点を踏まえて、裁判の課題を認識し、それに対する適切な主張を行うことができたと考えている。

秩父じん肺訴訟弁護団には、当初から全国じん肺弁連の事務局を担うメンバーにも参加していただいた。特に全国じん肺弁連の当時の山下登司夫幹事長には、弁連の会議などでも適切なアドバイスをいただいただけではなく、裁判の節目節目において、実際に裁判に参加していただき応援弁論など大切な役割を担っていただいた。

こうして秩父じん肺訴訟弁護団が全国じん肺弁連へ加入し、山下幹事長をはじめ多くの皆さんと議論を深め、連帯して闘わせていただいたことが、秩父じん肺の裁判闘争を進める上で大きな力になった。改めて山下幹事長をはじめ全国じん肺弁連の皆さんに感謝申し上げる次第である。

北海道石炭じん肺訴訟について
――山下登司夫先生をお偲びしながら

北海道石炭じん肺訴訟弁護団・弁護士
伊藤誠一

一　北海道石炭じん肺訴訟の輪郭

1　北海道の炭鉱坑内で粉じんに曝露して、じん肺になった被災者、その遺族が、国と加害企業に対して損害賠償請求を求めて一九九六（昭和六一）年一〇月二〇日札幌地方裁判所に訴えを起こした集団訴訟である。筑豊じん肺最高裁平成一六（二〇〇四）年四月二六日判決（判例時報一八六〇号）を力にして、平成一七（二〇〇五）年七月一四日最高裁決定をもって最終解決した。この二つの最高裁の判断枠組みを利用して、その後も被害救済が続いている。[注1]

損害賠償請求の責任原因は、被告企業については一九七〇年代後半裁判実務で開発された法理、安全配慮義務違反であり（当時、北海道でも、鉱山で採掘作業に従事してじん肺になった被災者が、鉱山経営企業を被告とした北海道金属じん肺訴訟が進められていた）、国についてはじん肺防止のために授権されていた規制権限不行使が違法であったことである。

長崎北松じん肺訴訟（炭鉱）の一審判決（判例時報一三二一号）が出された直後であったし、前年には筑豊じん肺訴訟（炭鉱）が始まっていた。

2 訴え提起から札幌地裁判決（一九九九（平成一一）年五月二八日、判例時報一七〇三号・小林正裁判長）までの一二年間がこの訴訟の前半であるといえるとすると、そのハイライトは、全被告共同申請の房村信雄早大名誉教授の尋問（一九九〇年九月～一九九一年七月、若林諒裁判長）であり、弁護団の力量を問われたのが北海道炭礦汽船株式会社（北炭）の事実上の倒産（一九九五年二月）への対応であった。三菱南大夕張炭鉱の検証（一九八九年一二月一三日、村上敬一裁判長）も立証のエポックメーキングとなった。

精力的に取り組んだ証拠保全手続による被害供述の確保、集中的な証拠調べ、そして、三菱マテリアルとの和解（一九九七年四月二五日）を皮切りに推し進めた、被告企業との和解交渉がこれに続く。

3 この訴訟の後半六年は、札幌地裁判決（被告三井鉱山・三井石炭鉱業に対する責任論と損害論については、司法判断の到達水準をしっかりと踏襲したが、消滅時効援用の主張を容れ、また、国の責任を認めなかった）の論理を克服するべく取り組んだ控訴審の展開そのものである。

三井との和解をめぐるせめぎ合いとその成果（二〇〇二年八月二日訴訟上の和解成立、三井鉱山関連じん肺問題終結共同宣言）、筑豊じん肺控訴審判決（二〇〇一年七月一九日、判例時報一七八五号、井垣敏生裁判長）とこれを是認した最高裁平成一六年判決、これらに力を得た札幌高裁における国との和解手続での切り結び、判決（二〇〇四年一二月一五日、判例時報一九〇一号、坂本慶一裁判長）とこれを不服とする国の上告受理申立に対する最高裁平成一七年不受理決定と続いて、北海道石炭じん肺訴訟は終結する。

4 この訴訟の弁護団は、その初めから全国じん肺弁連（幹事長山下登司夫弁護士、事務局長山本高行弁護士、いずれも当時）に参加し、筑豊じん肺訴訟の弁護団と綿密な連携をさせていただいた。

消滅時効についての司法判断の厚い壁（起算点の捉え方、権利濫用の主張の組み立て方）を、どう突き破って、全員を救済するかがこの訴訟の重大な関心であったし、全国の共通の課題でもあった。また被害を早期に勝利的に救済する和解解決のためには、被告加害企業側との法廷外の交渉力も強める必要があったからである。通産行政による産業活動に対する規則権限不行使が特定の局面で違法であることを理由とする国の賠償責任については、理論を深化させる上で、全国的な知を寄せていただくことが不可欠であった、ということもあった。

二　北海道石炭じん肺訴訟の展開を特徴づけた出来事、そして山下登司夫先生

1　患者さんたちの裁判への強い思いと弁護団と

どのじん肺訴訟においてもそうであったように、「北海道石炭」でも、弁護士はじん肺被害としっかり向き合うことが求められた。

訴え提起当時、金属鉱山じん肺の損害賠償請求が札幌地裁に係属していた。被災者原告数一二一、被告加害企業一一社（住友鉱業―代表鉱山余市、鴻之舞、日本鉱業―同豊羽、三菱鉱業系―同千歳など）の、いわゆる大型訴訟だった。

加害企業連合の、責任否定の主張とこれに繋げようとする訴訟技術を駆使したあれこれへの対応を余儀なくされて、北海道の弁護団（メンバー三五人）は、事務局を中心に、いわば手一杯であった。

「金属鉱山じん肺」は、全国じん肺患者同盟北海道地方本部（一九六一年結成、二〇一七年七月解散。以下「患者同盟北海道」）に属する重症患者さんたちの強い要望で始められた。

ところで、患者同盟北海道に属する圧倒的多くの人たちは、炭鉱で働いていてじん肺になった人たちだったから、弁護団にとっては「金属じん肺」への協力を求められた当初より、「炭鉱のじん肺」のあるべきことは予測できたことであった。正確にいえば、及川光雄さん（平成元年一〇月・じん肺死）など患者同盟北海道のリーダーのみなさんは、弁護士側の負担感を慮って「炭鉱のじん肺」の要求をあからさまに述べなかっただけであった。やがて、及川さんたちから「私たち炭鉱はまだやってもらえないのでしょうか」と公の場で問われることになった。しかし、当時の弁護団にとって、口に出しては言えなかったが、これは「重荷」であった。

誰もが石炭産業における強い政策誘導の歴史を知っていたから、じん肺被害を生み出した加害の側に国を見ないわけにはいかなかった。何より、患者同盟北海道に属する人たちだけでも数百に及ぶであろう炭鉱じん肺被害の質量。これらが弁護士たちの「経験」の前に立ち塞がった。

「金属」の法廷は、といえば、消滅時効をめぐる全国的攻防の帰趨如何に係っていたとはいえ、解決を見とおすことができないでいた。そこに数百の単位の炭鉱じん肺の被害を、国の責任追及を含んで取り組まなければならないというのである。

「現に受任をしている金属じん肺にさえ、責任を負いきれないでいる」。弁護士の側の都合を優先させ、腰を引きながらする議論からは、「石炭」を回避する理由は幾らでも見つけることができた。

当時の札幌弁護士会の会員数は二〇〇名強、その三五名の弁護団だったから、弁護士をすぐ増員することは現実的ではなかった。

それから一〇年、二〇〇〇年前後から本格的に始まった司法制度改革の議論で、国民の権利実現をより進めるという視点から、弁護士もあり方も問われた。その文脈でいえば、弁護団の対応は、じん肺被害との向き合い方について胸を張れるものではなかったといえるであろう。

業を煮やした及川さんたちが「東京」に「直訴」した、ということもあった。北海道の手に余ります、東京のみなさん、お願いします、というほどの潔さは私たちにはなかった。弁護団は、調査グループを作って、どのようにすれば「石炭」を「金属」と同時平行的かつ攻勢的に担えるか検討した。グループは、少し時間がかかったが「こうすれば北海道の弁護団で闘い抜ける」という、力強いレポートを弁護団会議に示した。

この逡巡と踏み出しは、弁護団がじん肺被害に向き合うとき立ち返るべき根源的な経験となった。[注2]

2 房村信雄証人尋問

房村信雄氏は、日本の炭鉱におけるじん肺の知見の確立時期が遅れたとする、また、防じん対策ないしじん肺予防の見地からする技術には大きな制約があったと主張する、被告共通の証人であった。

房村氏は、若き研究者時代に、じん肺防止対策は体系的にとられなければならないということについて先見性ある優れた論文を書いた人である。その後、鉱山保安の第一人者と自他共に認める存在となり、じん肺審議会委員、石炭鉱業審議会委員を務めるなどした。

房村氏は、日本石炭協会（被告企業側）の委嘱を受けて、北海道と筑豊のために、『日本の石炭鉱山における防じん対策の工学技術的変遷に関する意見書』と題する石炭企業の責任を限定する陳述書を提出していた。

房村氏の経歴、特にその専門研究の領域で鉱山保安行政を動かしてきた業績からすると、この意見書に基づき何の留保もなしに証言されてしまったら、炭鉱におけるじん肺については、昭和三〇年頃より前は、防ぐことは著しく困難であった、と強調されることは目に見えていた。証言内容が国の責任の所在を含み裁判に与える否定的な影響の大きさは測り知れなかった。

弁護団は、房村氏の業績や研究の到達点に敬意を表しつつ、学者・研究者としての良心にギリギリのところに語りかけることにした。

房村氏にお会いすることを決め、反対尋問に臨む前に、筑豊弁護団と共に東京都内でお会いした。

房村証人の尋問は、六期日、およそ一年にわたって実施された。

反対尋問で、炭鉱におけるじん肺の知見について証言の弾劾を試みた。問いかける側の知識の生煮えを感じとったのか、証人は核心を外す証言を続ける。攻めあぐんだ。

山下弁護士が、機をみて立って、石炭鉱山保安規則（炭則）における「けい酸質区域指定制度」の概要を証人に確認させた上で、次のとおり尋問した。

「（非常に早い時期に）金属鉱山ではけい酸質区域というのが排除されている。ところが炭鉱だけはじん肺法ができて以降も、二〇年以上にわたってけい酸質区域というのが設けられている。この落差、これはどのようにお考えになりますか」

筑豊じん肺控訴審判決が出される一〇年以上前の尋問である。国の責任を形成する事実の核心を、敵性証人の広い知識・経験に依拠した証言で浮き上がらせようとしたのである。尋問の局面の重大さを受け止めて立ったという に止まらない。私は感服した。

3　北炭の破綻と被害救済のゆくえ

北炭は、第一審係属中の一九九五年二月、東京地裁に会社更生法適用の申請をして事実上倒産した。

訴訟では加害責任を全面否認し、個別因果関係を徹底的に争って、直前まで、被告企業の先鋒として勇を奮いながら、それらを、一切を忘れたかのように退いた。調査委員は、一般債権者保護の見地からいうと、配当率は、破産の方がやや高い、という会社更正に冷ややかな報告を出していた。

国家賠償について未だ見とおしが不透明な時点であった。当時被告企業を北炭だけにしていた原告は七四名、この人たちの真の救済は暗礁に乗り上げてしまった。

救済の実を少しでも上げようと、弁護団は原告団と共に連日行動した。参加が保障された、あらゆる機会を捉えて優先的弁済を主張し、主要債権者や更生管財人と交渉し、要請を重ねた。じん肺被害の回復に理解を示し、当時の司法判断基準で、届出債権を認め、一般更生債権の中では多少の優先的な扱いをすることは避けられないのではないかとする管財人と、債権確定そのものについても訴訟で決着させるよう示唆し、優先的な弁済に強い難色を示す担当裁判所との間に少なからぬ緊張関係が生じたらしい。

翌年六月二七日の第二回関係人集会で、原告が賛成票を投じて認可された更生計画は、じん肺被害債権については、最高裁平成六年判決[注3]後の福岡高裁判決基準により、消滅時効による差別なく更正債権として認めた上、「更生担保権者の譲歩によって財源を確保し、認定額の五パーセントを二年間で支払う」（他の一般債権は最大一パーセントを一〇年間の分割支払い）というものであった。

関係人集会終了後、管財人に付き添われて原告団の集まりに出席した北炭代表者は、深々と頭を下げて謝罪した。

4　じん肺問題終結共同宣言

企業責任については、全国的な支援をいただきながら、それぞれ勝利的な和解で全面解決させた。

そこで目標にしたのは、山下先生、小野寺利孝弁護士らが心血を注いで取り組まれた細倉じん肺訴訟、常磐じん肺訴訟の解決過程で創造された、当事者による「じん肺問題終結共同宣言」方式であった。

北海道石炭じん肺訴訟の場合、一審結審の一週間前に、筑豊と共に三菱マテリアルとの間でこの方式で解決した。

その後、控訴審段階の二〇〇二年八月一日、三井鉱山との間で、三陣訴訟[注1]の一審判決前二〇〇二年一二月二五日に住友石炭と、それぞれ終結共同宣言をして全面解決させた。

5　国とのたたかい(1)――筑豊最高裁判決を受けた和解条項の練り上げ

筑豊じん肺平成一六年最高裁判決は、炭鉱におけるじん肺発生につき、昭和三五年四月じん肺法施行以降、昭和六一年一一月炭則を改定するまでの間の通産大臣の鉱山保安法に基づく規制権限不行使は、国家賠償法一条一項の適用上違法であるとして、福岡高裁井垣判決の判旨を最高裁として是認した画期的なものであった。

当時札幌高裁の控訴審で、結審目前にあった北海道訴訟は、筑豊の闘いのこの成果に基づいて一気呵成に全面解決をめざすことが求められた。

最高裁の判断を軸にしながら、国をどう攻めて和解させるか、そのために裁判体にどう働きかけるか、当方の基本戦略をたてる必要があった。

二〇〇四年五月一五日（日）午前一一時から、全国弁連事務局（東京都新宿区四谷）に、山下、鈴木剛、井上聡（以上東京）、小宮学（筑豊）の各弁護士に集まっていただき検討を行った。太田賢二弁護士も参加した。

被災者控訴人の要求の基本は、損害賠償基準と消滅時効・除斥期間の起算点については、筑豊判決基準に従わせる、併せて、「国の名において」謝罪させる、「国として」じん肺を根絶するための諸施策に真摯に取り組むことを約束させる、というものである。

最高裁判決の趣旨を最大限に生かした、じん肺根絶につながる内容の和解を標榜しつつ、国が和解に応ぜざるを得ないギリギリの条件をどのあたりに設定するか、議論は熱を帯びた。

山下弁護士は、裁判所に対して退路を断った真剣な所見を早期に出させることができるかどうかがポイントとなる、とこの日の議論を締めくくった。

そこで練り上げられた［五月一五日案］はその後の和解交渉で譲歩・修正を余儀なくされた点はあるが、同年一二月二〇日札幌高裁で成立させた和解の基本となった。

6　国とのたたかい⑵——理不尽な抵抗のもと、札幌高裁での和解と判決と

札幌高裁は二〇〇四年一一月一六日の和解手続において、最高裁平成六年判決、平成一六年判決を踏まえ、被災者控訴人七九人（北炭を被告とする被災者七四人、訴える企業が消滅してしまったものなど五人）全員を救済する和解案を示し「これは裁判所としての最終的な和解案であり、これに対する当事者の一方からの変更の申し出の取り次ぎを他方にすることはできない」と、毅然と表明した。

七九人のうちには、最初の管理区分の行政決定から算えると二〇年の除斥期間を経た者が九人いた。この和解案に対して、国は、最高裁平成一六年判決が除斥期間の始期として判示する「損害の全部または一部を知ったとき」の損害の一部とは、「じん肺の場合、最初の行政決定を受けた時のことをいう」との独自の解釈に基づいて、この九人は除斥期間が満了している、七〇人とは早期に和解したい、との態度に出た。国は早期解決を希望している、それを遅らせているとするのは被災者控訴人の方である、と言わんばかりのモノ言いであったし、見ようによっては、被災者を九〇人と七人とに分断するやり方だった。対応について弁護団の意見も岐れた。

山下先生と電話で意見を交換した。「必死で頑張っている全国の他の訴訟、仲間への影響を考えて、悔いの残らない判断が求められている」という点で一致した。そして、この問題の全国討議を東京で行うことに備えて航空券を予約した。結局は使用せずに済んだが。

北海道のとった方針は、七〇人について和解し、九人について判決をとる、であった。

こうして一二月一五日、札幌高裁において、午前一〇時に七〇人の和解が成立し、午前一一時、九人について判決が言い渡された。

九人を救済する札幌高裁判決に対して、国が上告受理申立をしておよそ半年、平成一七年七月一四日最高裁が国の申立を受理しない、と決定した。

三　山下先生とじん肺訴訟についてこんなことを話してみたかった

全国のじん肺訴訟を名実ともに牽引し、局面に相応しく、的確なリーダーシップを発揮してこられた山下先生は、北海道石炭じん肺訴訟の展開においても「わがことのように」（山下先生の印象深い表現の一つ）参加し共同して下さった。

山下先生がお元気なうちにお尋ねしておきたかったことが二、三ある。それを記して結びとする。

深刻なじん肺被害の拡大を防ぐために、国が然るべき時に尽くすべきであったと措定できる義務があり、その不履行の結果がこの惨状であることは、今では私たちが共通に理解することである。

国の規制権限行使義務の定立を、いつ、どの産業にかかる訴訟で問う構想を持っておられたのか、お聞きしておきたかった。

それにしても、筑豊じん肺井垣判決のあとの全国トンネルじん肺根絶訴訟の提起に当って、国の責任追及を呼び掛ける文章の、瑞々しく力強い内容が印象深い。

なくせじん肺全国キャラバンは、全国弁連常任幹事会での議論を経て、一九九〇年一〇月に開始した。その議論が初めから実施に向けて一丸となっていたわけではなかったと記憶する。直接の契機は、長崎北松じん肺の最高裁での取り組みを全国で自らのものとして取り組む、ということであったとして、弁護士と原告・じん肺患者のみでできるはずのない行動であったから、熟慮に熟慮を重ねて結論づけるべきは当然であった。かの会議での河西龍太郎弁護士（佐賀）の「弁論」は、使徒とはこのような人のことをいうのか、と思わせるもので頭が下がった。山下先生はこれを実現させる姿勢で述べられたと記憶するが、お尋ねしたかったのは、あの時点で今日のあること（今秋、第二九次と銘打たれて継続する）を、どの程度まで見とおしておられたかということである。

そして消滅時効は、全国のじん肺訴訟弁護団が、したがって山下先生が、最後まで正面から立ち向かうことを余儀なくされた法理論上の、また法実践上の問題であった。常磐じん肺一審いわき支部判決（判例時報一三四四号）のの時効論を遠州じん肺一審浜松支部判決（判例時報一一九六号）の起算点論と対比させて発言されたとき、前者の方が普遍性をもっている、という趣旨の発言をされた。やはり全国弁連常任幹事会の席であった。起算点論については、最高裁平成六年判決によって、いわき支部判決の考え方が確認されているから、その識見の確かさを思う。私は、消滅時効制度をめぐる今日の優れた法理論は、じん肺訴訟で、主に地裁「支部」の判決に支えられていると思われる事実に着目する。その意義について、浜松支部判決の位置・評価を含め、山下先生ともう少し意見交換してみたかった。

山下先生にお目にかかった最後は、全国弁連常任幹事会であった。私は北海道石炭じん肺の「解決後」は、怠けていて、久し振りの会議参加だった。終了後、懇親会に出られずに帰られるという山下先生と一緒にエレベーターで下まで降りた。「伊藤さんがいると議論が深まる。」という趣旨のことをいつもの破顔でおっしゃって下さった。

山下先生の葬儀の日、新・北海道石炭じん肺訴訟の弁論があって参列できなかった。

［注1］ a　訴訟は、追加の訴えが順次五次までなされ、被災者数で一七一となった。この訴えとは別に被災者五五名の訴えを

提起したことから、これを第二陣、先行訴訟を第一陣と称することとし、二つは併合された。第三陣訴訟（一九八九年一二月一三日訴え提起、被災者一四五名、主として佐藤陽一裁判長）も同じ合議体に係属したが併合しないで進めた。

b　最高裁平成一六年判決、平成一七年決定を承けて、炭鉱じん肺被害を早期に解決すべく、損害賠償責任を果たすことが求められた国は、訴訟上の和解手続によって解決の透明性を確保したいとして、不当にも、被災者に訴えを提起することを強いた。

国が潜在する被災者に対して権利行使を広く呼びかける手立てをとる、広報をするとしたことから、これに応じることにして新・北海道石炭じん肺訴訟を展開している。

二〇一八年五月末日現在被災者一四三九人が国との訴訟上の和解を成立させている。

加害企業は別に述べる先述の終結共同宣言に基づいて訴訟外の和解に応じている。二〇一八年五月末日現在、延べで二三〇〇名に届かんとする被災者が和解した。ところで、新・北海道住石じん肺訴訟と呼称する訴訟追行を余儀なくされている住友石炭（近時、住石マテリアルズと名称を変更した）が四〇〇名以上の被災者と訴訟の外で合意解決をした後、二〇一四年九月になって突如従前のルールによる和解に応じないという不誠実な態度に出たことに起因する。

c　札幌地裁平成二二年三月二六日判決（判時二一一七号）は、国が最高裁筑豊じん肺判決から三年が経過した時点で消滅時効が完成している、などとして、和解を拒んだ事案で「加害者を知った時」の意義について、被災者本人を基準とすべきであるとして、全員を救済した意義ある判断をした。

d　北海道石炭じん肺訴訟を概観するものとして、『燃える石炭《いし》　その陰で』（原告団・弁護団、二〇〇八年一一月）、『北海道じん肺訴訟』（伊藤誠一、北海道大学出版会、二〇一四年一二月）。

［注2］　このエピソードは、北海道の弁護士が忘れてはならないことである、と肝に命じて、機会ある毎述べてきた（伊藤誠一「北海道じん肺訴訟の意義と課題」第三八回社会医学研究会総会記念講演など）。

［注3］　長崎北松じん肺最高裁平成六（一九九四）年二月二二日付判決（判例時報一四九九号）。

三井鉱山関連じん肺問題和解

元筑豊じん肺訴訟弁護団事務局長・弁護士
小宮　学

一　はじめに

筑豊じん肺訴訟（以下、「筑豊」という。）、北海道石炭じん肺訴訟（以下、「北海道」という。）及び三井三池じん肺訴訟（以下、「三井三池」という。）は、二〇〇二年（平成一四年）八月一日、三井鉱山株式会社（現・日本コークス工業株式会社）及び三井鉱山の子会社である三井石炭鉱業株式会社（二〇〇六年に特別清算開始申立）の三井二社（以下、「三井」という。）との間で、八一億三〇〇〇万円を支払うという内容の和解をした。

三じん肺問題は、全国じん肺弁護団連絡会議幹事長であった山下登司夫弁護士のリードの下、和解成立となった。この歴史的和解が実現した顛末を紹介したい。

二　一九九七年（平成九年）の和解不成立

1　訴訟提起

筑豊は、一九八五年（昭和六〇年）一二月、国、三井、三菱鉱業セメント（現・三菱マテリアル）、住友石炭鉱業（現・住石マテリアルズ）、古河鉱業（現・古河機械金属）、日鉄鉱業を被告として提訴した。

北海道は、一九八六年（昭和六一年）一〇月、国、三井、三井建設（現・三井住友建設）、三菱鉱業セメント、住友石炭鉱業、北海道炭礦汽船を被告として提訴した。

三井三池は、一九九三年（平成五年）一二月、三井、三井建設を被告として提訴した。

2　山下弁護士と三じん肺問題

山下弁護士は、全国じん肺弁護団連絡会議（以下、「全国弁連」という。）の常任幹事会幹事長を務められ、常磐じん肺訴訟弁護団副団長を務められていたことから、三じん肺問題には、当初より、深く関与された。

全国弁連に参加した各地訴訟団は、協力しながら訴訟遂行を進め、和解による早期解決を目指した。

三じん肺問題訴訟団は、じん肺闘争支援東京連絡会（以下、「東京支援連」という。）と共に三井、三井関連企業（三井住友銀行、三井信託銀行、三井生命、三井物産、三井不動産）などに和解による早期解決を求める要請活動を繰り返した。

3 三池炭鉱の閉山と和解拒否

筑豊では、一九九五年（平成七年）の一審判決後の一九九七年（平成九年）二月二七日、古河機械金属との間で、時効差別のない和解を成立させた。

筑豊が係属していた福岡高裁の秋元隆男裁判長は、翌二八日、残る三井、住友石炭鉱業、日鉄鉱業及び国に対し、「原審資料を十分に検討したうえで、患者が現に亡くなりつつある現状を考えると、和解による早期解決が相当」とし、「これは特に被告に申し上げる。これまでの経緯やさまざまな事情はあると思うが、根本に立ち返って解決の方向を目指してほしい。裁判所としては、『和解できません』といわれても『ああ、そうですか』とは引き下がらない決意で臨んでいます」と、異例の強い口調で和解を勧告された。

和解勧告を受けて、筑豊と北海道では、同年四月二五日、三菱マテリアルとの間で、時効差別のない和解を成立させた。

三井は、明治以来、国内最大の炭鉱であった三池炭鉱を一九九七年（平成九年）三月に閉山させていた。

この時期、山下弁護士や三じん肺問題弁護団は、三井は、三池炭鉱を閉山させたことを機に、負の遺産であるじん肺問題を古河、三菱に続いて和解で解決するだろうと予測していた。

この時期、三井の代理人弁護士から三井三池の弁護団事務局長であった村井正昭弁護士に対し、非公式にではあるが、「三井は和解を検討している。和解となった場合、三じん肺問題弁護団は、一つにまとまることができるか。」という趣旨の電話連絡が入った。

村井弁護士から、山下弁護士、筑豊、北海道に報告があり、山下弁護士と三じん肺問題弁護団の代表は、東京浜松町の島しょう会館に集合した。

三井を和解で解決するための、各地裁判の闘い方を討議し、三井や三井関連企業に対する要請活動を強める運動方針を練り、東京支援連に運動方針を提起し、実践したつもりでいた。

ところがである。三井石炭鉱業の社長と三井の代理人弁護士の二人は、同年九月、筑豊が係属していた福岡高裁の裁判官、北海道が係属していた札幌地裁の裁判官、三井三池が係属していた福岡地裁の裁判官を訪問し、和解拒否を伝えるという想定外の事態が発生した。

後日、福岡高裁の下方元子裁判長から聞いたところによると、三井石炭鉱業の社長は、「和解金を負担する体力がない。」と言って和解を拒否されたそうである。

後日、三井のじん肺問題担当者から聞いたところによると、三井鉱山の取締役会議において、僅差でもって和解拒否、判決選択の方針が決定されたそうである。

山下弁護士は、三井を土俵際まで追い詰めながら、この時点で、和解できなかったこと（この時点で、三井を取り逃がしたこと）、詰めが甘かったことをたいそう悔やまれていた。

三　二〇〇二年（平成一四年）の和解成立

1　筑豊控訴審判決（井垣判決）

一九九七年（平成九年）に三井と和解できなかったことから、二〇〇一年（平成一三年）の筑豊控訴審判決（以下、裁判長の名を付して「井垣判決」という。）まで、和解の機運は生まれなかった。

井垣判決は、じん肺訴訟で最大の争点だった消滅時効について、「最も重い症状の行政決定を受けた時」とする長崎じん肺訴訟の最高裁判決（以下、「最終の行政決定時説」という。）を踏襲したうえで、じん肺を原因とする死亡患者については、死亡日をその起算点とする考え（以下、「死亡時別途起算点説」という。）を採用した。

井垣判決は、「死亡時別途起算点説」を採用しても、救済できない三人のじん肺患者（一人は三井が被告、二人は日鉄鉱業が被告）について、じん肺が進行性の病気であること等を理由として、三井や日鉄鉱業が「時効の適用を求めるのは権利の濫用であって許されない。」とした（以下、「権利濫用説」という。）。

井垣判決は、慰謝料額についても、管理二、三、四及びじん肺死に応じて筑豊一審判決を一〇〇万円から二〇〇万円上回るという画期的判決となった。

井垣判決後、三じん肺問題訴訟団は、豊洲の三井本社において、山下弁護士を先頭に、三井のじん肺問題の担当者に「上告するな、直ちに和解せよ。」と迫った。

担当者は、答えに窮し、「井垣判決によって三井の考えはパーになった。」という趣旨の本音の発言をされた。

三井の本音とは、次の事をいう。

三井は、三池炭鉱があった大牟田・荒尾の地に約五〇〇人の未提訴のじん肺患者を抱えていた。その患者団体を「不知火珪友会」といった。三井は、「不知火珪友会」の代表に対して、裁判をしなくともじん肺裁判の最終的解決の趣旨に従って和解をすると約束をしていた。

約五〇〇人の未提訴のじん肺患者は、その大半が最終の行政決定時から一〇年が経過していた。長崎じん肺訴訟の最高裁が採用した「最終の行政決定時説」によれば、その大半のじん肺患者に消滅時効が成立していた。

三井の本音とは、不知火珪友会に所属する約五〇〇人の未提訴のじん肺患者に対して、消滅時効を理由として低額の和解をするという目論見である。

死亡時別途起算点説と権利濫用説を採用した井垣判決によって、三井の目論見はパーとなり、三井は、三じん肺問題の原告とも、不知火珪友会に所属する約五〇〇人の未提訴のじん肺患者とも、和解による解決を選択せざるを得なくなった。

2　三井の担当者の山下法律事務所訪問

一一月初旬、三井のじん肺問題担当者が、山下弁護士の法律事務所を訪問し、概ね、「三じん肺問題について、一括して和解したい。一二月一八日に予定されている三井三池の一審判決は見たくない（取りたくない）。」と申し入れてきた。

山下弁護士と三じん肺問題弁護団の代表は、三井の代理人弁護士らと和解交渉を持ったが、三井からの提案は、筑豊の一審判決を基準として和解したいということであった。私達は、その提案を拒絶した。

実は、筑豊の古河機械金属、三菱マテリアル、住友石炭鉱業との和解は、筑豊一審判決が基準となって和解していた。

しかし、筑豊の三企業との和解は、井垣判決前の和解であるから筑豊一審判決が基準となり和解したが、筑豊はその年七月には井垣判決を得ており、原告側は、井垣判決を基準とする和解でなければ、和解出来ないと主張した。三井の代理人弁護士らからは、概ね、「一二月一八日に予定されている三井三池の一審判決を見てみる。判決後に、再び、和解交渉をしたい。」との申し入れがあった。

三井三池の一審判決を見てみることとなった。

3　三井三池の一審判決

一二月一八日、三井三池の一審判決を迎えた。

ところがである。

三井三池の一審判決は、消滅時効について、最終の行政決定時説及び死亡時別途起算点説を採用したものの、①管理二、三、四の行政決定後にじん肺を原因として死亡した場合、最終の行政決定から一〇年を経過していれば、死亡慰謝料額から管理二、三、四の慰謝料額を控除するという内容だった。

また、②管理二から管理三、四となった場合は、管理二から一〇年を経過していれば、管理三、四の慰謝料額から管理二の慰謝料額を控除する、③管理三から管理四になった場合、管理三から一〇年を経過していれば、管理四の慰謝料額から管理三の慰謝料額を控除するとした（①、②、③の考え方を、以下、「輪切り論」という）。

さらに、じん肺法で定める合併症（以下、「法定合併症」という。）の認定を受けているじん肺患者について、最終の行政決定の後、法定合併症を併発した者については、法定合併症の時から一〇年を経過していなくとも、最終の行政決定の時から一〇年を経過している者については、消滅時効が成立しているとして請求を棄却した。

法定合併症の認定が消滅時効の起算点であること（以下、「法定合併症別途起算点説」という。）を否定した初めてのじん肺判決となった。

話しにならない内容の判決だった。

4　北海道の和解所見

三井の代理人弁護士は、三井三池の一審判決後の翌年一月、山下弁護士に三井交渉の再開を申し入れ、二月一八日、交渉を再開した。

三月二三日、三井の代理人弁護士らは、三井三池の一審判決基準の賠償金プラス二割の解決金として、総額約六二億円を支払うとの提案をしてきた。

その場で、山下弁護士と三じん肺問題弁護団代表は、三井の提案を拒否し、再提案するように迫った。

というのは、筑豊の場合、一審判決・井垣判決に基づいて三井から既に約二一億円を受領していたが、三井の提案では和解金は約一三億円にしかならず、約八億円を三井に返還するという内容だった。三井三池の場合、一審判決に基づいて既に約一九億円を受領していたが、三井の提案では約一七億円にしかならず、約二億円を三井に返還するという内容だった。

三井と日鉄鉱業は、井垣判決を不服として、最高裁判所に上告受理の申し立てをしていた。理由は、①安全配慮義務違反はない、②死亡時別途起算点説は長崎じん肺訴訟の最高裁判決に反する、③権利濫用説は長崎じん肺訴訟の最高裁判例に反する、④輪切り論の不採用は違法の四点だった。

その後、日鉄鉱業との間では、二〇〇四年（平成一六年）四月二五日、最高裁判決となり、死亡時別途起算点説と輪切り論の不採用は最高裁判例となった。

私には、三井との和解交渉の時から、筑豊の井垣判決は、必ず最高裁で維持されるという確信があった。したがって、私は三井との和解交渉の時、井垣判決から一歩も妥協するつもりはなかった。

三井との和解交渉は膠着状態となった。

山下弁護士は、私が、三井との和解をそうそうに諦めて、最高裁判決を得ようとするのを諫められ、「三井は既にルビコン川を渡っており、必ず、筑豊が納得する金額での和解が実現する。」と説かれた。

膠着状態を打破するため、山下弁護士、北海道の伊藤誠一弁護士、三井三池の馬奈木昭雄弁護団長、私の四人は、五月二二日、札幌高裁の裁判官に面会し、三井和解が膠着状態にあることを縷々説明し、①三井三池が採用した「輪切り論」を否定する、②三井三池が否定した「法定合併症別途起算点説」を採用することを表明した和解所見を書面で出していただきたいと申し入れた。

札幌高裁は、基本的に原告側の申し入れを受け入れて、六月五日、輪切り論は採用しないとする和解所見を書面で出された。

三井は、札幌高裁から和解基準についての再考を迫られることとなった。

5　三井住友銀行に対する要請

原告らは、提訴以来、三井と共に発展してきた三井住友銀行を初めとする三井グループに三井鉱山関連じん肺問題を早期に和解によって解決してほしいという要請活動を繰り返してきた。

ここが詰めと判断した原告側は、山下弁護士の下、六月七日、じん肺総行動（全国のじん肺訴訟原告団、弁護団、支援する会が被告の国や企業にじん肺問題の早期解決を要請する運動）を実施した。

この日、原告側代表団数名が、三井住友銀行のじん肺問題担当者に面談した。

山下弁護士は、三じん肺事件を今和解によって解決することが三井住友銀行の社会的責任であることを、和解した場合の賠償金額と三じん肺事件が和解しないで判決になった場合の予測賠償金額を比較したりしながら説かれた。

6　歴史的和解の成立

七月一三日、山下弁護士、筑豊と三井三池の馬奈木昭雄弁護団長、北海道の伊藤誠一弁護士、三井三池の村井正昭弁護士は、三井に対し、八一億三〇〇〇万円であれば、和解が可能であることを提案し、三井が八一億三〇〇〇万円で和解することを応諾した。

和解額の合意が整ってから、三井鉱山関連じん肺問題終結共同宣言文、三井鉱山関連じん肺問題に関する基本合意書、三井鉱山関連じん肺問題に関する基本合意書付属覚書の作成に忙殺された。三つの文章作りについても、山下弁護士が中心であった。

八月一日午前一一時、福岡市にある西鉄グランドホテルにおいて、原告側から山下弁護士、三じん肺問題の原告団、弁護団、支援者が集合し、三井側から西野修司社長らが出席され、三井鉱山関連じん肺問題終結共同宣言を発表し、歴史的和解が成立した。

筑豊の場合は、三井で働き、じん肺に罹患した原告について、三井を被告とするだけでなく、その監督を怠った国をも被告とし、井垣判決により、三井と国に共に勝利していたが、三井と和解した原告については、国への訴えを取り下げた。

その後の二〇〇四年（平成一六年）四月二七日、最高裁判所は、わが国で初めて職業病に対する国の責任（わが国で初めて行政の規制権限不行使の違法）を認める歴史的判決を言い渡した。

三井和解は、最高裁判所の判断に重大な影響を与えた。

山下弁護士は、筑豊と北海道の三菱マテリアルとの和解にも、国との闘いにも深く関与されたが、とくに三じん肺問題の三井和解は、山下弁護士に負うところが大きい。

山下登司夫先生と三井松島じん肺訴訟

三井松島じん肺訴訟弁護団元事務局長・弁護士
原田直子

一 「緻密に、しかし時には（いつも？）大胆に」――山下先生の印象1

これは、二〇一六年二月三日に松田耕平弁護士が作成された「山下先生がＮＨＫの『プロフェッショナル』に出演？」風の動画の中の、山下先生のキャッチコピー？ です。

誰もが納得するでしょう。

私の中の山下先生の印象として強烈に残っているのは、福岡県弁護士会館３Ｆホールで、北松じん肺控訴審期日後の集会において話をされた先生の姿で、担当されている常磐訴訟において被告企業の有価証券報告書や社史などを分析して、いかに安上がりに石炭を掘らせ労働者を搾取してきたか、じん肺防止措置を放置してきたか―これは過失責任ではなく故意責任であると熱く語られていました。後ろのほうの席から久保井摂弁護士とその話に聞き入り、「声が大きく且つ緻密」なすごい弁護士だと感心しあったものでした。

当時私は北松じん肺や筑豊じん肺訴訟の常任弁護団として働いていたものの北松控訴審からの参加でしたし、運動を担って東京その他へ出かけることはほとんどなかったので、幹事長としての山下先生は、会場の隅から眺め、その弁舌を聞く対象であり、直接お話をするのは恐れ多いという感じでした。それでも、上記松田先生の山下先生評と同じ印象を持ちました。

二　三井松島じん肺訴訟提訴──長崎地裁と福岡地裁に

時は流れ、二〇〇二年三月四日、長崎県西彼杵半島の西の沖合にある大島、池島の炭鉱で働き、じん肺になった元炭鉱労働者が、松島炭鉱株式会社と親会社である三井松島産業株式会社を被告として、長崎地裁と福岡地裁に同時提訴しました。のちに、二次、三次提訴を合わせると、患者数で二〇〇人に上る大原告団でした。

元炭鉱夫たちによる石炭じん肺訴訟は、北松じん肺訴訟の最高裁判決を経て企業責任という点ではある意味決着済みであり、あとは時効の壁をいかに破るか（これも筑豊じん肺訴訟高裁判決で権利濫用を勝ち取っていた）が重要な課題でした。

もう一つ、そしてこの時期の提訴としての最大の課題は「患者が生きているうちに解決を！」でした。そのために、ほとんどの原告が長崎県内（西海市や長崎市）に住んでいたにもかかわらず、これを二班に分け、長崎地裁と福岡地裁に提訴しました。

各種集団訴訟では、全国各地の原告所在地の弁護士が弁護団を組んで地元の裁判所に次々に提訴し、その審理の成果を共有して訴訟の促進を図ってきた経験がありました。当時全国各地に提訴されていたトンネルじん肺訴訟でも同様でした。しかし、同じ炭鉱で働き同じ所に住んでいる原告たちを二つの裁判所に分けて提訴するというのは、新しい発想だったのではないでしょうか。提訴前、山下先生も加わった準備会議でこの方針が採用されましたが、同訴訟記念誌「慟哭する西彼沖海底炭」の中で、中里研哉建交労長崎県本部執行委員長は、この方針は山下登司夫幹事長の提案だったと回想しています。

三　原告団弁護団一丸となった訴訟追行

この二つの地裁への提訴というのは、本当に大きな力を発揮しました。本訴訟は、同種訴訟を二つの裁判所で争うのではなく、同一訴訟を二つの裁判所で争ったので、全ての証拠や尋問の成果を共通にすることができました。

両裁判所で各二ヶ月に一度期日が入るため、トータルとして毎月一回期日が入るペースで進み、かつ、弁護団はいづれの訴訟にも出廷するため、その成果を報告しあったり説明する必要がなかったのです。その分弁護団会議はスムーズでした。

勿論、弁護団は忙しかったし、それまでの石炭じん肺訴訟と違い、池島炭鉱は提訴直前まで稼働していた近代的な炭鉱だったため、安全配慮義務違反を裏付ける坑内実態を理解するのに苦労がありました。しかし、弁護団・原告団が一緒になって会議を持ち、防塵対策が行われていなかった実態を明らかにしていきました。私は弁護士会の会務のため二〇〇三年は事務局長の役割が果たせませんでした。しかし、その間にも目に見えて進んで行く訴訟を目の当たりにして、故松本団長が筑豊じん肺訴訟提訴前説明会で「四年で解決する」と言われたことができるかもしれないと頭をよぎったことがありました。

そして、本当に第一陣提訴から四年、実質審理は三年で解決することができたのです。

四　節目節目での山下幹事長の登場

1　迫力ある弁論

山下先生は、細倉じん肺、常磐じん肺、全国トンネルじん肺根絶訴訟などで自ら率先して訴訟と運動を進めながら、全国各地のじん肺訴訟の解決のために飛び回っておられました。

三井松島じん肺訴訟においても、二〇〇二年五月二九日長崎地裁第一回弁論、同七月一二日福岡地裁第一回弁論において、じん肺訴訟の全国的な流れと到達点を、二〇〇五年二月二二日長崎地裁の結審弁論、九月一六日福岡地裁の結審弁論において、提訴後の流れ（三井和解や筑豊じん肺最高裁判決）を踏まえて、この判決に期待されるものなどの弁論を行われました。幹事長ならではの大所高所からの弁論であるとともに、この訴訟の特徴を踏まえた弁論でした。

2　親会社の責任追及

また、この訴訟の解決に向けて重要な点がありました。三井松島じん肺訴訟の両被告は、元請け・下請けという関係ではなく、親会社・子会社という関係だったために、子会社の安全配慮義務違反の責任を親会社に問えるかという問題がありました。筑豊じん肺訴訟では、子会社化された中小企業で働いた元労働者原告は、親会社を被告として訴えることをしなかったという経過がありましたが、この訴訟では、実際に支払い能力があるのは三井松島産業ですから、親会社の責任が問えなければ解決は難しかったのです。

この点、表面に立たれたわけではありませんが、山下先生が行われていた企業分析の手法は、私たちの立論に大変力になりました。親会社の三井松島産業は、松島炭鉱が掘り出した石炭の販売を一手に引き受けてその利益を確保し、会社の存続に大きく寄与していたという実態を明らかにし、判決では被告松島産業はその運営にあたり、被告池島炭鉱と同様にその従業員等の安全を配慮すべき立場にあったと認められました。

そして、和解にあたって三井松島産業は、その所有する「光コンポーネント」というレンズ事業を分社化して旭硝子に四八億円で売却し、三〇億円強の和解金を捻出したのです。

3 終結共同宣言

三井松島じん肺訴訟は、二〇〇六年三月二〇日、原告・支援者らが見守る中、長崎市内のホテルで終結共同宣言を行いました。謝るべき会社が元従業員のところへ足を運んで欲しいとの原告らの願いでした。

この終結共同宣言について山下先生が記念誌に書かれたものがあります。「全面解決にあたって、企業と原告団・弁護団が『三井松島じん肺問題終結共同宣言』を発表し、企業がこの共同宣言の中で、『少なからぬじん肺患者が発生した事実』及び『判決において安全配慮義務違反が認定された事実』を『重く受け止め』るとともに、『遺族の方々に深い弔意を表明し』『患者の方々に対して心からお見舞い申し上げ』、『裁判の過程において…ご負担をおかけ…したことに遺憾の意を表』し、『一層のじん肺罹患防止に努めることを誓約』した。また和解による賠償額も、原告全員に対して、これまでのじん肺訴訟の判決例、和解例の到達点を十二分に踏まえたものとなっている。」として「高く評価」していただきました。

勿論、この終結宣言は地元原告・弁護団と被告企業代理人との間で作り上げてきたものですが、これまでのじん肺訴訟の中で獲得してきた、謝罪とじん肺防止の誓約をして解決する流れの中にあるものです。そして、その流れを作る先頭に立って来られたのが山下先生でした。この宣言の一つ一つの文言は、その流れから逸れないように、各地の終結宣言を参考にしながら作り上げてきたものなのです。この宣言自体の起案に山下先生が直接手を入れておられなくても、そもそもの原案を作られたのは山下先生だと言っても過言ではないでしょう。

五　笑顔と議論と配慮――山下先生の印象2

三井松島じん肺訴訟の事務局長をする頃には、勿論、山下先生は遠くから見る存在ではなく、気さくにお話できる先輩弁護士でした。

会議の時に拝見するとお連れ合いが作られた何らかのグッズを持っておられました。私はそれを見るのが楽しみでした。実際の議論では厳しいこともズバッと言われ、本当にそれで勝てるのかと詰められているような時もありました。

会議外ではいつも笑顔で「やー」と手を挙げ、原告の方、特に九州から上京してくる遺族の女性達と話す時には、よくその実態を知っておられるなと感心しました。ただ「ちょっと原田さんサー…」と言われると緊張しましたが、私の能力に余るようなことを言われたことはないので、ちゃんと見極めて話してくださったのかと思っています。また、東京にいても、九州の弁護団のことをよく見ていてくださっていました。筑豊じん肺訴訟で松本洋一団長が亡くなり弁護団の元気がない時、北松じん肺訴訟の高石判決後、弁護団がうちのめされている時「どうなってんの？」と声をかけてくださったり、直接電話をいただいたこともありました。

山下先生の訃報は私にとっては突然でした。二〇一六年やはり弁護士会の会務のためにほとんど弁護団会議に出ることもなく、山下先生にお会いすることもありませんでした。二〇一七年のじん肺キャラバンで上京した時、すでに山下先生は亡く、本当に寂しく思いました。

この原稿を書くにあたって、幾つか山下先生のことを書いた文章を見つけました。その中で、山下先生が扱われたじん肺以外の労働事件や運動との関わりを知ることができました。さらに、近年、東日本大震災の原発被災者の生業訴訟を究極の国賠と評して、弁護団に加入し活動されていたと知りました。

故松本洋一弁護士が言われた「国とはなんですか？」の言葉を思うとともに、被害があるところに救済の道をつけようとする山下先生の活動の信念のようなものを改めて感じました。

私がまだ山下先生に人見知りしていた頃、秋刀魚のお刺身の話をしたことがありました。九州では秋刀魚といえば塩秋刀魚でしたが、東北ではお刺身で食べると言われていました。「原田さん、仙台に来たら秋刀魚の刺身食べさせてあげるよ」と言われました。結局、その機会はなく、今では福岡のスーパーでも秋刀魚のお刺身が並んでいます。それを見るたび、山下先生のことを思い出すのです（山下先生、こんなことで思い出してごめんなさい）。

山下先生がどこかにおられると思いながら、人権救済の道を歩いていこうと思います。

トンネルじん肺根絶訴訟のたたかいと山下弁護士

全国トンネルじん肺根絶訴訟弁護団事務局長・弁護士
水口洋介

一　はじめに

トンネル建設工事は、ダムや水力発電所建設、新幹線等の鉄道建設、高速道路等の道路建設に不可欠な公共工事であり、戦後、国策として強力に全国各地で推進されてきたが、それに伴いトンネル建設業のじん肺が急増していた。改正じん肺法が施行された一九七八年～二〇〇五年までに全産業三万九〇八八人の要療養のじん肺患者が発生しているが、このうちトンネルじん肺患者は九一九四人人で、全産業の約二四％を占めるという驚くべき状況にあった。

全国に多数あるトンネル建設工事に従事してきた人々は、工事ごとに入職と離職を繰り返す「渡り坑夫」と呼ばれる出稼ぎのトンネル建設労働者たちである。これらの労働者は、建設業の重層下請構造の末端に位置付けられた無権利・不安定な労働者であり、出来高賃金、長時間労働の下、多量の粉じんが渦巻く坑内で掘さく作業に従事してきた。そのため、身体の具合が悪くなると郷里に戻りひっそりと暮らすことを余儀なくされていた。全日本建設交運一般労働組合（建交労）が出稼ぎ地域での健康相談会を組織し、埋もれていたじん肺患者を掘り起こし、労災保険申請の援助を取り組んできた。そして、これらじん肺患者を建交労に組織し患者の権利救済とトンネルじん肺の根絶を求める闘いを展開することとなった。その相談を受け止めたのが建交労の顧問をつとめていた山下登司夫弁護士であった。

二　トンネルじん肺訴訟の歴史と展開

1　個別訴訟の時代から集団訴訟へ

建交労が、郷里で苦しんでいるトンネル建設労働者の労災職業病認定に取り組みはじめ、個々の労働者が元請ゼネコンを被告として個別訴訟を提起し、勝利判決を勝ち取っていった。この個別訴訟（嶋方じん肺訴訟、遠州じん肺訴訟等）の勝訴判決を踏まえて、一九八九年、四国トンネルじん肺訴訟（徳島地裁、松山地裁、高知地裁）が、また、一九九〇年に道南トンネルじん肺訴訟（函館地裁）が集団訴訟として提起された。これらの訴訟はトンネルじん肺患者の集団訴訟で、多数の元請ゼネコンの共同責任を追及する裁判であった。元請ゼネコンは判決を選択することなく、最終的には各元請ゼネコンが原告に対して各工事の就労期間に応じた補償金を支払う和解を承諾した。四国トンネルじん肺は一九九六年に和解が成立した（函館トンネルじん肺は、一九九八年に和解成立）。しかし、元請ゼネコンは、法的責任は認めようとせず、「謝罪」と「じん肺防止の対策の確立」の要求を拒否したままであった。

2　全国トンネルじん肺訴訟の提訴と元請ゼネコンとの和解

これらのトンネルじん肺訴訟の成果と課題を引き継いで、全国的規模のたたかいと訴訟を提起する取り組みが開始された。それを先頭にたって取り組まれたのが山下登司夫弁護士であった。一九九六年一〇月、全国トンネルじん肺補償請求団を結成し、請求団は、「謝れ、償え、なくせ！　じん肺」というスローガンをかかげて、主要元請企業と国に対して全面解決を求める運動に立ち上がった。一九九七年五月、東京地裁など五つの地方裁判所に全国トンネルじん肺訴訟を提起した（以下、「全国ゼネコン訴訟」という）。その後、全国の二三の地方裁判所・支部に訴訟を拡大し、最終的には原告数は一四七七名、被告総数は一八〇社となった。山下弁護士は、全国の二三裁判所を全国行脚し、訴訟全体を指導し進められた。特に、個別現場立証に固執するゼネコンに反論し、代表現場での立証することで責任が明らかになることを膨大な工事資料の分析に基づく準備書面を作成することで、裁判所をも説得した功績は特筆に値する。弁護団は、全国二三の地裁で分担して、大手ゼネコンの安全配慮義務違反の人証調べを尽くして立証した。

この全国ゼネコン訴訟は、二〇〇一年二月、東京地裁において統一和解基準に基づいて和解が成立した。この和解は、元請ゼネコンが安全配慮義務違反の法的責任を認めた上で、じん肺被害を償うに相当な和解金（管理区分に応じて金九〇〇万円～金二二〇〇万円）の支払い、同時に「謝罪」と「じん肺防止」の誓約をするという内容であった。この統一和解基準に基づき、二〇〇二年一〇月までに、全国二三の地裁・支部ですべて和解が成立した。

当時、厚労省は、二〇〇〇年に、「ずい道等建設工事における粉じん対策に関するガイドライン」を発出していたが、その内容は極めて不十分なものであった。元請ゼネコンとの和解が成立しても、国がトンネルじん肺防止対策を強化し、それを元請ゼネコンに義務付けない限り、実効性あるじん肺防止対策が実現できない状況にあった。

三　全国トンネルじん肺根絶訴訟の提起――国の責任追及へ

1　国の責任追及へ

「なくせじん肺」を実現するためには、国のトンネルじん肺防止対策を抜本的に改善させるしかなかった。そこで、元請ゼネコンと和解した原告たちは、改めて国の責任追及の訴訟に参加することを決意した。これを指導的にまとめあげたのも山下弁護士であった。二〇〇二年一一月、トンネルじん肺根絶に向けて国の責任を追及する根絶訴訟を提訴し、全国でたたかいを進めることを弁護団・原告団・組合が決意した。この根絶訴訟の最大の目的は、国の政策を変えさせて、実効性あるじん肺防止対策を確立させることにあった。

2　全国トンネルじん肺根絶訴訟の提訴――政策形成訴訟

二〇〇二年一一月二二日、東京地裁に国を被告とする全国トンネルじん肺根絶訴訟（以下、「根絶訴訟」という）を提訴し、全国各地で根絶訴訟を提起していった。根絶訴訟の第一陣は、全国一一地裁（東京、仙台、熊本、長野、新潟、札幌、金沢、広島、徳島、松山、松江）で原告総数七三二名という大型集団訴訟となった。この根絶訴訟は、国だけを被告とする先行訴訟で和解をした旧原告と、国とゼネコンを被告とする新たにじん肺の労災認定を受けた新原告の新旧原告が共同して提訴したものである。

この訴訟の最大の目的は、国との関係では、国に勝訴し、それをてこにトンネルじん肺防止対策の政策を抜本的に改善させることであった。具体的には、省令である粉じん障害防止規則を改正して、実効性あるトンネルじん肺防止対策を制定させることであった。政府のトンネルじん肺防止政策を具体的に改善させることを目的とした、いわゆる「政策形成型訴訟」である。もちろん、新原告にとっては元請ゼネコンとの間で早期に和解をして、損害賠償を獲得することも目的である。この元請ゼネコンとの損害賠償については、先行訴訟の統一和解基準によって、職歴の確定さえなされれば支払われるという仕組みができあがっていた。したがって、根絶訴訟の最大の課題は国の法的責任を追及することであった。

四　国の規制権限不行使に関する法理の形成に向けて

1　筑豊じん肺最高裁判決

根絶訴訟を提訴した後、国のじん肺に関する損害賠償責任に関する、筑豊じん肺国家賠償請求事件にて、最高裁は、二〇〇四年四月二七日、炭鉱の粉じん作業を従事してじん肺に罹患した労働者が国に損害賠償を請求した事案について、国の省令制定権限不行使を国賠法一条一項の適用上違法であるとする画期的な判決を言い渡した。同判決は、省令制定権限の不行使が国賠法一条一項の適用上違法とされる一般的基準について「その権限を定めた法令の趣旨、目的や、その権限の性質等に照らし、具体的事情の下において、その不行使が許容される限度を逸脱して著しく合理性を欠くと認められるときは、その不行使により被害を受けた者との関係において、国家賠償法一条一項の適用上違法となるものと解するのが相当である」とした。最高裁が筑豊じん肺事件にて国の責任を認めた判決を出したことは、原告団・弁護団を大いに励ました。しかし、石炭じん肺と、トンネルじん肺では、国の関与のあり方は同一ではなく、石炭じん肺において、国の責任を認める最高裁判決が出たからといって、トンネルじん肺が、勝利する保証はなかった。

2　トンネルじん肺根絶訴訟の法廷でのたたかい

トンネルじん肺根絶訴訟では、筑豊じん肺最高裁判決の判断枠組を前提として、トンネル建設工事に関して、国の規制権限不行使が著しく合理性を欠くといえるかどうかが争点となった。一一の各地裁で、国の責任を立証趣旨として、国が発注したトンネル現場の原告本人尋問、元請ゼネコン工事責任者の証人尋問、国の発注者である監督職員等の証人尋問を実施した。そのほか、国交省の工事積算担当者、厚労省の安全衛生対策の責任者などの証人尋問も実施した。これらの各地裁の証拠調べ結果を全国で相互に活用した。短期間に各地の裁判所を活用しての立証は、全国単一の弁護団として訴訟を担っているからこそ可能であった。弁護団は、同年一月に第一回全国弁護団代表者会議を開催し、各訴訟の現状と課題を討議して訴訟を進めた。

一一地裁の訴訟進行は、東京地裁、仙台地裁、熊本地裁が先頭グループで走っていた。山下弁護士の戦略は、一つの裁判所だけで勝負をかけることを避け、意識的に各地裁の訴訟進行をそろえることにあり、全国の弁護団は統一方針に基づき努力を続けた。そして、判決獲得の時期については、「同時期結審同時期判決」をとるとの方針を固めて、東京地裁、仙台地裁、熊本地裁の三地裁について、二〇〇五年一二月に最終準備書面を提出し、二〇〇六年一月～二月にかけて同時結審をした。そして、熊本地裁は二〇〇六年七月一三日に判決を言い渡すとの通知があり、その直後、東京地裁は同年年七月七日に判決を言い渡す旨を告知してきた。（このとき山下弁護士と「裁判所が先陣争いしているね」と笑い合った。）

3　根絶訴訟連弾勝訴判決――五連勝

二〇〇六年七月七日、東京地裁は、トンネルじん肺についても、国（厚生労働大臣）の省令制定権限の不行使が国賠法一条一項の適用上違法であるとの判決を言い渡した。東京地裁は、①一九七五年以降、トンネル建設業のじん肺有所見率や重症患者の割合が、全産業を大きく上回り、②一九七六年四月には、西日本新聞で出稼ぎトンネル建設労働者に多数のじん肺患者が発生していることが報道され、社会問題化し、③一九七六年以降においては、トンネル建設業の有所見率が随時申請を含めると一貫して全産業を上回っており、要療養患者率は全産業を比較して極めて高率であり、さらに、新規有所見者率も一九七九年より全産業と比較して高率であり、④トンネル建設工事は公共工事によるものであり、国策として実施され、被害は全国かつ構造的に発生していることなどを考え合わせると、粉じん障害防止規則が制定された「昭和五四年には、じん肺被害の重大性にかんがみ、トンネルじん肺問題が全産業のじん肺罹患状況と比して重大であり、かつ、特に緊急に対策を講ずべき課題となっていることを認識可能であったといえ、かつ、特にトンネルじん肺に対する規制を講ずべき必要性があり、また、規制を講ずることは可能であった」と判示した。そして、差し迫った生命身体に対する危険があり、行政権限を有する者（当時の労働大臣）にとって、この危険が予見可能であり、結果回避が可能であったことは十分に認定できるとして、「有効な被害防止対策がありうるにもかかわらず、これを怠る場合には、裁量権がなくなり、その権限不行使は、許容される限度を逸脱して著しく合理性を欠くものと解される」と判断して、一九八六年末から、粉じん濃度測定及び評価の義務付け、エアラインマスクの着用義務付け、湿式さく岩機と防じんマスクの使用の重畳的義務づけをしなかったことが違法となると判断した。

その直後、同年七月一三日に熊本地裁で国の責任を認める判決が言い渡された。熊本地裁判決は、旧じん肺法が制定された昭和三五年当時、トンネル工事の粉じん対策が極めて不十分な状態であり、多数の最重症じん肺患者が発生し、その後もじん肺患者が発生する危険性が高い状況にあったのであるから、労働大臣は、①昭和三五年四月には、トンネル工事坑内作業について散水措置を義務付けること、発破待避時間を確保することを義務付けること、②昭和五四年には、衝撃式さく岩機の湿式化に併せて防じんマスクの使用を重畳的に義務付けること、③昭和六三年一月には、粉じん許容濃度の設定と定期的粉じん濃度測定を義務付けること、これらを内容とする省令を制定するべきであり、この時点において省令制定権限等が適切に行使されていれば、それ以降のトンネル建設労働者のじん肺被害の発生、拡大を相当程度防ぐことができたと判示し、その不行使は、旧労基法、安衛法及びじん肺法の趣旨・目的に照らし、著しく不合理であり、国賠法一条一項の適用上違法であると認定した。そのうえで、原告らが元請企業と和解によって受領した一定の賠償金をもって損害の全部が充足しているとの国の主張（満足論）、及び最終の管理区分の時から消滅時効が進行するとの国の主張をいずれも排斥したうえ、国に対し損害賠償を命じたのである。

同年一〇月一二日には、仙台地裁で三度目の国の責任を認める判決が言い渡された。そして、翌二〇〇七年三月二九日に徳島地裁、同月三〇日に松山地裁も、国の責任を認める原告勝訴の判決を言い渡した。このように国は五連敗を喫したことになり、トンネルじん肺についての国の責任に関する司法判断の流れは決まったといえる。

このように東京地裁、熊本地裁、仙台地裁、徳島地裁、松山地裁が続けて原告らの勝訴判決を言い渡したのも偶然ではない。前記のとおり、トンネルじん肺根絶訴訟が統一した単一弁護団として方針を練り、訴訟活動を展開し、実践した結果であった。山下弁護士と弁護団の採用した戦略が功を奏したと言える。

五　運動が世論と政治を動かす

1　原告団・家族会の粘り強い活動

原告たちは、原告は病の身体を押して、家族会とともに「自分たちは、金が目的ではない。」「トンネルじん肺を根絶するために、国のじん肺防止施策を抜本的に転換させたい。」との思いで、衆参国会議員の「トンネルじん肺根絶の賛同署名」（五二九名の現職国会議員が署名）や「じん肺根絶を求める百万名」（一〇一万四一九五筆達成）などに取り組んできた。そして、判決が言い渡されるたびに、国（厚労省、国交省等）に対し、判決を真摯に受けとめ、原告団・弁護団との協議の場を設け、従前のじん肺防止対策を抜本的に見直し、粉じん防止規則等の改正整備に着手するように要求してきた。しかし、国は、いずれも控訴し、この要求を受け入れようとしなかった。

このような国の対応に対し、原告団と家族会の要求を「じん肺根絶は社会全体の共通課題」と受けとめた与党が、自民党がじん肺対策議員連盟、公明党がじん肺プロジェクトチームを立ち上げた。また、民主党、共産党、社民党などの野党も原告団の要求を支援するという政治環境が作り上げられた。この国会議員たちの賛同署名を獲得するにあたっては、何よりも原告らの家族会の妻たちの粘り強い要請活動の成果であった。山下弁護士は、常に原告団、家族会に寄り添い励ましながら一緒に運動を拡げてきた。いつも、山下弁護士のユーモアあふれ人を鼓舞する話を原告や家族会の方々は楽しみにしていた。

2　国が一転　防止対策を約束

国への五連勝の地裁判決の結果と与党を中心とした国会議員の動きの中で、国はトンネルじん肺防止の政策を抜本的に転換することを決定し、原告団・弁護団との間で「トンネルじん肺防止対策に関する合意書」を締結した。国は、合意書において、原告じん肺患者や遺族に「謝罪」し、トンネル工事における粉じん対策について原告らの「意見を聞く場」を設けると約束するとともに、根絶訴訟を真摯に受けとめ、粉じん障害防止規則を改正し粉じん測定等を本年度中に事業者に義務付けること、トンネル工事の長時間労働を改善するため、労働基準法三二条を踏まえ、土木工事積算基準の見直しを検討すること等を合意した。その内容は、国がトンネルじん肺防止対策を強化する具体的措置を約束し、原告らが国に対する損害賠償請求を放棄するものであった。

原告らは、総理官邸で安倍総理（第一次安倍内閣）と面会して合意書の締結をし、国への損害賠償請求権を放棄した上で、全国の裁判所（東京高裁など四高裁、一一地裁）において国との和解を成立させた。国に対する損害賠償請求権を放棄することは、提訴段階で、政府のじん肺対策を改善させた場合には損害賠償請求権を放棄する解決もありうることを原告全員で確認していた。他方、原告らは元請ゼネコンから、統一基準に基づく補償金を和解金として獲得していた。だからこそ、原告らは、国とのじん肺防止の合意締結を獲得し、そのかわり請求権を放棄するという和解を一糸乱れず行うことができた。

六　合意成立後の展開

この合意書は、国交省との間での積算基準の変更は速やかに実現したが、トンネル建設工事の切羽での粉じん測定の義務付け等は未だ実現できていない。詳細は、山下弁護士の遺稿となった本書に収録された「国のトンネルじん肺防止対策を転換させる闘い」に詳細が記載されている。

原告らは、提訴することなく、ゼネコンが補償金を被害者に支払うトンネルじん肺補償基金を要求してきた。しかしながら、ゼネコン業界の反対により未だ実現していない。その結果、合意成立後も、二〇〇八年に根絶訴訟三陣（原告二七八名）、二〇一二年に同四陣（原告一五四名）、二〇一六年に五陣訴訟（原告一一九名）が提起されてきた。

他方で、切羽における粉じん測定については厚生労働省内に検討会が設置されて、現在協議が進められている。また、トンネル建設工事に従事する労働者の就労状況と健康管理をトンネル建設業界全体として把握する就労・健康管理のデータベースは二〇一九年はじめにも実現することとなった。遅々とした歩みであるが、確実にじん肺対策は前進しつつある。

七　最後に

私は、常磐じん肺訴訟から、トンネルじん肺訴訟まで、弁護団の一員として山下先生とともに裁判や運動に参加してきた。山下先生の仕事ぶりと情熱には、常に圧倒されていた。山下先生の人柄や性格を私が真似ができるわけがないのだが、常に事実を徹底的に調査し、訴訟全体の進行を常に考え、訴訟進行の意見書を作り上げて、それを実践し、言うべきときには被告であろうと裁判官であろうと毅然と原告のために主張する姿勢。そしてどこか憎めない人間性。このような山下弁護士はまさに私の目指す弁護士の姿だった。

山下先生　安らかにお眠りください。

西日本石炭じん肺訴訟と山下先生

西日本石炭じん肺訴訟弁護団・弁護士
山本一行

1　西日本石炭じん肺訴訟は、筑豊じん肺訴訟で国の責任を認めさせたことを受け、「全ての炭坑夫じん肺患者に救済を」との合い言葉のもとで、取り組まれました。二〇〇五（平成一七）年四月二七日、筑豊じん肺最高裁判決のちょうど一年後に提訴しました。同じ取り組みである、北海道の新北海道石炭じん肺訴訟、常磐炭田での東日本石炭じん肺訴訟も、少し遅れて提訴されています。

山下先生は、すでに筑豊じん肺訴訟の時から常任弁護団の一員であり、引き続き西日本石炭じん肺訴訟でも、当然のように常任弁護団となっていただきました。毎月のように博多駅近くの会場で行われていた弁護団会議に出席いただくなど、九州へと通い詰めてもらいました。

山下先生は、会議では大きな声で率先して意見を言われ、弁護団の先頭に立っておられました。宿泊もされましたが、日帰りのこともありました。会議後、いくらか時間がある際には少しお酒を飲み、飛行機に乗られるのです。西日本じん肺だけでなくトンネルじん肺を始め全国を飛び回っているなかでした。こんなに疲れる活動を平然とこなしておられたのです。現在、私は、当時の山下先生と似たような年齢になってしまいましたが、そのころの山下先生のパワーとじん肺に対する情熱がいかに並外れたものであったかを実感しています。後に山下先生の交通費を精算した際には、西日本石炭じん肺の関係だけで何百万円かにも上っていたほどでした。

2　西日本石炭じん肺訴訟は、国と日鉄鉱業、住友石炭、三井松島、ニッチツを被告としておりました。福岡と熊本で提訴しました。有資力の加害企業のうち、三菱マテリアル、三井石炭は、提訴前の和解交渉に応じていました。

国は、すでに提訴前の交渉から、「責任を争うつもりはない」と言いながら、私たちの求める訴訟提起しないままの解決は拒否していました。訴訟では、先行して期日の行われた熊本地裁の九月二日の期日で、国は和解で解決することを表明するに至っています。山下先生には、この九月二日にも熊本地裁で、国に早期の和解をすべきとの意見を、迫力たっぷりに述べていただいています。

加害企業については、私たちは、企業ごとに担当者を決めて、和解の協議を進めていきました。山下先生にも、三菱マテリアルなどを担当していただいておりました。

その後、西日本石炭じん肺でも、日鉄鉱業を除いて企業も和解で解決をしていくようになりました。すでに筑豊じん肺訴訟で加害企業の責任ははっきりしていましたし、企業を監督すべき国の責任さえも明らかになったのですから、当然のことです。筑豊じん肺では被告にはなっていなかった三井松島も、西日本石炭じん肺に先行して提訴していた三井松島じん肺訴訟で、二〇〇六（平成一八）年三月二〇日、和解で解決をしています。

山下先生は、すでに筑豊じん肺の際に、加害企業との和解成立に力を発揮していただいていました。和解を成立させるだけでなく、その過程で企業の代理人や担当者との信頼関係をがっちり固めておられました。ほかの企業は、西日本石炭じん肺提訴前には交渉による解決に応じようとせず、提訴を余儀なくされたのですが、山下先生の担当された企業は交渉に応じていました。

西日本石炭じん肺一次訴訟での企業との和解解決後も、私の担当した企業をはじめいくつかの加害企業は、後になってほかの被災者が現れた際に、「就労期間が短いから減額を」「財政事情があるから和解を待ってほしい」「ほかの有資力企業について、今までと違う扱いをしてほしい」などと言ってきて、手こずらせることがありました。しかし、山下先生の担当した三菱マテリアルについては、一切そういったことがないままです。交渉の過程で、包容力を発揮し、相手としっかりとした信頼関係を築いておられたのだとつくづく思っております。

3　私たちは、筑豊じん肺訴訟で国の責任を認めさせるのに一八年の苦労をしました。その過程では、困難な国の責任について、これを認めさせることの必要性を強調しなければなりませんでした。有資力の大手企業で就労していたものを税金で救えと言っているのではない、一次的な加害者である炭鉱企業がなくなっている者への救済について国が責任を持つべきなのだとの考え方を前面に押し出す局面もありました。

西日本石炭じん肺訴訟では、この発想を引きずりすぎて、当初は混乱がありました。企業から損害額の三分の一以上の賠償を受けた被災者は国に請求ができるのか、弁護団内部で議論があったのです。山下先生も、最初は混乱しておられました。これは、頭の中まで完全に筑豊じん肺訴訟弁護団と一緒になっていたからだと思います。山下先生は、現地弁護団以上に筑豊じん肺訴訟での勝利を真剣に追い求めていたからだと思います。

じきに、現地弁護団からも、山下先生からも、企業から賠償を受け取っても、損害額に残額があれば国に請求できるのが当然であるという意見が出るに至りました。弁護団は山下先生の音頭のもと、見事に軌道修正を行い、その後の解決の方針が固まったのです。この後、問題は国の責任期間に有資力企業一社だけに就労した場合はどうかというように形を変え、国との間で尾をひいたのですが、山下先生が実に緻密な意見書作成され、その力もあって和解成立にこぎつけました。

大声で自信たっぷりに意見を言われる姿から、誤解されるところもあるかもしれませんが、山下先生は柔軟さをもっておられます。緻密さも持っておられます。そのことを如実に示すエピソードだと思います。

4　国と和解が順次できていった後も、除斥を巡っての争いが解決しませんでした。国はあくまでもじん肺の管理区分決定（またはじん肺死）が除斥期間の起算点だとして、その後に合併症になってそこからは除斥期間が経過していない原告に対して和解を拒否してきたのです。国はこの見解に固執し、とうとう一部の原告について判決となったのです。

判決では私たちは当然に勝ちました。

判決後に、私たちは法務省に要請行動をすることになっていました。山下先生は、訟務担当者も要請の場に出席して話しを聞くように申し入れ、それが拒否されると訟務担当者と弁護団との少人数折衝を申し入れ、実現させました。山下先生は、この際のやりとりで国の姿勢が軟化する様子をかぎ取っておられたようです。判決の数日後、山下先生を含む弁護団四名が、法務省の小部屋で民事訟務課長と対峙し、説得を行いました。

そのかいがあって、国は控訴期限内に和解で解決をすることを決断したのです。判決後の控訴期限内に、一審の裁判所で和解することが手続き上可能だとは誰も知りませんでした。国との間で、そんな形で和解をするということは空前絶後ともいえる快挙といえるのではないでしょうか。国は、山下先生に「除斥については国はこれまで必ず最高裁まで争ってきた。しかし、この事件は和解をすることになった」と連絡して来たとのことです。

山下先生の交渉力、実行力がなければ、岸和田判決は控訴され、さらに上告され、解決が数年伸びていたと思います。山下先生の力に大いに助けられました。

5　もうひとつ、山下先生が大局的観点に立って力を発揮されたのが、じん肺をめぐる運動のことです。

最初のころのじん肺訴訟事件では、北松じん肺訴訟も、筑豊じん肺訴訟も、原告団は労働組合などに組織された方々ではありませんでした。それはそれで、世論を喚起する必要にかられて丁寧に支援を訴えて回り、弁護団と原告、支援とで文字通り一体感をもった運動を作ることができました。しかし、効率的ではなく、また行政や企業に対する大人数での行動ができにくかったのも事実です。

こういったやり方で少しづつ運動がすすんでいった中で、山下先生は大きな労働組合である建交労（建設交運一般労働組合）をじん肺闘争に引き入れました。西日本石炭じん肺の発足当時、すでにトンネルじん肺や三池鉱山じん肺、三井松島じん肺の各訴訟で、建交労が原告団を組織するようになっていました。そのおかげで、西日本石炭じん肺でも、天草や宮﨑、鹿児島をはじめ、九州各地の被害者を組織することができました。これは私たちだけではとうてい及ばなかったことだと思っています。

なくせじん肺全国キャラバンも、最初のころは弁護士がキャラバンカーに乗って、全国に展開しておりました。数日かかって長崎から大分、四国、岡山を巡ったりしていたのです。九州での行動は弁護団がいちから組み立てをしており、キャラバンのある一〇月は、たいへん忙しい思いをしておりました。山下先生は、この時期はそういった手作りの活動にも熱心に取り組んでおられ、一緒にいわき市の街中を街宣車に乗って回ったことを覚えています。

このキャラバンも後には建交労が中心の活動になっていったのです。そのため、文字通り全国展開することができるようになりましたし、東京での集結時の要請行動やデモも大がかりなものになっていきました。弁護団の手間も大きく減りました。私も、キャラバンで忙しかるべき一〇月が、ある時からそうでもなくなったことで、淋しいような思いになるほどでした。

その時々の運動を進展させるためにどうすればよいかを正確に見抜かれていたのだと思います。

6　山下先生はたばこを吸っておられました。会議の途中で、「よし、そろそろ休憩だ」と言われるのが、同じ喫煙者の私にとってたいへん嬉しいことでした。今、別な会議で、私がこれをやっても無視されます。山下先生は、本当にみなから愛されていたのだと思います。ふだんの頑張りを本当に評価されていたから、許されていたのだと思います。

その山下先生が、あるとき喫煙をやめてしまわれました。会議の休憩時間にぞろぞろと喫煙室に向かう私たちを見る目に、羨望の色を感じていました（私が、願望から根拠なく、勝手に感じていただけかもしれません）。しかし山下先生の喫煙が復活することはありませんでした。

山下先生はご家族も大切にされていたようです。私の子どもが東京の大学に行っていたころ、じん肺での東京出張の度に子どもと会っておりました。「また、お金をむしりとられた」と嘆くと、ほかの弁護団員は、この親ばかがという冷ややかな目で見ていました。しかし、山下先生は、そうだろう、そんなもんだろうといった調子で接してくれていたのです。また、じん肺訴訟に協力してくれた松本克己先生がドイツに留学された際、私たちはドイツ旅行をしました。お孫さんにどんなお土産を買おうかと、楽しそうに話しておられた様子を覚えています。

西日本石炭じん肺が、日鉄鉱業に裁判で四三連勝して一段落した際に、海外旅行に行こうという話しがもちあがりました。諸事情で結局行けないままなのですが、その旅行に山下先生もお誘いしました。山下先生からは、ご家族やご自身の体調があって行けないとの返事をもらいました。すでに予想されていた返事の内容ではありましたが、たいへん淋しく、残念な気持ちになってしまったものでした。

今はもう、お会いすることもできなくなりました。

西日本石炭じん肺の取り組みも、もう終わり近くになりました。こののちは、「九州でも裁判を起こせよ」と言われ続けてきて、遅れて提訴をした建設アスベスト訴訟でがん張りたいと思っています。東京地裁に続いて、一審で国に勝ち、国に責任があるとの流れを作るのに少しの寄与はできたかと思っています。しかし、そんな程度では九州のじん肺、アスベスト弁護団が受けた恩恵には、まだまだ全く報いきれていません。

リゾートソリューションアスベストじん肺訴訟と山下先生

リゾートソリューションアスベストじん肺訴訟弁護団事務局長　井上　聡

一　事件の概要

1　本件は、香川県高松市にあった日本エタニットパイプ㈱（以下「エタパイ」という。）四国工場の元従業員及び遺族並びに工場近隣に住む家族が会社に対し損害賠償を求めた訴訟である。

エタパイは、もともと水道管として使用される石綿セメント管（エタニットパイプ）の製造及び販売を主たる目的として一九三一（昭和六）年二月に設立された会社であり、石綿管製造の日本における草分け的存在であった。エタパイは、一九三二（昭和七）年三月、東京芝浦で石綿管の製造を開始し、一九三三（昭和八）年四月に大宮工場（埼玉県与野町）を、一九三四（昭和九）年一二月に四国工場（香川県高松市屋島西町二二七六）を、さらに一九五四（昭和二九）年八月に鳥栖工場（佐賀県鳥栖市）をそれぞれ開設し、石綿管の製造を大規模に行ってきた。

エタパイは、工場閉鎖後、リゾート事業を中心に事業展開するようになり、二〇〇五（平成一七）年一一月一日、商号をリゾートソリューション株式会社に変更した。そこで、本件訴訟をリゾートソリューションアスベストじん肺訴訟と名付けて闘ってきたが、ここでは便宜上エタパイ訴訟という。

2　二〇〇五年六月クボタショックをきっかけに、アスベスト問題が連日報道される中、エタパイ四国工場で働き石綿関連疾患に罹患した元従業員の中から会社に対する被害補償請求の声が上がった。

同年九月二九日、被害者を組織していた建交労香川県本部の委員長らが上京し、かつて大宮工場の被災者の会社に対する補償請求事件にかかわった経験があったことから、私が相談を受けることになった。

その後、小野寺先生を団長に東京で弁護団を結成し、翌二〇〇六年三月から現地での聴き取り調査を開始し、五月一二日、生存被災者一八名、死亡被災者一二名、家族曝露被害者四名で請求団を結成、同年五月一九日、内容証明郵便にて会社に対し話し合いによる解決を求め、六月から八月までに三回会社と交渉を行った。しかし、会社が責任を認めず謝罪を拒んだため、一〇月二四日に第一陣訴訟（生存原告一六名、提訴前死亡原告一三名（いずれも被災者単位））を高松地裁に提訴した。

実働弁護団は、東京の弁護士一八名、高松の弁護士六名で構成し、小野寺先生が引き続き団長を務め、山下先生には副団長に座っていただいた。

その後、二〇〇七年四月二三日、家族・近隣曝露の被災者四名を原告とする第二陣訴訟を提訴し、同年六月に第一陣訴訟と併合された。

3　第一陣訴訟の第一回弁論は二〇〇七年一月二二日に開かれ、年内に六回期日が指定されたが、原告側は早期和解解決を目指し、和解条件を整えるための最低限の立証を早期に実施するとの方針を立て、第二回期日から立証に入ることに成功し、一二月までに被告側の証人尋問も含め、基本的な立証（医師によるガイダンス立証、被害のチャンピオン立証、作業実体の立証、家族曝露の立証等）を終え、二〇〇八年一月から和解協議に入った。

しかし、原被告間の考えに隔たりが大きかったため、五月に和解協議を打ち切り、七月に更新弁論を行った後、一〇月から原告本人尋問を再開した。ところが、一二月の原告本人尋問終了後、被告から和解協議の申し入れがあり、一二月一七日、二〇〇九年一月二一日と協議を重ねた結果、翌二〇〇九年一月二二日に裁判所から総額四億九〇〇〇万円の和解案が提示された。これは、原告側が受諾できる最低ラインをクリアするものであった。その後、一月二九日と二月一六日に和解協議が行われ、被告は、二月一九日に役員会を開き裁判所和解案を受諾するか否か決定し、その結果を書面で裁判所と原告に知らせると約束した。ところが、被告は同書面を提出せず、二月二〇日に裁判所だけに「ご報告等」と題する書面を提出し、事実上和解を拒否してきた。被告が、自から和解を申し入れながら、最終的に和解を拒否したのは、一部役員が解決金の分割弁済に拘るとともに謝罪について社内合意がとれなかったためと思われる。

和解決裂により、原告弁護団は早期判決を獲得すべく、残っていた原告全員の本人尋問を三月一八日に終了し、四月二二日に最終準備書面を提出して弁論を終結させ、九月一四日の判決を迎えることになった。

4　九月一四日に言い渡された高松地裁判決（裁判長吉田肇）は、元従業員を原告とする一陣訴訟について、被告の安全配慮義務違反を認め、元従業員原告二九名（被災者単位）のうち二五名に対する総額四億七四一〇万円の損害賠償義務を認めたが、予見可能時期を一九五八（昭和三三）年としたため、それ以前に会社を辞めていた元従業員四名に対する賠償を認めなかった。しかし、元従業員二名に対する被告の消滅時効の援用については、権利の濫用に当たり許されないとする画期的判断を示した。一方、家庭内・近隣曝露の被害者を原告とする第二陣訴訟については、判決は、石綿粉じんの家庭内曝露及び近隣曝露による健康被害についての予見可能時期を昭和五〇年ころと認定し、原告の請求を棄却した。

5　このように判決には不十分な点がありつつも、会社の責任を認めるとともに、それまでの判決実績を踏まえた賠償額を認定し、しかも最大の争点の一つであった消滅時効の援用を排斥した点において評価に値するものであった。そこで、判決直後に一陣、二陣の原告全員で総会を開き、早期解決のため、会社に対し、控訴をさせず、和解による解決を目指すこととした。

判決当日は、高松地裁で判決を受け、記者会見を担当するグループと東京で企業交渉を行うグループの二手に分けて体制を組み、判決直後に、東京では、被告のリゾートソリューション㈱はもちろん有力な背景資本である三井不動産㈱及びコナミ㈱に対す社前・要請行動を実施し、翌日九月一五日も現地から動ける原告や家族が上京し、三社に対する要請行動を展開した。

判決直後の被告の対応を見ると、この時点で、被告は解決に向けた具体的プランを持っておらず、とりあえず控訴し、しかるべき時期に高裁で和解しようと考えていた節がある。しかし、連日の行動の中での原告特に遺族原告たちの痛切な訴えが担当取締役の心を動かし、また背景資本への要請行動も大きく影響し、九月一六日から双方代理人及び担当執行役員との少人数による交渉を実現させることができた。その後、数度交渉を重ね、九月二八日、控訴期限ぎりぎりで、被告に控訴を断念させ、合意書調印へとこぎ着けることができた。

提訴前の交渉段階から会社は謝罪を拒否し、判決後の交渉でも謝罪に強い抵抗を示す一部役員もいたようであるが、最終的には合意書に明確な謝罪文言を入れることができ、原告も納得できる解決となった。

二　常に議論をリードしてくださった山下先生

1　前記のとおりエタパイ訴訟は二〇〇六年一〇月二四日に一陣訴訟が提起されたが、同じ年の五月二六日には大阪泉南アスベスト第一陣訴訟が提訴されている。また、山下先生が弁護団幹事長として訴訟を進めてきた首都圏建設アスベスト訴訟が二〇〇八年に提訴されているが、その準備は二〇〇六年から進められており、二〇〇六年一二月一四日に「石綿被害救済と根絶のための国・企業責任追及について」と題する意見書を全国じん肺弁連幹事長山下登司夫名で東京土建一般労働組合に提出している。これは、同年一〇月に同組合から全国じん肺弁連宛に提出された建設アスベスト国賠訴訟の展望や見通し等についての意見照会に対する回答書であり、この中で山下先生は、「石綿被害防止の規制権限の不行使を追及する国賠訴訟が大阪地裁に提起されている（原告は、大阪泉南地域の元工場労働者、家族、周辺住民）。この先行する訴訟の動向は、貴組合が検討している国賠訴訟にとって極めて重要であり、貴組合としてこの先行する訴訟を孤立させない闘いに取り組む必要がある。」と、建設アスベスト訴訟の意義と勝利の展望を述べ、裁判に立ち上がるよう訴えている。

このように、山下先生は、本件エタパイ訴訟が提起された時点で、すでに壮大な首都圏建設アスベスト訴訟を近く立ち上げる展望を持っており、本件訴訟をその前哨戦と位置づけ、ご自分も含め若手弁護士をエタパイ訴訟の中で鍛えていこうという考えを持っておられたように思う。

そのため、山下先生は本件の最大争点の一つである知見論に関する準備書面の作成を率先して担当し、泉南アスベスト弁護団とも連携しながら文献を調査し、緻密な議論を展開されていた。

このときの経験は、首都圏建設アスベスト訴訟に引き継がれ、当初、同事件においても医学的知見に関する詳細な書面を山下先生が作成している。

2　また、もうひとつの大きな争点であった消滅時効についても、山下先生の指摘が大きな役割を果たしている。

本件エタパイ訴訟では、二名の被災者について被告が時効を援用しており、これをどのように突破するかが大きな課題の一つであった。そこで、若手を中心にチームを作り、準備書面を作成していったが、中心論点は権利濫用論であった。

かつてじん肺訴訟では北松じん肺訴訟に象徴されるように時効が大きな争点の一つとなっており、これを如何に克服するかが全国の共通課題となっていた。そうした中、被告の時効援用を権利濫用として排斥する画期的判決を初めて獲得したのが常盤じん肺訴訟であり、同事件の経験から、山下先生は、理屈だけで時効を突破することはできない、時効の援用が権利の濫用に当たるということを裁判所に理解させるためには、原告が被った被害が如何に甚大なものであるかということを理解させるとともに被告企業の加害の悪質さを裁判所に理解させなければならない、ということを頻りに強調していた。そうした教えにもとづき、時効の援用を権利濫用として排斥した過去の判例を詳細に分析するとともに、対象被災者二名の被害状況及び被告会社が被害発生を予見しながら全く安全対策をとってこなかった事実や被災者に対する被告会社の対応等を丁寧に主張し、立証した結果、被告の時効援用を排斥する判決を勝ち取ることができた。

判決は、被災者二名の個別事情、特に死に至るまでの悲惨な状況や作業実態と会社が安全対策を怠っていた事実さらに遺族が裁判に立ち上がることに困難な事情があったことなどを丁寧に認定した上で、被告の時効援用は権利の濫用として許されないと判断しており、山下先生の指摘が的を射たものであったことが裏付けられた。

3　また、山下先生は、医学立証にも積極的に協力をしてくださった。本件では和解による早期解決を目指し一年で最低限の立証を終え、和解協議に持ち込むという方針を立て、立証のはじめに医師によるガイダンス立証を行い、石綿関連疾患の発生機序とその特質を裁判所に十分理解させる必要があることから、第二回期日の原告本人尋問による被害立証に続き、第三回期日に医師の尋問を実施させることができた。証人を引き受けてくださったのは地元の主治医で、法廷での証言は初めての経験であった。そのため、尋問担当の佃弁護士と当時若手であった松田弁護士を中心に、提訴直後から打ち合わせを重ね、詳細な陳述書を作成して尋問に臨んだ。尋問の打ち合わせはすべて医師のクリニックで行われ、最低でも一日仕事になるが、この打ち合わせに山下先生も可能な限り出席し、様々なアドバイスをしてくださった。他の事件では病理関係は専門家に任せると言って関与を控えることの多い山下先生が、これだけ積極的に関与されたのは意外な感じがしたが、アスベストの集団訴訟に取り組むのはこのときが初めてであり、医師によるガイダンス尋問の重要性を人一倍認識していたからではないかと思う。準備に約半年かけたお陰で尋問は成功し、このとき作成した詳細な陳述書は、その後の首都圏建設アスベスト訴訟に引き継がれ、同訴訟におけるガイダンス立証に活かされた。ここでも、エタパイ訴訟での経験を建設アスベスト訴訟に活かしていこうという山下先生の構想が現実のものとなった。

三　居酒屋力——酒を飲みながら白熱した議論も

最低限の立証をやり遂げ早期和解に持ち込むという方針のもと、二ヶ月に一回期日が入り、期日のない月にも高松で地元の弁護団を含めた全体弁護団会議を開いていたので、ほぼ月一回は高松に通った。ホテル川六を定宿とし、法廷があるときは、前日の午後から高松に入って全体弁護団会議を開き、翌日の意見陳述や尋問内容の確認、準備書面の検討、運動方針などを議論し、夜は飲み屋に繰り出して懇親を深めるということを繰り返してきた。これも常盤方式らしい。

行きつけは、宿からも近い商店街の中にある「ととや」という地魚を提供する居酒屋で、ここで夜遅くまで飲んでいた。酒が進むにつれ、話題は裁判に関することに移り、会議ではなかなか話せないようなことも議論されたり、思いがけないアイデアが飛び出し、それが準備書面に反映されたり、その後の運動に活かされることも度々あった。また、山下先生の昔話にも興味深いものが多く、特に若手弁護士には大きな刺激になっていた。酒を飲みながら豪快に笑う山下先生の顔が今でも目に浮かぶ。

四　お賽銭

判決を翌日に控え二〇〇九年九月一三日に高松入りし、原告を交えた弁護団会議を開いて翌日の判決行動の確認を終え、前祝いと称して懇親会を行った後、宿に帰り、山下先生の部屋で飲み直すことになり、何人かの弁護士が集まった。ビールを飲みながら判決予測などでひとしきり盛り上がり、そろそろ閉めようとしたときに、山下先生が、ティッシュの箱をテーブルに置き、みなに賽銭を入れて勝利判決を願って拝むように促した。私は、トンネル根絶訴訟の時に経験していたので驚きはしなかったが、若手の弁護士は、山下先生の意外な一面を垣間見たかのようにびっくりし、笑いながら小銭を入れていた。正月に七福神巡りをしたり、山下先生には信心深いというか日本の古いしきたりを尊重するようなところがある。このようなところにも山下先生の親しみやすい人柄が現れているように思う。

五　おわりに

山下先生の突然の訃報に接し、とても信じられない思いだった。数日前までメールでやりとりをしていたのに、忽然と姿を消してしまわれ、しばらくは先生の死を受け入れられない状態が続いた。山下先生とは多くのじん肺事件をご一緒させていただいた。その中で、準備書面の書き方、尋問の仕方、意見陳述のやり方、訴訟の進め方、原告との接し方など様々なことを学ばせていただいた。しかし吸収できたのはほんの一部でしかない。まだまだ教えていただきたいことは沢山あったのに、大変残念でならない。

泉南アスベスト国賠訴訟の闘い
──泉南を孤高の闘いにしない

大阪アスベスト弁護団副団長・弁護士
鎌田幸夫

一　はじめに

二〇一七（平成二九）年六月二二日、山下登司夫先生の訃報に接して、あまりの急逝に言葉を失った。

山下先生は、東京弁護団のみならず、大阪弁護団にとっても大きな存在であった。それは、先生が、泉南アスベスト国賠訴訟の闘いを常に指導し、励まして下さり、「泉南を孤高の闘いにしない」と宣言し、その後首都圏建設アスベスト訴訟を提訴され、全国六カ所に広がった建設アスベスト訴訟の闘いを現在までリードされてきたからである。山下先生の逝去は、大阪弁護団全員にとって衝撃であり、大きな喪失感をもたらした。

山下先生は、長年にわたり、全国じん肺弁連の幹事長をつとめられ、じん肺訴訟の第一人者であった。豊富な経験と知識に基づく大局的な戦略的思考と事実と証拠を緻密に積み上げる職人的思考を兼ね備えた人であった。建設アスベスト訴訟の全国弁護団会議においても、「いつ」「何を」「どのように」「裁判所に突き出すのか」という視点を常に意識して議論をリードされていた。じん肺闘争における圧倒的な経験と知識は他の追従を許さず、また、事実と証拠に裏打ちされた的確な意見は常に説得力を持っていた。

山下先生が逝去されてから一年が経つが、建設アスベスト訴訟を担当していて難問や壁にぶつかるたびに「山下先生がご健在であれば、この点はどう考えて、どうおっしゃっただろう」と考えてしまうことがある。先生が心血を注いで来られた建設アスベスト訴訟では、神奈川弁護団が、東京高裁第五民事部において二〇一七（平成二九）年一〇月二七日、横浜地裁全面敗訴を逆転して国と建材メーカーの責任を認めさせ、東京弁護団が、東京高裁第一〇民事部において二〇一八（平成三〇）年三月一四日、一人親方の責任を認めさせる画期的な判決を勝ち取った。「先生がおられたら、どれほど喜ばれただろうか」と思ったり、「いやいや先生はこの判決では満足しないはずだ」などと考えたりする。

本稿では、「泉南アスベスト国賠訴訟の闘い」について、山下先生との関わりを交えて述べてみたい。なお、泉南アスベスト国賠訴訟の闘いは、村松昭夫弁護士、伊藤明子弁護士と私が執筆した労働法律旬報一八三七号の特集「大阪・泉南アスベスト国賠訴訟最高裁判決」やルポルタージュ『国家と石綿』（永尾俊彦著・現代書館）に裁判闘争と運動の詳細が紹介されているので、ご参照願いたい。

二　闘いの始まり

1　弁護団の結成と被害の掘り起こし

二〇〇五（平成一七）年六月、クボタの工場の周辺の住民が悪性中皮腫に罹患していることが報道された。クボタショックである（二〇一八《平成三〇》年六月一五日現在でクボタへの「救済金」請求者は三九九名に及んでいる）。

アスベスト被害のうち石綿肺は、一部の労働者の職業病であると捉えられていた。それがクボタショックを契機に、周辺住民が発症後数年以内に死亡する悪性中皮腫に罹患するおそれがあること、一〇〇〇万トン以上のアスベスト含有建材が建物に使われ、解体により飛散の危険性が有り、自分達にも無関係な問題ではないと多くの市民が感じたときアスベスト問題は大きな衝撃を与えて一挙に社会問題化した。

国は、アスベスト問題に関する政府の過去の対応を検証したが、省庁間の連絡が不十分であったとするのみで責任を認めなかった。二〇〇六（平成一八）年二月成立の石綿救済法も国に責任があることを前提としたものではなく、「お気の毒な人を救済する」という性質であり、療養手当が一ヶ月一〇万円であり到底生活できない金額であるなど不十分なものであった。

クボタショック直後、弁護団と民医連の医師団、「泉南地域の石綿被害と市民の会」のメンバーは、泉南地域で医療法律相談会を開いた。泉南地域は石綿紡織業の集中立地していたところであり、相当の被害者や遺族がいるはずだと考えたからである。相談会には一〇〇名を越える相談者があり、二〇％近くに石綿肺あるいはその疑いがあるという深刻なものであった。

弁護団は、西淀川公害訴訟等を担当した村松昭夫弁護士（現団長）、谷智恵子弁護士、ダイオキシンなど環境訴訟を担当していた小林邦子弁護士、伊藤明子弁護士、そしてじん肺訴訟や労働事件を担当していた芝原明夫弁護士（当時の団長）や私、そして元東京地検特捜部の八木倫夫弁護士、地元の半田みどり弁護士、登録したての五八期である奥田慎吾弁護士、奥村昌裕弁護士らで、従来の「大阪じん肺弁護団」を「大阪じん肺アスベスト弁護団」（後に「大阪アスベスト弁護団」に改称）として拡大・再編成した。その後谷真介弁護士ら若手が次々加入した。弁護団に多彩なメンバーと次々と新人が加わったことが既存の枠にとらわれない自由闊達な議論を生むとともに、八年半にわたる長期の裁判と膨大な運動を闘い抜く原動力となった。

2　明らかになった被害と加害の構造

弁護団は、被害者の労災申請や新法申請など被害者救済活動を行うとともに、市民の会や立命館大学のアスベスト研究チームの協力を得て、過去の行政の調査資料を収集し、関係者の聴き取りを行い、泉南地域のアスベスト紡織業の歴史と構造、埋もれてきた被害の実態や国の対応の検討を行った。その結果浮かび上がった加害と被害の構造は、村松弁護士の論文に以下のとおり、要約されている（訴訟でも繰り返し強調した）。

「泉南地域では、約一〇〇年間にわたって石綿紡織業が地場産業として隆盛し、最盛期には、泉南市・阪南市の狭い地域に、二〇〇以上の石綿工場が集中し、わが国の石綿紡織品の七割から八割を生産していた。石綿紡織品は、耐火性や耐熱性などの優れた特性のために自動車、造船、運輸機械などの基幹産業に使用され、その発展に大いに貢献した。しかし、泉南地域の石綿工場の多くは、従業員が一〇名以下の小規模零細で、経営基盤も貧弱であったことから労働環境はきわめて劣悪であり、そうした劣悪な労働環境のなかで、最も危険な石綿そのものを原料として扱っていた。したがって、泉南地域の石綿工場は、もともと放置すれば石綿肺などの石綿関連疾患が多発する構造的な危険地帯であった。一方、泉南地域の石綿被害は、すでに七〇年以上も前に国自身の調査によって明らかにされていた。旧内務省保険院の助川医師らは、早くも一九三七年から、詳細な労働実態調査（保険院調査）を実施し、そのなかで、レントゲン検査を行った労働者六五〇人の実に一二・四％が石綿肺あるいはその疑いがあると報告していた。こうした調査結果から、助川医師らは、「特に法的取締まりを要することは勿論である」と警告し、緊急対策、法的規制の必要性を指摘し、具体的な規制や対策の提言も行っていた。戦後も、一九五五年前後から国が関与した調査が繰り返し実施され、その都度、石綿肺罹患率は一〇％以上、勤続二〇年以上では八〇〜一〇〇％が石綿肺に罹患するという驚くべき被害実態が報告され、戦前と同様、あるいはそれ以上の被害の進行が確認されていた。にもかかわらず、アスベスト製品が鉄鋼、造船などわが国の経済発展に不可欠であったことから、実効性のある規制や対策が行われず、そのため泉南地域では、石綿工場内はもちろん工場外まで石綿粉じんが大量に飛散し、工場労働者だけでなく、近隣住民や労働者の家族にも石綿被害が発生し、家族ぐるみ、地域ぐるみの被害として進行した。まさに、泉南地域は、七〇年以上も前から凄まじい石綿被害の現場であり、そこには、国による石綿産業の保護育成と必要な規制や対策を行わないという怠慢が深く関わっていた。」（村松昭夫「大阪・泉南アスベスト国賠訴訟について——訴訟の争点と経過、最高裁勝利の意義等」日本の科学者二〇一五年四月号参照）。

3 国賠提訴と目標

弁護団は、調査検討を踏まえて以下のとおり国の責任を問うことにした。

「泉南の被害は、労働者だけでなく、近隣住民や家族を含めた地域ぐるみの被害である。事業主も零細業者であり、労働者と一緒に石綿作業に従事し石綿関連疾患を発症している。彼らも石綿の危険性を知らなかった被害者である。この被害を防げたのは石綿の被害の時事を早くから知っており、規制権限を有する国だけである。泉南地域は、国の高度経済成長の捨て石にされた。国の加害の責任は重大である。」

二〇〇六（平成一八）年五月、被害者八名（うち家族曝露が一名、近隣住民が一名）が、一陣訴訟を提訴した。戦前から石綿工場が集中立地していたアスベスト被害の原点の地から国の責任を問うことで、国の責任を明確にし、補償の実現と将来の被害を防止することが目的であった。

すでに、筑豊じん肺最高裁判決（平成一六年四月二七日）水俣病関西訴訟判決（平成一六年一〇月一四日判決）において国の規制権限不行使の違法を認められていた。筑豊じん肺・水俣病関西訴訟の最高裁判決をベースに、労働者のみならず家族や近隣住民に対しても国の責任を認めさせることも大きな目標とした。そして、原告に家族や近隣住民が加わったことが、クボタショックの住民被害の直後であっただけに、よりマスコミの大きな関心を引いて報道されることになった。

4　「泉南を孤高の闘いにしない」宣言

訴状は、提訴まで半年以上かけて議論した。訴状案の段階で、小野寺先生、山下先生を初めてとして全国のじん肺弁護団の先生方の教えを請うた。筑豊じん肺最高裁判決は、粉じん発生抑制措置として削岩機の湿式化の規制不行使が違法とされた。泉南訴訟では、根拠法令を何とするか、違法事由を何とするか、なかなか議論が定まらなかった。私が、山下先生に、石綿工場では局所排気装置の設置義務付けが違法事由の中心となるのではないかと尋ねたとき、「それでいいんじゃないか」と返答をもらい、意を強くしたことを覚えている。

山下先生は、一陣訴訟の第一回期日にも出頭下さり、報告集会で「泉南を孤高の闘いにしない」「我がこととして闘う」と力強く励ましていただいたことはその後の弁護団の心の支えとなった。

5　訴訟活動

弁護団は、提訴前から継続的に、大阪市立大学や立命館大学らの研究者らと共同研究を続け、戦前戦後の国内外の石綿関連疾患の医学的、局所排気装置などの工学的知見に関する膨大な証拠を収集し、あるいは国の政策決定過程を分析し、何よりも証拠を重視し、そこから事実主張を組み立てるという方針を貫いた。また、「被害に始まり、被害に終わる」の言葉どおり、若手を中心に原告の自宅に通いつめて陳述書を作成し、全員尋問を通じて深刻、悲惨な石綿被害を出し尽くした。

法廷内外で、「国は知ってた！　できた！　でも、やらなかった」という分かりやすいフレーズを掲げ、裁判所門前での宣伝行動、三〇万を越える署名提出行動を行った。

三　画期的な一陣地裁判決

1　判決当日

二〇一〇（平成二二）年五月一九日、大阪地裁で石綿による健康被害について初めて国の責任を認める判決を勝ち取った。

判決日当日、山下先生にも出頭していただいた。入廷してきた小西義博裁判長を見て「うん。すっきりした顔をしている。これはいいぞ」とつぶやかれた。

判決は、一九七一（昭和四六）年以降も含め、一九六〇（昭和三五）年以降の国の全部責任を認める画期的な判断であった。

2　控訴断念から一転控訴へ

判決は、「いのちを大切にする政治」を標榜する民主党政権で初めての大型国賠訴訟判決であり、東京行動では小野寺先生らの指導を受けて政治解決の運動を展開し、当時の長妻厚労大臣、小沢環境大臣がいったん控訴断念を表明した。しかし、土壇場で鳩山総理大臣は仙谷国家戦略担当大臣に最終判断を一任し、国は六月一日に控訴し、鳩山内閣は、六月四日に普天間問題で総辞職した。もっとも、国は、「一応控訴はするが、控訴審で和解もあり得る」とコメントした。

民主党政権下で、後一歩で解決を逃したことが、最高裁判決に至るまでの九年近くにわたる長期戦につながった。建設アスベスト訴訟でも、国は、連敗を続けながらも政治解決を拒否するという姿勢を一貫している。

四　奈落の底に落ちた一陣高裁逆転敗訴判決

1　予期せぬ敗訴判決

原告らの和解勧告の上申を受けて、裁判所から国側に打診がなされたが、国は和解のテーブルに着くことを拒否した。三浦潤裁判長は、「全力で判決を書く」と宣言し、近隣曝露の位置・距離関係を事実上検証するため、現地に赴き、症状が進行するなどした五人の原告本人尋問を全員採用した上、結審した。原告団・弁護団には、地裁判決で否定された近隣曝露被害を含めて勝訴できるのではないかとの期待が一挙に高まった。

ところが、二〇一一（平成二三）年八月二五日、フタをあけてみると、近隣どころか労働者の被害についても国の責任を全て否定する全面敗訴判決であった。法廷で芝原団長が「不当判決」と声を上げたが、私は現実のことは思えず、呆然とするばかりであった。原告は法廷で泣き崩れ、動けなかった。マスコミは「弁護団が掲げる『不当判決』をこれほど実感を持って眺めたことはない」（朝日新聞）「経済優先の暴挙」（毎日新聞）と報じた。

2　全国の励ましを受けて

予期せぬ敗訴判決を受けての判決後行動のための上京は辛かった。じん肺弁連の事務所に着くと山下先生らから「一審で大勝ちすると、（高裁では）えてして、こういう結果になるものだ」と弁護団の慢心を指摘された。

正直いうと、私は、判決で当時は局所排気装置設置が困難であったという事実認定がなされていたこと、上告受理率が五％、原判決破棄率が二・五％であると聞いたことがあったので暗澹たる気分であった。私が励まされたのは、判決後の東京行動で団体周りをしているときのある原告の言葉だ。「判決を聞いて、（この結果が）わからなかったのかと思い、一瞬、先生らを疑った。でも先生らが、負けてもこうやって一生懸命やっているのを見て、間違っていたと思う。上告して頑張る」と。

原告らは、全員、上告・上告受理申立をした。印紙代が五七〇万円かかるので、併せて訴訟救助申立を行ったところ、同じ大阪高裁第一四民事部において速やかに全額の訴訟救助決定がなされた。全国一〇三五名の弁護士が上告審の代理人就任を承諾してくれた。判決直後から弁護団は不当判決を法的にも事実認定の面でも徹底的に批判しつくす作業を行い、事実誤認と法的評価の誤りを明らかにした（『問われる正義―大阪・泉南アスベスト国賠訴訟の焦点』かもがわブックレット・参照）。公害弁連、じん肺弁連など全国の弁護士、学者、元最高裁裁判官の意見を聞き、わかりやすい上告受理申立書を作成した。山下先生や福岡の岩城邦治先生には、私の担当部分である規制権限不行使の違法論について意見を頂き、添削までしていただいた。三浦判決は、筑豊じん肺最高裁判決の「適時かつ適切な規制権限行使」という基準をとっていなかった。私は、最高裁で、原判決が破棄されるどうかまではわからないが、上告は受理されると確信した。その後も、法律学者と研究会懇談会を行った。多くの学者が一陣高裁批判の論文を雑誌に掲載し、その都度、上告受理申立補充書として提出した。二年半で合計一七回、原告団・弁護団が上京しての最高裁要請行動と、合計一四回、上告受理申立理由書の補充書を提出した。

五　反転攻勢の二陣地裁

1　後のない闘い

最高裁での逆転勝利に向けて、係属中の二陣訴訟が大きな役割を果たした。

弁護団は「二陣訴訟の地裁、高裁判決で必ず勝利判決を勝ち取り、最高裁に一陣高裁判決を取るのか、二陣高裁判決を取るのかを迫ろう」という戦略を立てた。逆にいうと二陣訴訟の地裁、高裁のどこかで負ければ、一陣最高裁の帰趨は極めて厳しいものになる。まさに、負ければおしまいという崖っぷちの闘いの連続であった。

まずは、一陣高裁判決のとき結審間近であった二陣地裁である。同じ大阪高裁管内で地裁が、直前の高裁判決に反する判決を出すのかという危惧があった。結審期日では、「炎の弁論」と傍聴席から感想が出るほどの一陣高裁判決の徹底した批判と国の責任を明確にする弁論を行った。そして、二〇一二（平成二四）年三月二八日、二陣地裁判決（小野健一裁判長）は、一九六〇（昭和三五）年から一九七一（昭和四六）年までの国の責任を肯定した。昭和四七年以降の責任が否定され、国の責任範囲を三分の一とするなど一陣地裁判決からは後退したものの、不当判決からわずか七カ月後の勝訴判決の意味は大きかった。

2　心配と安堵

判決後、上京してじん肺弁連の事務所に着くと小野寺先生、山下先生ら東京の先生方が大きな拍手で迎えてくれた。山下先生には「心配していた。本当に良かった」と喜んでいただいた。一陣高裁で慢心して逆転敗訴した弁護団が、その直後に同じ管内の地裁で勝訴できるか心配されており、判決に安堵されたのだ。もっとも、これは山下先生のみならず全国の建設アスベスト弁護団の弁護士誰しもがそうであったであろう。

六　事実審の最終決戦の二陣高裁

1　最終決戦

二陣高裁では一陣高裁と同じ誤りを繰り返すことは許されない。控訴審では第一回期日前に合議が行われ、一定の方向性が出される。そこで、第一回期日の一ヶ月前に国の控訴理由書に対する反論書を提出し、国側の専門家証人が採用されたため、徹底して弾劾した。

二〇一三（平成二五）年一二月二五日、二陣高裁判決（山下郁夫裁判長）は生涯忘れられない。判決の要旨の読み上げが進むなかで、「昭和三三年から」「昭和四七年以降」「二分の一」と、予想以上に国の責任の期間が長く、責任範囲が重く認められたことがわかり、法廷で初めてぼろぼろと落涙した。判決は、一九五八（昭和三三）年から一九九五（平成七）年まで、責任の範囲を二分の一とし、慰謝料額も増額した。

2　高く評価された二陣高裁判決

二陣高裁判決は、責任期間、責任範囲、慰謝料額の水準、石綿原料の運送業者の従業員に対する責任を認めるなど、最も優れた判決であった。

山下先生は、判決が、一九七二（昭和四七）年以降の違法を認めたこと、運送業者の責任を認めたことを高く評価された。前者は、昭和四〇年代以降の被害発生が中心である建設アスベスト訴訟でも大きな意味を持つこと、後者は、高裁判決の「当該法令の直接的な保護対象のみに拘泥することなく」「職務上石綿工場に一定期間滞在することにより、工場の粉じん被害を受ける可能性のある者も保護対象に含まれる」との論理が、建設アスベスト訴訟の一人親方の救済につながるという判断からであった。事実、東京高裁第一〇民事部は、大阪二陣高裁判決の判示を引用して初めて一人親方の責任を認めた。

七　最高裁判決へ

1　一陣訴訟、二陣訴訟双方受理へ

二〇一四（平成二六）年六月、最高裁の書記官から電話があった。「一陣、二陣訴訟の弁論を開くので、期日を調整したい」とのことであった。私が「一陣の弁論でしょう」と何度問い直しても「いや、一陣、二陣双方の弁論を開く」という。しかも、送られてきた上告受理通知書では、一陣・二陣訴訟とも同一論点で上告が受理され弁論が開かれるという前代未聞の内容であった。弁論が開かれるということは原判決が見直されるということであるが、結論は判決を聞くまではわからないことになった。

2　最高裁弁論

二〇一四（平成二六）年九月四日の最高裁弁論では、山下先生にも弁論をお願いした。泉徳治元最高裁判事の著書を片手にした山下先生の弁論の要旨は以下のようなものであった。

「行政庁の規制権限不行使の違法性を判断する前提として、この被害の実相とかかる被害をもたらした加害の構造を踏まえ、被災者原告らの置かれた立場についての十分な洞察に基づく、事案に即した適正な紛争解決への志向を踏まえた適切な判断が求められる。」「裁判所が一歩下がって立法府、行政府の裁量を尊重してばかりいては…国民の権利・自由を守るべき『司法の役割』が果たせない。」「裁判所は、憲法で保障された基本的人権を擁護すべき役割を担っている。裁判所は、憲法の規定の趣旨を掘り下げて、可能な限り基本的人権の保障を実効性のあるものにしなければならない。」

弁論は、格調高く、迫力があり、最高裁判事の心を揺さぶるものであった。

3 最高裁判決当日

二〇一四（平成二六）年一〇月九日、最高裁（白木勇裁判長）は、一九五八（昭和三三）年以降から一九七一（昭和四六）年までの国の責任を認めたが、一九七二（昭和四七）年以降の責任を否定した。判決の言い渡しを聞きながら勝ったことには安堵したが、被害者救済が分断されたことは、正直落胆した。最高裁の外から、勝訴の旗だしに、どっとわく歓声が聞こえるなか、敗訴した原告や担当弁護士は悔し涙を流していた。

八 最終解決へ

二〇一四（平成二六）年一二月二六日、一陣訴訟差戻し審で①厚労大臣の謝罪、②国は確定した二陣訴訟と同じ基準で賠償金を支払う、③未提訴者についても訴訟上の和解を行うなどの和解が成立し、二〇一五（平成二七）年一月一八日、塩崎厚労大臣が泉南を訪れて原告らに謝罪した。

九 群像の勝利

泉南アスベスト国賠訴訟の闘いのルポルタージュ『国家と石綿』で著者の永尾氏は、泉南の闘いを「群像の勝利」と言う。「泉南の原告、弁護士、支援者らも勝つまでも闘い続けた。その勝利にも傑出したリーダーがいたわけではない。それぞれがそれぞれの役割を十二分に果たした協働が勝利につながった」「原告は、石綿の病を得ることはどういうことか、普通に息ができない苦しさはどのようなものか…自らの言葉で懸命に語った」「弁護士は、このような原告の姿に感応し、この原告を勝たせたいと資料を渉猟し証拠を集積し、膨大な訴状、準備書面、意見を作成し、あえて心を鬼にして、いまわの際で苦しむ原告の姿をＤＶＤに収め、裁判所で上映した」（『国家と石綿』三五三頁）。

山下先生を群像の一人というのは失礼かもしれない。しかし、山下先生は、泉南訴訟で弁論するとき「俺がやるのは応援弁論ではない。俺も弁護団の一員だ」とおっしゃっていた。提訴から最高裁判決まで、山下先生が泉南国賠訴訟を「我がこと」として共に闘い抜かれ、勝利に貢献していただいたことは間違いない。

そして、泉南最高裁判決が、じん肺訴訟、関西水俣訴訟の原告団、弁護団の闘いの成果に寄って立っていることも忘れてはならない。泉南最高裁判決は、これらの判決のうえにもう一つ「人の命の重みを重くする判決」を積み上げたのだ。

一〇　アスベスト被害救済の闘いの到達点と課題

1　泉南アスベスト国賠訴訟の闘いの到達点

泉南アスベスト訴訟最高裁判決は、労働安全行政の分野に関するものである。しかし、高裁レベルで、国民の生命健康を第一とするのか、産業発展との利益考量をするのか、判断が正反対にわかれたこともあり、「国は、国民の生命健康にどう向き合うべきか」という行政のあり方の根本問題に関する判断が、最高裁に求められたものといえる。国側の訟務検事も、論文で「規制権限の不行使の問題は、被害回復の側面で国の後見的役割を重視して被害者救済に力点を置くと、事前規制型社会への回帰と大きな政府を求める方向につながりやすい。それが、現時点における国民意識や財政状況から妥当なのか否かといった大きな問題が背景にある」と裁判所を牽制した。最高裁が、憲法と法令に則り、生命・健康こそが至高の価値であり、国には、国民の生命・健康被害を防止するために「迅速」かつ「適時・適切な」規制権限を行使する義務があることを改めて明確に判断したこと、被害者救済の立場に立ったことに本最高裁判決の最大の意義がある。

2 建設アスベスト訴訟に引き継がれた課題

もっとも、泉南最高裁判決は、近隣・家族被害や、石綿の大量輸入と使用が続いた昭和四七年以降の違法（防じんマスクの使用義務づけ違反等）を否定した。これらの闘いは建設アスベスト訴訟に引き継がれた。そして、建設アスベスト訴訟では、六地裁、二高裁で八回連続して、建設現場では防じんマスクは効果的で必要不可欠な粉じん対策であったとして、その使用義務づけ違反等の国の責任が認められている。国の責任を認める司法判断の流れはもはや揺るがないものとなった。焦点は建材メーカーの責任、一人親方に対する国の責任に移っている。そして、国と建材メーカーを巻きこんだ基金制度の創設が喫緊の課題となっている。建設アスベスト被害は、規模・人数の大きさで泉南の比ではない。ましてや基金制度の創設という政治解決のためにはまだまだ乗り越えなければならない壁がある。山下先生のご遺志を心に刻み、全国の仲間と手を携えて、建設アスベスト訴訟の勝利に向けて全力を傾けなければならない。改めて、先生のこれまでのご指導、ご援助にお礼申し上げ、心よりご冥福をお祈りしたい。

首都圏建設アスベスト訴訟

――「弁護士人生最後の大仕事」

首都圏建設アスベスト訴訟弁護団事務局長・弁護士
佃　俊彦

一　出会い

私が山下先生に最初にお会いしたのは、登録して間もない一九八八年でした。当時は、先生や小野寺利孝先生が取り組んでおられた、常磐じん肺一陣訴訟の責任立証が終わった段階で、弁護団が新人弁護士を募っていたからです。お話の中身は忘れてしまいましたが、古くて薄暗い東京弁護士会の地下の会議室で弁当をご馳走になったことは覚えています。おかげで常磐じん肺訴訟弁護団に入れていただき、先生には責任論のまとめの中間準備書面作成にあたり記録の読み方から手控えの作り方まで教えてもらいました。

以来、この追悼記念誌でも触れられている、細倉じん肺訴訟やトンネルじん肺訴訟でも指導していただきました。今から思えば、東弁で弁当をいただかなければ、私は別の弁護士の途を歩んでいたかもしれません。

二　筑豊じん肺訴訟から大阪泉南アスベスト訴訟、建設アスベスト訴訟へ

本稿では、山下先生と建設アスベスト訴訟、とりわけ首都圏建設アスベスト訴訟について触れます。建設アスベスト訴訟というのは、大工や左官、電工など建設作業従事者の中にアスベスト（石綿）を原因とする肺ガンや中皮腫、石綿肺などの疾患が爆発的に増大しており、その責任は、建設作業においてアスベスト粉じん対策を怠った国とアスベストを含有する建材を製造・販売した建材メーカーにあるとして、アスベスト関連疾患に罹患した被災者とその遺族が起こした裁判です。

このように建設アスベスト訴訟は国と建材メーカーを被告とする裁判ですので、そこに至る前史があります。国のじん肺加害責任を初めて認めた裁判は二〇〇一年の筑豊じん肺訴訟の福岡高裁判決です。そして、その上告審である最高裁判決は、二〇〇四年、鉱山保安法の「主務大臣であった通商産業大臣の同法に基づく保安規制権限、特に同法三〇条の規定に基づく省令制定権限は、鉱山労働者の労働環境を整備し、その生命、身体に対する危害を防止し、その健康を確保することをその主要な目的として、できる限り速やかに、技術の進歩や最新の医学的知見等に適合したものに改正すべく、適時にかつ適切に行使されるべきものである」との判断基準を示して、国の責任を確定させました。別稿で書かれていますが、山下先生は筑豊じん肺訴訟でも解決にあたり中心的役割を果たされました。

筑豊じん肺訴訟は炭鉱夫じん肺の事件ですが、この福岡高裁判決、最高裁判決を前後して、トンネル坑夫のトンネルじん肺や工場労働者のアスベスト被害に対して国の加害責任を追及する裁判が起こされていきます。そして、この建設アスベスト訴訟も筑豊じん肺訴訟の判決に学んで提訴された裁判の一つです。

始まりは、二〇〇六年、建設作業従事者の労働組合である東京土建から、当時山下先生が幹事長を務めておられた全国じん肺弁護団連絡会議の事務局に対する、建設作業従事者のアスベスト被害を救済するために裁判を起こすことについての意見書作成の依頼からでした。

アスベストも粉じんの一種ですが、発ガン性があることが特徴です。このことは今でこそ当たり前のように言っていますが、山下先生は当初から、このアスベストの特質を強調されていました。弁護士の重要な資質の一つに事の本質を見出すことがあると思いますが、先生はこの点で非常に優れていたと感心しています。そして、このことから国の責任の始期を国のアスベストの発ガン性の知見との関係で設定していくことになります。

このようにアスベストは発がん物質ですから、悪性腫瘍系の肺ガンや中皮腫という予後の極めて悪い病気を引き起こします。アスベストは国内ではほとんど産出されず、戦後一〇〇〇万トンが輸入され、そのうちの七割が建材に使われたと言われています。厚生労働省が発表している資料によれば、毎年一〇〇〇名以上が重篤なアスベスト疾患患者として労災認定されていますが、このうちの過半数が建設作業従事者です。このことは、建設作業従事者は長年にわたりアスベスト含有建材を切断、加工して大量のアスベスト粉じんに曝露してきたわけですから当然のことと言えます。

建設作業従事者のアスベスト被害に関し、このような事情と筑豊じん肺最高裁判決の法理、国は建設作業とその現場に対して有効な労働安全衛生法上の規制を行ってこなかったことから、国の責任は相当明らかにできるとの確信がありました。もう一つは、この被害の元凶であるアスベスト建材を製造・販売した建材メーカーの責任ですが、これまでの薬害事件等を参考にして民法七一九条一項の共同不法行為責任を追及できると考えました。そこで、東京土建に対し、国と建材メーカーを被告として裁判を起こせば勝訴できる可能性はあるとの意見書を提出しました。

東京土建は、この意見書を受けて首都圏の神奈川、埼玉、千葉の各土建組合に呼びかけ、首都圏で、東京、埼玉、千葉の各組合は東京地裁に、神奈川建設労連は横浜地裁に、建設アスベスト訴訟を提起することを決め、準備に入ります。

大阪府南部の泉南地域のアスベスト製品製造工場で働いていた労働者でアスベスト関連疾患に罹患した被災者とその遺族が、工場の多くは既に廃業してないので、国のみに対する訴訟を、一足先に提訴していました。山下先生は、建設作業従事者と工場労働者と違いはあれど同じアスベスト被害者の闘いとして、最初から「泉南を孤高の闘いにはさせない。」と建設アスベスト訴訟との共闘を強く訴え、二〇一四年、大阪泉南アスベスト訴訟が最高裁で勝訴するまで共に闘いました。

三　東京、神奈川一陣訴訟の提訴と判決、全国での提訴

首都圏建設アスベスト訴訟は、東京一陣訴訟が二〇〇八年五月一六日に東京地裁に、神奈川一陣訴訟が同年六月三〇日に横浜地裁に、国と建材メーカー四二社を被告として、それぞれ提訴しました。

山下先生は、提訴にあたり、この建設アスベスト訴訟を「弁護士人生最後の大仕事」と言っておられました。先生は弁護団幹事長として、この「大仕事」に今まで以上に獅子奮迅の活躍をされます。

弁護団では、全体の弁護団会議だけでなく、国の責任を担当する国班、建材メーカーの責任を担当するメーカー班、原告らの被害、損害を担当する損害班などの班がありましたが、先生には、弁護団会議は勿論のこと、いずれの班会議にも出席して議論をリードしていただきました。そして、折々、原告側の主張や被告への反論のための準備書面を作成しますが、往々にして提出期限ぎりぎりになり、先生自らの担当部分はできていても、全体が完成する夜中の午前一時、二時まで何度も付き合っていただきました。

何より圧巻は、国側申請の東敏昭証人に対する反対尋問でしょう。反対尋問は、なかなか功を奏しない、難しい弁護技術の一つです。ましてや東証人は産業医科大学産業衛生学の教授であり、長年にわたり日本石綿協会の顧問として国や建材メーカーのアスベスト対策を指導してきた人です。先生は東証人の論文を悉く調べて尋問事項を練りに練って準備をされていました。だからこそ、敵性証人でありながら認めさせるべき点は認めさせることができたのでしょう。さらには、国や建材メーカーの代理人よりも東証人の論理や国の政策をよく理解していたことから、東証人も山下先生をリスペクトして尋問終了後に親しく話しかけてきたのだと思います。

二つの首都圏訴訟のうち、最初の判決は二〇一二年五月二五日の神奈川一陣訴訟横浜地裁判決でした。先生とともに判決言渡に臨みましたが、法廷に入る直前、神奈川弁護団から「要旨が先で、主文の言渡は最後だそうです。」と言われました。刑事事件の死刑判決は、理由が先で主文の言渡は最後です。「死刑判決」とつぶやき、先生と目が合ったことを覚えています。判決は案の定、建材メーカーは勿論のこと、国に対しても敗訴でした。

東京一陣東京地裁判決は二〇一二年一二月五日に言い渡されました。少なくとも国の責任は認められるであろうと予測はしていましたが、悪夢の横浜地裁判決から半年後ですから緊張は否めませんでした。残念ながら建材メーカーの責任は認められませんでしたが、建設アスベスト訴訟で初めて国の責任を認めた判決であり、これ以降五つの地裁判決と二つの高裁判決で八連勝し、国の責任を明確にする基礎を築いた判決でした。

建設作業に従事してアスベスト関連疾患に罹患し労災認定された被災者は、厚生労働省の資料によれば七〇〇〇名に及ぶと言われています。ですから、建設アスベスト被害者は首都圏だけでなく全国各地におり、全国各地での提訴を呼びかけました。それに呼応したのが、九州（福岡）、北海道、京都、大阪の被害者と組合でした。そして、九州では筑豊じん肺訴訟弁護団、北海道では北海道石炭じん肺訴訟弁護団、京都、大阪では大阪泉南アスベスト訴訟弁護団が、それぞれ中核を担って各地の建設アスベスト訴訟弁護団が結成されました。この結成も、筑豊じん肺訴訟、北海道石炭じん肺訴訟、大阪泉南アスベスト訴訟で、いずれも山下先生が重要な役割を果たしてこられたことが大きな力となっていたことは間違いところです。

四　福岡、大阪、京都地裁判決と二つの東京高裁判決

東京地裁判決に対して国が控訴したため、神奈川一陣横浜地裁判決とともに、審理は東京高裁に移ります。

控訴審では、国の責任については、違法の始期を一九八六年より早めること、違法事由を、東京地裁判決が認めた防じんマスクの着用義務違反と建材への警告表示義務違反だけではなく、吹付け作業の全面禁止違反、集じん機付き電動工具の使用義務違反、アスベスト建材の製造禁止措置の遅れまで広げること、そして原告の約半数が棄却された一人親方や中小事業主の救済が焦点となりました。建材メーカーの責任については、建材が当該原告に「到達した相当程度の可能性」が必要との東京地裁判決の指摘に基づき、全被告四二社の中から、当該原告が使用した「相当程度の可能性」がある建材（直接取扱い建材）とその建材を製造・販売したメーカーに絞り、さらには、その中から当該原告がアスベスト関連疾患に罹患した主要な建材（主要曝露建材）とその建材を製造・販売したメーカーに絞った新たな主張を追加して、これらのメーカーの共同不法行為責任を主張することにしました。

とりわけメーカー責任についての建材とメーカーの絞り込みは、山下先生の筑豊じん肺訴訟福岡高裁判決の分析に基づいており、この分析・主張が後に述べますメーカー責任を認容した京都地裁判決、神奈川二陣訴訟横浜地裁判決、神奈川一陣訴訟東京高裁判決に結実したと言えます。

東京高裁での審理中の二〇一四年一一月七日には、福岡地裁が国の違法の始期を一九七五年に早める判決を、二〇一六年一月二二日には、大阪地裁がアスベスト建材の製造禁止の遅れを国の違法事由とする判決を言い渡しま

した。これにより国の責任が認められて救済される原告がより広がりました。

そして、二〇一六年一月二九日には、京都地裁が、国の違法の始期を一九七四年とより早め、集じん機付き電動工具の使用の義務づけの違法も認めるとともに、初めて建材メーカーの責任を認める判決を言い渡しました。メーカー責任を認容した論理は、私たちが東京高裁で主張していた主要曝露建材の主張と、ほぼ同じでした。

ところが、東京高裁第一〇民事部に係属した控訴審（園尾隆司裁判長）の審理は遅々として進まず、二〇一五年五月二五日の第五回期日には裁判長が大段亨裁判長に交替します。大段裁判長は着任早々、メーカー責任の主張整理の釈明を求めました。その次の同年七月一四日の第六回期日には、私たちはその釈明に応え、追加主張に相応した尋問申請をしていたにもかかわらず、裁判長は次の二〇一六年三月一四日の第七回期日には尋問申請の採否を決定して裁判を結審することもあり得ると表明したのです。これに対しては、神奈川訴訟の原告団、弁護団とも呼応して毎週のように裁判所前で「被害者の声を聞かずして結審は許さない」との運動を繰り広げました。それとともに、法廷では山下先生を先頭に、先ほど述べました同年一月のメーカー責任を認めた京都地裁判決を踏まえた主張を展開し、裁判長以下合議体全員の忌避をも辞さない構えで尋問採用を強く迫りました。その結果、同年一二月一二日の第一〇回期日以降、一三名の尋問が採用されることとなったのです。

そして、二〇一七年一〇月二四日には神奈川二陣訴訟が横浜地裁で、同月二七日には神奈川一陣訴訟が東京高裁第五民事部で、それぞれ判決が言い渡されました。いずれも国の責任のみならず、建材メーカーの責任をも認める判決でした。とりわけ、この東京高裁判決は全面敗訴であった一審の横浜地裁判決を完全に逆転する勝訴判決でした。これにより、建設アスベスト被害における国の責任は不動のものとして確定したと言え、建材メーカーの責任も認容するのが司法判断の流れとなったと言えます。

今年になり、二〇一八年三月一四日には、東京一陣訴訟において東京高裁第一〇民事部が、国の責任を断罪する八度目の判決を言い渡しました。この判決は、国の違法期間を一九七五年から二〇〇四年までと広く認めるとともに、一審の東京地裁判決では原告の半数近くが、労働者ではない一人親方と中小事業主であることから棄却されましたが、初めて労働者性に拘ることなく一人親方と中小事業主をも含めて救済しました。極めて画期的な判決と高く評価できるものです。判決では、労働安衛生衛法の規定・目的を有害物の規制や職場環境の保全にかかわる労働者以外の者を含めて保護するものであるとし、労働者災害扶助法や労災保険法が労働者以外の者も保護対象としてきたことや一人親方や中小事業主が建設現場において重要な地位を占めている社会的事実、一人親方と中小事業主の生命・身体及び健康上の利益という重大な法益が侵害されたことを考慮して、労働安衛生衛法に基づく労働者に対する規制権限不行使が違法となる場合、労働者とともに建設現場において石綿粉じん作業に従事する一人親方や中小事業主で、労災保険特別加入制度の加入資格を有する者の利益は、国賠法上保護される利益にあたるとの判断を示しました。この判示は原告らの主張・立証にほぼ添うものであり、この主張・立証も山下先生の視点と指摘に基づくものでした。

国は、このように東京高裁で二連敗、通算で八連敗したにもかかわらず、最高裁に上告しました。敗訴した建材メーカーも然りです。こうして審理は最高裁に移りました。

東京高裁第五民事部の判決も、同第一〇民事部の判決も、それぞれは満点の判決とは言えませんが、山下先生にも喜んでもらえるものではないかと思います。しかし、最高裁では、この二つの高裁判決を合わせた最高峰の判決をめざせとの声が聞こえてくるようです。

五　早期全面解決をめざして

建設アスベスト訴訟は、このように裁判の上では前進をしてきていますが、山下先生を含めて、全面解決は裁判をせずに建設アスベスト被害者が救済される補償基金制度を創設することにあるとして取り組んできました。全国の建設アスベスト訴訟の被災者のうち、既に七割以上が解決を見ずに亡くなっています。生存原告も重いアスベスト疾患に苦しむ日々を過ごし、病床で明日の生命が危ぶまれている方もおられ、早期解決が強く求められます。

他方、これまで重篤なアスベスト関連疾患と認定された建設アスベスト被害者は七〇〇〇人と言われており、今後一〇年、一五年にわたり毎年五〇〇人以上の被害者が新たに認定されることは確実視されています。

国は、炭鉱夫じん肺では筑豊じん肺訴訟最高裁判決に基づき、工場労働者のアスベスト被害については大阪泉南アスベスト最高裁判決に基づいて、それぞれ裁判を起こせば和解をして賠償金を支払うという司法解決方式を採っています。

しかし、建設アスベスト被害では司法解決方式は限界があります。それは、裁判を起こすと言っても、国だけではなく建材メーカーをも被告としなければならず、裁判は長期化するおそれがあり早期救済にはなりません。また、先ほど述べたように建設アスベスト被害者は優に一万人を超えて一万五〇〇〇人にも及ぶことが予想され、裁判所のキャパシティからしても全員救済が危ぶまれるからです。

であるからこそ、東京一陣東京地裁判決が指摘するように、行政府、立法府は、建設アスベスト被害救済のために、少なくとも国と建材メーカーに基金を拠出させて補償基金制度を創設するという、政治的、立法的解決を図るべきであり、今こそその決断をすべき時です。

山下先生は首都圏建設アスベスト訴訟の提訴にあたり、この裁判を「弁護士人生最後の大仕事」と言っておられました。「大仕事」であることは間違いありませんが、「弁護士人生最後」は、いつもながらの先生のジョークだと思っていました。誰も信じていませんでした。そして、こんなに早く突然に「人生最後」が訪れるとは思ってもみませんでした。先生ご自身が一番残念に思っておられることと思います。

建設アスベスト訴訟は、今も先生の敷いた路線を進んでいます。しかし、解決までは、もう一山、二山ありそうです。本当であれば、先生に指導していただきながら、先生といっしょに解決を迎えたかったのですが、それはかなわぬこととなってしまいました。

先生の遺志を受け継ぎ全面解決をめざすことをお誓いし、ご冥福を祈りながら筆を置くことにします。

関西建設アスベスト訴訟（大阪、京都）大阪高裁判決の到達点と意義

——大阪一陣高裁判決を中心に

大阪アスベスト弁護団団長・弁護士　村松昭夫

一　はじめに

二〇一八年八月三一日に京都一陣訴訟の大阪高裁判決（田川直之裁判長）が、同年九月二〇日に大阪一陣訴訟の大阪高裁判決（江口とし子裁判長）が、相次いで言い渡された。

両判決とも国の責任については、労働者との関係はもとより一人親方や零細事業主との関係でも国の規制権限不行使の違法を認め、建材企業の責任についても、注意義務違反（警告表示義務違反）を認めて計一三社について共同不法行為責任が認めた。両判決ともこれまで積み重ねられてきた地裁判決、高裁判決を踏まえて、それらをさらに前進させ、貴重なかつ重要な到達点を築くものとなった。

以下においては、建設アスベスト訴訟の重要な争点、課題、二つの高裁判決とりわけ大阪一陣高裁判決を中心に判決の内容と到達点、意義について概観したい。

二　建築現場における甚大なアスベスト被害

わが国には、約一〇〇〇万トンの石綿が輸入され、その七割から八割が建材製造に使用されてきた。また、建物は、一つとして同じものがないことから、建築現場に搬入された建材はそこで切断、研磨、穿孔などが行われる。そのため建築現場は、もともと激しい粉じん職場であったが、建材に大量の石綿が使用されれば、建築現場において石綿粉じんが大量に飛散することは必然であった。

一方、建築現場は、元請けから数次の下請けが存在するという重層下請構造が常態化しており、もともと建築作業従事者の労働安全管理は極めて困難な労働現場である。

それ故、粉じん発生を抑制する必要な規制や対策、建材企業らの石綿の危険性等の警告や対策がないなかでは、建築現場においてアスベスト被害が大量に発生することもまた必然であった。

実際にも、二〇〇五年六月のクボタ・ショック後である二〇〇六年度から二〇一六年度までの約一〇年間だけでも、石綿ばく露による中皮腫、肺がん、石綿肺などによる労災認定件数は約一万二〇〇〇件に上り、その約半数が建築現場に集中している。これに、労災保険に加入していない一人親方の相当数がアスベスト救済法において行政認定されていることも含めて考えれば、建築現場におけるアスベスト被害は、クボタ・ショック後だけでも一万件近くに上っている。また、現在も建築現場の労災認定件数は毎年約五〇〇件で推移しており、今後もしばらくはこうした被害発生が続くことが予測されていることから、建築現場での被害者は二万人を越えるとも言われている。まさに、建築現場は、わが国最大、最悪のアスベスト被害の現場である。

三　なぜ、国と建材企業の責任か

建材企業らは、石綿建材の製造方法等を欧米諸国から導入しており、当然のことに、欧米諸国における石綿建材による被害発生の情報も導入当時から入手しており（少なくとも被害発生を知ることは可能であった）、石綿建材が国内の建築現場で大量に使用されれば、建築現場で大量の石綿被害が発生することを十分に予見することが可能であった。また、石綿建材という極めて危険な製品を製造・販売する企業は、建築現場で石綿建材を使用する建築作業従事者の生命・健康の安全を確保する義務（安全性確保義務）、具体的には危険性等の警告義務等を負っていた。にもかかわらず、建材企業は、利潤追求を最優先して、必要な警告表示等を行わないまま石綿建材を長期に亘って製造・販売し続け、発がん性などの危険性が一層明確になってからでさえ必要な対策を行わなかった。それどころか、国に働きかけて、石綿建材を不燃材等に指定、認定させるなどして、石綿建材の普及を促進した。

また、国も、早くからアスベストの危険性ばかりか建築現場での被害発生を知っていた（少なくとも知ることが可能であった）にもかかわらず、管理使用における規制や対策、製造禁止などの抜本的な規制を長期に亘って放置した。それどころか、建材企業らの要望に良く応え、石綿建材を不燃材等に指定、認定するなど建材企業らと一体となって石綿建材の普及を促進した。

建設アスベスト被害は、建材企業と国が一体となって引き起こしたわが国最大のアスベスト被害であるといって良い。

こうしたことから、建設アスベスト訴訟においては、国と建材企業を被告としてその加害責任を追及しているのである。

四　国責任、建材企業責任の追及における重要な争点、課題

1　国責任に関して

アスベスト被害に関する国の規制権限不行使の違法については、泉南国賠最高裁判決（二〇一四年一〇月九日）において、国の規制権限不行使が違法になる判断基準（いわゆる「適時・適切の原則」）が示され、それ以後は、建設アスベスト訴訟においても、この判断基準に基づいて、労働者に防じんマスクを着用させることを使用者に義務付ける規制等が遅れた違法が認められ、国賠法に基づく損害賠償責任を認める判決が続いていた。ところが、一人親方等に対する責任については、労働者と一緒の現場で働き労働者と同様に石綿粉じんばく露を受けているにもかかわらず、安衛法等が直接的には労働者を保護対象にしていることから、国賠法に基づく損害賠償の場面においても、一人親方や零細事業主は保護範囲に含まれないとの判断が続いた。この点を初めて克服したのが二〇一八年三月の東京高裁判決（東京ルート一陣訴訟）であったが、関西の二つの高裁においても、この点をどう克服するかが最大の争点、課題となっていた。なお、泉南国賠最高裁判決は、石綿工場の労働者ばかりでなく石綿工場に出入りする一定条件の運送業者の労働者も国賠法上は保護範囲に含まれる旨の泉南国賠二陣高裁判決の判断を是認しており、この判断が一人親方等に対する国責任追及の重要な糸口となっている。

2　企業責任に関して

一方、建材企業の責任追及においては、以下のような従来の大気汚染や薬害、じん肺事案にはない建設アスベスト事案特有の困難性が存在している。

すなわち、石綿関連疾患はばく露から長期の潜伏期間を経て発症するという特徴があるとともに、原告らは、長期間に亘って多数の建築現場で多種類の石綿建材を取り扱っていたことから、原告らが石綿建材からの粉じんで石綿関連疾患に罹患したことは明らかであっても、自らの石綿関連疾患発症の原因となった石綿建材やそれを製造・販売した建材企業を通常の立証方法で特定することは極めて困難である。この点は、従来の大気汚染事案やじん肺事案などとも異なる建設アスベスト事案における企業責任追及の困難性である。また、本件の粉じんばく露の競合形態は累積的競合や重合的競合などであるが、現行の民法七一九条の共同不法行為規定にはこうした競合形態による共同不法行為を直接的に規律する条項が存在しないことから、民法七一九条を前提にしてこうした競合形態の共同不法行為の成立の要件や効果をどう考えるかという理論面での課題も存在している。

従って、建材企業の責任追及においては、原告らの石綿関連疾患発症の原因となった石綿建材やそれを製造・販売した建材企業をどう特定するのか、また、民法七一九条の法解釈をめぐって、原告側と建材企業側とで激しい攻防が行われ、多数の民法学者も理論面での論争を展開している。

この点では、大阪一陣訴訟の地裁判決は、共同不法行為成立の要件を極めて厳しく設定し、原告側に不可能を強いる主張立証責任を課して、建材企業責任を全面的に否定していた。しかし、京都一陣訴訟の地裁判決がその突破口を切り拓き、続いて、二〇一七年一〇月の東京高裁判決（神奈川ルート一陣訴訟）が建設アスベスト事案の特徴を踏まえて建材企業の責任を認める判断を行った。

いずれにしても、建材企業責任追及においては、建設アスベスト事案特有の困難性をどう克服するかが重要な争点、課題となっていた。

五　大阪一陣訴訟の高裁における主張立証活動

大阪訴訟弁護団は、以上のような、国責任と建材企業責任の追及の課題を突破するために、この間の判決を踏まえて、高裁審理ではできうる限りの主張立証活動を行った。

国責任に関しては、行政法学者との勉強会等を複数回行うなかで、国賠法上は、一人親方等も保護範囲に含まれるという主張立証を一層分厚くするとともに、建築基準法上の規制権限不行使の違法に関しても補充の主張立証を行い、さらに、地裁判決が、一九九五年時点では国は石綿建材の製造禁止の規制を行うべきであったと判示したことに注目して、最終盤では、もっと早く製造禁止すべきであった点について詳細な主張立証を行った。

また、建材企業の責任追及に関しては、地裁判決が出される前から控訴審を見据えて、シェア文献の追加収集と詳細な分析によって各石綿建材毎のシェア上位企業を明らかにし、シェア文献の正確性に関する学者意見書等も提出し、原告らが従事した建築現場や阪神間の自治体の公共建物約三四〇箇所の設計図書を入手、分析して、石綿建材が大量に使用された昭和五〇年代から六〇年代にかけて実際の建築現場において各建材企業の石綿建材がほぼシェアどおり使用されていたことを検証し、さらに、石綿建材の使用実態に関する建築士の証人尋問も行った。こうした立証活動によって、シェア上位企業を選定するとともに、各原告毎の就労時期、作業内容等も総合判断して、各原告毎に病気発症に関わった主要原因建材・企業を特定した。さらに、共同不法行為論をめぐっても民法学者との勉強会等も多数回行うなどして被告企業との論争も積極的に展開した。

高裁の結審段階では、首都圏弁護団からの提起を受けて、京都とともに高裁に和解勧告を要請し、大阪訴訟の裁判体は、二〇一八年三月二二日の結審時に、判決日の指定とともに正式な和解勧告を行った。しかし、国も建材企業も、和解解決を拒否したため、九月二〇日に判決が言い渡されることになった。

六　大阪一陣高裁判決の内容

大阪一陣高裁判決は、八月三一日に出された京都一陣高裁判決に続いて、国責任に関しては、労働者はもとより一人親方等に対する関係でも一九七五年一〇月以降の国賠法に基づく賠償責任を認め、建材企業責任に関しても、原告側の主張をほぼ採用して一九七五年一月以降の警告表示義務違反を認定して各石綿建材のシェア上位企業ら八社の共同不法行為責任を認めた。

国の違法時期や建材企業の注意義務違反の時期が一九七五年と遅すぎる点や、建材企業の警告表示義務が改修や解体時まで及ばないとしている点、共同不法行為者の要件として当該石綿建材の現場への到達を要件としている点、一人親方等に対する関係では建築現場での警告掲示義務付け違反の規制権限不行使の違法は問えないとしている点など、不十分な点、問題点、検討を要する点はあるものの、京都一陣高裁判決とともに、従来の各判決を大きく前進させる内容であった。

とりわけ、国責任では、一人親方等が労働者と同様の粉じんばく露実態であることを重視して、安衛法等が一人親方等を直接的には保護対象にしていないとしても、国賠法上は一人親方等も保護範囲に含まれることを明確に判示した点や、製造禁止の違法時期を一九九一年まで遡られた点、さらに、建築現場において大量の被害が発生した原因として国の住宅政策を指摘し、これに製造禁止という抜本的な対策が十数年遅れた点も指摘して、国責任を従来の三分一から二分の一に引き上げた点などが重要な前進である。

また、建材企業責任に関しては、本件における因果関係立証の困難性や建材企業らが自ら手持ちの資料を提出しなかった点等を指摘して、石綿建材の現場到達の蓋然性や病気発症の因果関係の立証に関してシェアと確率論に基づく立証方法を肯定した点は重要である。細部には異なる点はあるものの、これで三高裁判決がシェアと確率論を駆使して主要原因建材・企業を特定するという立証方法の正当性を認めたことになり、シェアと確率論を駆使した重要原因建材・企業の認定手法は定着したと言って良い。建材企業の責任割合も、従来は三分の一など低かったが、判決は、基本的には建材企業は全部責任を負うことを前提にして、建材企業に注意義務違反を問えない期間のばく露や他の石綿建材からのばく露も考慮して、原告毎に平均して四割の責任を認めた点も評価できる。

総じて言えば、判決は、建築現場の就労実態やばく露実態、石綿関連疾患の特徴、深刻な被害実態、さらに二つの東京高裁判決も踏まえて、簡明な判示で被害者救済を大きく前進させたと評価できるものである。

七　早期全面解決に向けた二つの大阪高裁判決の重要な意義

第一に、二つの高裁判決は、司法の国と建材企業に対する早期解決への強烈なメッセージとなった点を指摘したい。

国の規制権限不行使に関する司法判断は、すでにほぼ不動のものとなっていたが、二つの高裁判決においても国責任が認められ、国は同一内容の訴訟において一〇連続で敗訴することになり、そのような事態はわが国の裁判史上かつてないことである。いずれにしても、従来の判決以上に国責任を厳しく認定しており、司法の国に対する早期解決への強烈なメッセージとなったと言える。

また、建材企業の責任を認める司法判断の流れも今回の二つの高裁判決で確実なものとなり、建材企業らも建設アスベスト被害の早期解決に向けて主体的に動かざるを得ない事態になった。実際にも、建材企業責任を認める判決が積み重ねられている中で、主要な建材企業の多くが、ニュアンスの違いはあるものの国からの働きかけがあれば「建設アスベスト救済基金」（仮称）の創設に協力する旨を表明するようになっている。

第二に、最大の課題であった一人親方等の救済を大きく前進させた点も重要である。すべての建築作業従事者の救済という点での最大の課題は一人親方等の救済であるが、これまでは、一部の判決が、建材企業らの責任を一部認めることによってその救済の道を拓いてきたが、東京高裁判決（東京ルート一陣訴訟）に続いて、二つの高裁判決において、国責任の関係でも、企業責任の関係でも、一人親方等の救済の流れを引き継ぎ広げたことは、すべての建築作業従事者の救済の必要性を一層明確にしたと言える。

第三に、最高裁の審理、判断にも大きな影響を与える判決である。二つの高裁判決によって、東京高裁、大阪高裁と東西の高裁判決が出そろったことになり、最高裁に対して、早期の審理と早期の被害者救済の判決を促すとともに、早期解決に向けて最高裁にイニシアチブの発揮を求めるものともなった。その意味で、最高裁の審理、判断にも大きな影響を与えることは確実である。

第四に、「建設アスベスト救済基金」（仮称）の創設に向けて政治への強いメッセージにもなった。建設アスベスト被害の早期全面救済に関しては、最終的には「建設アスベスト救済基金」（仮称）の創設が必要であり、二つの高裁判決は、その創設に向けて政治にも強いメッセージとなった。実際にも、大阪高裁判決後、野党合同による厚労省、国交省、環境省等へのヒアリングが行われるなど新たな動きも出ている。

国、建材企業とも上告したため、原告側も上告し、いよいよ最高裁での審理が始まる。油断することなく、引き続き最高裁での闘いと早期解決に向けて全力で取り組むことが必要であり、大阪弁護団もその決意である。

八　山下登司夫先生への追悼の辞

山下先生には、泉南国賠訴訟の提訴前後から大変お世話になった。とりわけ建設アスベスト訴訟に関連しては、全国弁連等でご一緒し、時には意見を異にすることもあったが、勝利判決に向けた揺るがない闘志と執念、妥協を許さない書面づくりと渾身の法廷弁論等は感服するしかなかった。最後に、山下先生の急逝に接して大阪アスベスト弁護団の総意で送った弔電を紹介し、山下先生への追悼の辞としたい。

「弔　電

山下登司夫先生の訃報に接し、あまりの急逝に言葉もありませんでした。

思えば、大阪・泉南アスベスト訴訟は、一〇年近くの闘いにおいて、重要な節目節目において、山下先生から温かく、力強い励ましとご指導をいただき、それが最高裁での最終勝利に結びつきました。

提訴当初、弁護団も原告団も闘いの前途に大きな不安を抱いていた時、先生が「泉南を孤高の闘いにさせない」と力強く宣言され、事実、その後の首都圏建設アスベスト訴訟の提訴と闘いほど、私たちが勇気づけられたことはありません。一陣高裁での全面敗訴時にも、それを打ち破るために多くの知恵とご援助をいただきました。そして、二〇一四年九月四日の最高裁弁論では、快く弁論を引き受けていただきました。居並ぶ最高裁判事を前に、泉徳治元最高裁判事の著書を片手に、憲法で保障された基本的人権の擁護という司法の役割を遺憾なく発揮することを強く求めた弁論は、法廷を圧倒し、原告団、弁護団に最高裁勝利を確信させるものでした。

先生が心血を注いでこられた建設アスベスト訴訟が大きな山場を迎える今、私たちは、かけがえのない指導者、良き先輩弁護士、そしてアスベスト被害根絶のために共に闘う同志を失った途方もない喪失感をひしひしと感じています。

しかし、悲しんでばかりでは先生に叱られてしまいます。まだまだ心許ない私たち大阪弁護団ですが、先生のご意志を心に刻み、全国の仲間と手を携えて、建設アスベスト訴訟の勝利に向けて全力を傾ける所存です。

改めまして、先生のこれまでのご指導、ご援助にお礼申し上げますとともに、心よりご冥福をお祈りいたします。

合掌

二〇一八年六月二九日

大阪アスベスト弁護団」

福島原発事故についての国家賠償請求訴訟と山下登司夫先生

「生業を返せ、地域を返せ！」福島原発事故被害弁護団幹事長・弁護士

南雲芳夫

山下登司夫先生との出会い

山下登司夫先生のお名前は昔から存じ上げていたが、私自身は、川崎公害訴訟、東京大気汚染公害訴訟などの公害関連事件に取り組んできたこともあり、じん肺弁連の幹事長である山下先生と身近に仕事をさせていただいたのは、首都圏建設アスベスト訴訟（東京地裁）が初めてであった。日常的に付き合いのある埼玉土建労働組合が、東京・千葉・神奈川とともに首都圏規模で国家賠償を含む大規模訴訟を提起することとなったので、押っ取り刀で弁護団に加わらせて頂いた。

二〇〇八（平成二〇）年のことであった。

建設アスベスト訴訟から原発国賠訴訟へ

二〇一一（平成二三）年三月一一日、建設アスベスト訴訟の提起から約三年を経て訴訟が山場を迎えていたさなかに、東日本大震災と福島第一原子力発電所の過酷事故が起きた。強制的な避難者だけでも一〇万人を超え、いくつかの町が無人の地となった。強制避難区域以外からも子どもを被ばくから守ろうとして多くの家族が避難した。経済的な事情で父親のみ福島に留まり、母子避難を余儀なくされた家庭も多数にのぼった。農業、漁業をはじめとする地域住民の生業も打撃を受けた。避難や生業の破たんなどによる精神的な負担から自死に至るやりきれない事件も続いた。

わが国の歴史上前例のない大規模災害に対し当初の緊急的な対応の時期を過ぎると、福島県内外を問わずまた生業の別を問わず、広範な住民が被った甚大な被害と損害について、当然のことながら東京電力と国の責任を問う声があがった。

原子力発電所において、炉心損傷・格納容器の破損などの重大な事故が発生した場合には、日本の国家予算をはるかにこえる損害がもたらされうることは、原発の開発の黎明期から自明のこととされていた。その損害は、到底、一電力会社で賄えるものではなく、また、通常の保険制度による危険の分散も経済的に成り立たない規模であった。そのため、原発を経済活動として成り立たせるための特別の仕組みが不可欠となり、事故時の賠償について、民法の特別法として原子力損害賠償法（原賠法）が定められていた。その要点は、電力会社は、原発事故による損害については無過失責任を負う（責任制限はない）、他方で原発メーカーなどは一切免責される、若干の保険制度は用意されるもののそれによって損害を賄えない場合は国が必要な援助を行なう、というものであった。原賠法に基づいて、賠償指針を策定する原子力損害賠償紛争審査会（原賠審）という特別の機関も用意されており、現に、原賠審は事故後、約五ヶ月で賠償について「中間指針」を公表した。

しかし、「中間指針」は、無過失責任に基づくものであることからそもそも事故を引き起こした東京電力や国の非難性（故意や過失）を全く考慮しないものであった。また、その結果として、その賠償水準は、住民が被った被害・損害には到底及ぶものではなかった。

住民からは東京電力と国の真の責任を問い、その加害責任を踏まえた、まっとうな賠償を求める声が上がった。「あやまれ、つぐなえ、なくせ……」というじん肺闘争の合言葉が、原発事故による被害の回復の場面で、普遍性をもつスローガンとして語られるようになった。とりわけ、通常の経済活動としては成り立たない原子力発電を国策として進めてきた国の責任を追及する声は大きかった。

「生業を返せ、地域を返せ！」福島原発訴訟とは

二〇一一（平成二三）年一〇月に、「生業を返せ、地域を返せ！」福島原発事故被害弁護団という長い名前の弁護団が発足した。当初は、商工業者や農業者等の事業上の損失や、福島県から避難を余儀なくされた住民（強制避難者及び強制避難区域以外からの区域外避難者）、及び避難することができずに被ばくによるリスクと向き合いながら福島県内で生活せざるを得なかった「滞在者」の相談に乗ってきた。

国と東電による原発事故被害の切り捨て、そして原発の再稼働とその延長上の原発復活政策が明らかになる中、被害者と弁護団の意見交換の中で、強制避難者、区域外避難者、滞在者が、被害類型による分断に抗して広く手をつないで、国の責任を追及することを正面に据えた国家賠償訴訟を提起することが構想されることとなった。

二〇一三（平成二五）年三月一一日に提訴された通称「生業訴訟」である。

請求の趣旨の第一項は、原告のふるさとの原状回復（事故前の状況に戻せ）であり、第二項は、それを達成するまで被害者の類型を問わず月額五万円（内金請求）を払えというものであった。被告は国を筆頭とし、当事者の表示も「国　外一名」としたが、これは国の責任を追及することを重視した当事者の姿勢の表れといえる。

裁判の請求の対象自体とはならなかったものの、訴状には、「本件訴訟の射程を超えるが、こうした原告らの要求の延長上には、原発事故による被害は福島を最後にして欲しいという要求がある。『二度と原発事故をおこすな！　全ての原子炉をすみやかに廃炉とせよ！』これが、原告らの究極の願いである。」と明記された。

最終的には、原告団は四〇〇〇名を超え、全国でも最大規模の訴訟となった。

原発事故の国賠訴訟のへの山下登司夫先生の参加

生業弁護団には、首都圏建設アスベスト弁護団からも、中野直樹弁護士、鹿島裕介弁護士が参加していたが、規制権限不行使の違法性を問う国家賠償請求を裁判の正面に据える闘いを組むにあたっては、この分野の第一人者である山下登司夫先生に是非お知恵をお借りしたいと考えていた。

しかし、この訴訟の構想が固まっていったのは二〇一二（平成二四）年春からであった。時あたかも、首都圏建設アスベスト訴訟は、二〇一二（平成二四）年五月に、横浜地裁においてまさかの原告全面敗訴の不当判決を受け、同年一二月五日には、東京・埼玉・千葉の原告についての東京地裁判決が予定されており、アスベスト弁護団の大黒柱である山下先生が、他事件に気を配れる状況では到底なかった。

緊張して迎えた一二月五日の東京地裁判決は、国の規制権限不行使の違法性を正面から認めるものであり、まさにこれから同様の規制権限不行使の違法性を問う原発訴訟を大きく勇気づけることとなった。こうした中で、アスベストやそれ以外の全国のじん肺闘争の関係で難しかろうと思いながらも、山下先生に原発事故の国賠訴訟にお力を貸していただけないかとお声掛けしたところ、ご参加をいただくことに快くご了解をいただいた。お願いした方が、本当にいいのかな、とやや心配するような状況であったが、弁護団としては、非常にありがたいことであった。東京地裁の勝訴判決があったればこそ、山下先生も、原発訴訟に力の一部を割いていただくことができたのではないかと想像している。

「究極の国賠」

山下先生は、福島原発事故について、国が原発の安全性を確保すべき規制権限を行使しなかったことを国賠法上の違法として責任を問うことについて、「究極の国賠」と表現されることがあった。

山下先生は、長年、じん肺闘争を牽引され、その闘いの一つの集約として二〇〇四（平成一六）年四月の筑豊じん肺の最高裁判決によって、わが国の裁判史上はじめて最高裁に国の規制権限不行使の違法性を認めさせるという偉業を成し遂げられた。こうしたことから、山下先生には、規制権限不行使の国賠違法については、法律論や事実論を通じての深い理解だけではなく、個人としても強い思い入れがあったのではないかと推測している。

山下先生が切り開いた規制権限不行使の国賠違法の流れは、筑豊じん肺の判決に続き、二〇〇四（平成一六）年一〇月、水俣病関西訴訟の国賠違法判決を経て、その後のトンネルじん肺訴訟等に引き継がれることとなった。こうした規制権限不行使の国賠違法の闘いの中心に山下先生は居続けたのであり、そうしたご自身のこれまでの蓄積や到達を、私たち後進に伝えようとされたのが、山下先生が忙しい中で敢えて原発事故の国賠訴訟に参加されたお気持ちだったのだと思う。

原発を巡る訴訟としては、これまで稼働差止、設置許可取り消しなどの訴訟の蓄積はあったし、原発事故を巡る訴訟についても、ＪＣＯ事件による原賠法の無過失責任の賠償請求訴訟はあった。しかし、事故の規模が全く異なること、また、今回の訴訟が正面から国の規制権限不行使の違法を問うという課題からして、まったく前例のない訴訟となった。まして、弁護団は、当初は、登録から間もない弁護士が中心であり、完全に「手探り」で裁判準備を進める状態であった。そうした中、山下先生の存在は、極めて大きかった。

国賠違法の判断枠組み・考慮要素、そして舘野淳証言

山下先生には、裁判の緒戦の論戦において、国の規制権限不行使の違法性についての判断の枠組みをどのように設定するかという争点について、書面作成で大きな力を発揮して頂いた。この問題は、山下先生のこれまでの蓄積が最も発揮されるところであり、国の責任を担当した中野弁護士や責任班の若手を中心として、山下先生のこれまでの研究成果を、建設アスベスト訴訟などの事件の到達をも踏まえて、十二分に展開した。

国賠違法の判断枠組みをどのように設定すべきなのか、そしてその判断に際しての考慮要素として何を取り上げるべきであり何を考慮すべきではないのか、という点についての緻密な議論は、山下先生の指導なくしては到底展開できなかったところである。

また、国による原発政策のあり方については、二〇一五（平成二七）年一月、三月に、原告側申請の舘野淳氏（元日本原子力研究所研究員）の証言によってその問題点を明らかにする立証を行った。山下先生は、事前の勉強会から、それを踏まえての正式な証人となることへの信頼に至る過程で中心的に参加され、さらには証言に向けての

準備等について積極的に参加された。

結審、そして山下先生の急逝と判決

生業訴訟は、舘野証言の約一年後、二〇一六（平成二八）年三月には、国の頑強な抵抗に抗して、全国で初めて裁判官三名が防護服を着て強制避難地域に入る検証を実現し、六月には中通りの幼稚園、仮設住宅、除染ができない果樹園等の検証を実現させた。原告側では国の責任を明らかにすることに力を注いだが、裁判所も、最終盤に、規制権限不行使の違法性判断に関する論点整理を積極的に呈示して、この問題に正面から取り組む姿勢を示した。

そして、二〇一七（平成二九）年三月に結審を迎え、一〇月一〇日の判決期日が指定された。折しも、首都圏建設アスベスト訴訟の高裁審理が横浜ルート、東京ルートとあいついで結審を迎えるという大きなヤマ場を迎えていた。

そうした中の六月、つい数日前まで一緒に仕事をしていた山下先生が急逝されたとの報に接し、言葉を失った。

一〇月一〇日、福島地裁の判決日。福島市公会堂に一〇〇〇名を超える原告・支援者が集まり、裁判所までデモ行進をして、国と東電の責任究明、完全賠償とともに、原発なくせとシュプレヒコールを挙げた。午後二時に判決が言い渡された。国の責任を正面から認めるものであった。弁護団は「勝訴」、「国と東電　断罪」、「被害救済　広げる」の三つの旗を裁判所前で広げ、集まった支援者・原告から涙とともに大きな歓声が上がった。

山下先生から教えられたこと

山下先生からは、その仕事を間近に拝見するなかで、職人としての弁護士のあり方を教えられた。裁判所に提出する書面における徹底的なこだわり、判例分析や裁判官の思考を究明して判断の分かれ目を見定めること、準備書面だけではなく徹底的な書証の読み込み、毎回の裁判期日において法廷の主導権を掴む姿勢、それを可能にする裁判所との間合いの取り方などである。

古希を超えてもなお法廷で尋問に立ちながら、冗談めかして「この年で尋問している弁護士はいないだろう」と笑っておられた山下先生のお顔が思い出される。山下先生の原発訴訟との関わりを紹介して、追悼の言葉としたい。

合掌

山下登司夫弁護士と全日自労、そして建交労の労働運動

全日本建設交運一般労働組合副中央執行委員長
神田豊和

顧問弁護士を四二年間委嘱

山下登司夫弁護士が全日本自由労働組合（略称＝全日自労）の顧問弁護士に委嘱されたのは、一九七五年八月一九日から四日間、岡山県美作市内で開催された全日自労第三六回定期大会です。その後、全日自労から建設一般、そして現在の建交労までの四二年間にわたり多大な実績と功績を築いていただきました。

功績の一端を紹介すれば、不当労働行為や組織切り崩し攻撃、労組結成後の組織が安定していない組織への援助、親会社・業界の労務対策、人減らし「合理化」攻撃、暴力団による圧力対策、偽装倒産、事業閉鎖、雇用と賃金問題、労働災害、職業病（じん肺・振動病など）、下請攻撃、名ばかり管理職対策、正規・非正規・委託・請負労働者のさまざまな労働相談などに共に考え、たたかい方を労働者と共に考え勝利の法則に導いてくださいました。トンネルじん肺請求団および根絶闘争本部との関わりについては、別掲参照。

初めての組合大会での挨拶

山下登司夫弁護士が全日自労の定期大会で来賓あいさつを初めてされたのが一九九二年の第五七回定期大会（滋賀・守山市）です。それまではナショナルセンターの代表、国会議員、自治体首長などが挨拶の中心でしたが、労働戦線統一問題で総評の分裂などがあり、この年から顧問が来賓挨拶に加わりました。その時の山下弁護士の挨拶は、弁護団の必要性、労働組合の民主的運営・運動論までふみこんでいます。ご紹介します。

「いままでは、私と渡辺良夫弁護士が、毎年大会で顧問弁護士ということで委嘱を受けていたわけです。昨年の第五六回定期大会で情勢に見合った形で個々の弁護士に委嘱するというのではなくて、全日自労の顧問弁護団を作るということになりました。昨年から渡辺良夫先生、土田庄一先生、私という三人の弁護団で出発しました。

私からどのような活動をしてきたのか申し上げたい。

一つは本当に情勢に見合った弁護団を作る必要がある。全日自労のたたかいというのは、本当に幅広い壮大な運動を展開している。全国で全日自労のたたかいに関わりを持って取り組んでいる弁護士というのは一〇〇人近くいる。北海道・道南じん肺訴訟、四国トンネルじん肺、仙台・三菱細倉じん肺、日立エレベータサービス不当労働行為事件、青森・東北測量不当労働行為事件など全国の弁護士が真剣になって全日自労のたたかいに参加しているというのは、他の労働組合ではなかなかないのではないかと思う。全日自労の運動は幅広く、しかも社会的な支持が得られる、また今の日本の立たされている、とくに労働者の立たされている状況、どう少しでも改善していくか、あるいは権利を救済していくか、そういうたたかいに本当に全日自労の皆さん方が、真剣にとりくんでいる成果なのだろうと考えています。本部の顧問弁護団と言っても何百人の顧問弁護団を作るわけにはいかない。やはり建設一般〝きちがい〟、建設一般の運動に本当に惚れ込む、そしてその運動を支持して一緒にたたかっていこう、という弁護士を一人でも多く作っていくことが非常に重要ではないか。そういう意味で「弁護団」として、本当に全日自労のたたかい、情勢に見合った弁護活動ができるようにしていきたい。

二つめ。弁護団に関わっていて、やっぱり組合のその内の民主主義の問題というのがある。（省略）組合の財政を一人の人が私物化する状況も出て来ている。組織が大きくなれば大きくなるほど、組合内での民主的な運営、民主的な討論というのが非常に重要だと考えています。

三つめ。ダンプの組合員が一万人を突破しようという状況になってくるなかで、やはりそれに対する敵側の見方、これがやはり非常に先鋭化してきている。ダンプの組織が大きくなって勢いが出て来ている状況のなかでやはり警戒心、敵に対する特に警察権力に対する警戒心というのが、非常に重要なのだろうと感じています。強大になって敵側の弾圧をはねのける、また弾圧できないような、そういう力をますます作っていかなければいけないだろうと、この一年の活動のなかで痛感しているところです。

今年もこの大会を契機に、弁護団がんばってみなさんたちの運動に役に立つ、そういう弁護団を作っていきたい、そのためにがんばっていきたいと申し上げて連帯のご挨拶とさせていただきたい。どうも。（拍手）」（第五七回定期大会議事録から再録）

自由労働組合の顧問

ここで何故、山下登司夫弁護士が四二年間、顧問をされたのかについて理解していただくために、全日自労について簡単に記します。

戦後日本は、大量の復員兵、戦争で家や家族を失った女性、工場閉鎖にあった人々など一〇〇〇万人を超える失業者であふれていました。全国で自由労働組合、建設労働組合、失業者同盟などさまざまな団体が「仕事よこせ」等の闘争がおこりました。運動のたかまりのなかで国は、一九四六年に「緊急就業対策要綱」を決定し、失業者を吸収する目的で始まった「失業対策事業」(通称＝しったい)は、当時の日雇い賃金二五四円にちなみ「ニコヨン」労働者と呼ばれました。一九四七年に全日自労の前身である全日本土建一般労働組合が結成され、のちに日雇自由労働者と町場の建設職人・労働者との業態別に別れて、一九五四年、全日自労と名称を改めて現在の建交労に至っています。

しかし全日自労は国の公的就労事業制度に働く日雇労働者の労組であり、要求実現めざして全国各地の全日自労の闘争は激烈極めました。賃金を引き上げさせたり、盆暮れ手当の支給、国との団体交渉権などを勝ち取ってきました。国は失対事業の廃止を打ち出し、失対事業への新規失業者の就労を閉ざして、早期に失対事業の廃止と全日自労つぶしを画策しました。これにたいして全日自労は、一九七一年八月、室蘭で開催した第三一回定期大会でこれまでの失対事業の仲間たちだけではなくて、建設産業の民間組織・企業にも組織化めざす、「二本足の組織建設方針」を決定。新たな組織拡大の運動に全国が一丸になってとりくみました。

この情勢のもとで山下登司夫弁護士が顧問として委嘱されたのは必然だったのではないかと思います。

働きたい高年齢者の憲法二七条の労働権保障

山下登司夫弁護士は、上記の建設民間のことだけではありませんでした。

全日自労の本隊である失対労働者に対する労働省(当時。現在は厚生労働省)が一九八五年五月に失対制度検討調査研究会がだした『五五年報告』にたいして批判論文を寄稿しています。『報告』では、強制的に六五歳で首切りをすすめ失対事業を終息＝廃止することにたいして、山下弁護士が反論しています。山下弁護士は、六五歳に達した失対労働者を一律・強制的に排除する措置が法的に許容されるかと問題提起。憲法二七条に定める「労働権保障」の法的意義との関係で年齢制限を設けることの違憲性を鋭く批判しました。（建設一般全日自労発行『学習』誌三四号、一九八五年）

ダンプ持ち労働者の実態調査

一九七三年当時、文京総合法律事務所に在籍していた山下登司夫弁護士には、埼玉などのダンプ分会からの労働相談などに対応していただきました。労働現場を知ってもらう。机上ではなく実践で事実を掴みどう法律実務家として解決すべきか、と問いかけていた山下弁護士。そのなかで始めたのが研修と呼ぶ実態調査。司法修習生や若手弁護士などが実際にダンプ運転手の家に泊まり、夜明け前から一日、ダンプ労働者の労働実態調査を幾度も実施しています。私たち労働組合の専従者などもこの研修に参加しました。

ダンプ労働者の組織化に対して当時、組合内でも議論がありました。自営業者的であるダンプカー運転手を労働組合として取り扱うのかと。ダンプカーという大きな「道具」を持ち込んでいる以外は労働者となんら変わらないという結論になり、組織化にとりくみだしました。労災保険の特別加入の適用。過積載や交通事故などによる免許を守る道路交通の民主化闘争。運賃単価の引き上げ闘争。ダンプ労働者としての法的地位の確立などをめざす方針確立にあたり、山下弁護士の助言などは絶大でした。

一九七三年一〇月、山下弁護士が中心になって、「建設産業に強大な労働組合を建設するため、弁護士という立場から積極的に援助しよう」と研究会が発足。発足式には九人の若手弁護士が参加しました。

ダンプ労働者の「労働者性」を勝ち取る

山下登司夫弁護士が特に力を入れて争議解決した事件があります。一九七八年四月、茨城県笠間市の㈱思川砂利に働くダンプ労働者が労働条件の悪さに組合を結成して賃金（運賃）引き上げなどを要求したところ、会社が一方的に解雇した思川砂利争議です。

四年八か月におよぶ地方労働委員会、中央労働委員会での勝利和解までに山下弁護士などの果たした役割は大きく、その後のダンプ労働者の組織化が一万人までに増えた要因となりました。地労委は「ダンプ運転手は、車を自分でもっていても使用従属関係からみて労働者である。解雇は不当である」との救済命令をだしました。労基署も「ダンプ運転手は労働者」と認め、正当な賃金を支払うよう会社に指導勧告をおこないました。そして中央労働委員会の裁定で画期的な勝利和解となりました。

山下弁護士は、こう和解の意義について談話を発表しています。

「一つは、会社側に不当違法な解雇を撤回させることとともに希望者全員（八名）を原職に復帰させ、和解金としてバックペイ、解決金を支払わせたことです。ダンプ労働者は、まったく無権利名状態のなかで、しかも劣悪な労働条件のもとで働かされています。劣悪な労働条件を少しでも改善しようとして会社にものを言おうものなら、ただちにクビ、そして泣き寝入りが実態でした。こうした状況のなかで、みなさんは団結してたたかえばダンプの労働者でも解雇を撤回させ原職に復帰させることができることを、全国野ダンプ労働者に実証的にあきらかにしました。この意味はたいへん大きいと思います。

二つは、画期的な茨城地労委命令を確定させたことです。茨城地労委命令は、ダンプ労働者と会社の支配従属関係を詳細に分析し、ダンプ労働者は労組法上の「労働者」であることを明確にしました。この命令が確定したことにより、無権利名状態で働かされているダンプ労働者を組織化するうえで、大きな武器になると思います。」（全日自労中央機関紙『じかたび』第一四一五号八面。一九八三年）

このたたかいでは、組合に入らなかった代車会の労働者や右翼構成員などが、解雇撤回を求めてテント小屋などで宣伝行動にとりくむ組合員や弁護士に襲いかかる事件が起きました。組合員も弁護士も非暴力で立ち向かい抗議しました。もちろん山下弁護士も一緒でした。組合の委員長は重症で救急車で搬送されました。不屈のたたかいが勝利和解に結実したたたかいだと思います。

絶対に負けない！　勝利するまでたたかうからだ！

山下登司夫先生との出会いについて前段に登場する思川砂利争議で組合委員長をした大平東勝さんはこう寄せています。

「私は弁護士と話をしたのは初めてでした。山下先生は数え切れないほど私たちとの打合せをやって、私たち争議団を心にこめて理解が出来るまで、どんなに時間がかかってもやってくれました。打合せが終わった時は、私たちと交流するあまりに話が盛り上がり、酒が入るとだんだん声が大きくなりました。次回からは打合せで使っていたホテルからはキャンセルされました。山下先生は必ず話しが終わると「ぜったいに負けない。勝利するまでたたかうからだ」と力込めて私たちに話しされました。思川争議中、水戸市中心にしたいくつかの争議があり、水戸権利共闘会議を山下弁護士が中心となり立ち上げました。多くの争議団が一緒になってたたかうことになり、いずれも私たちの思川争議より早く勝利していきました。

私も一日も早く勝利したいと毎日思っていました。争議団のなかから、これからの勝利の方向、生活が苦しいなどの訴えがありました。私自身も落ち込んだ時が何度もありましたが、山下先生に相談してまとめていただきました。

思川争議は、茨城県労働委員会から「ダンプ持ち労働者は労働者」として認められ、日本で初めてのダンプ持ち労働者の勝利を勝ち取りました。各新聞や県内労働界などにも大きな反響がありました。

争議団は、これでダンプ屋仲間に大きな力になり、多くの仲間からダンプ屋をバカにするなと激励され元気づけられました。私はこれで再び同じ職場に戻ることが出来ると喜んでいました。しかし会社側は、砕石建設業会などの協力を受けて中央労働委員会に再審査申立てしてきました。私たちは職場復帰とはなりませんでした。山下先生は、県労働委員会から出た勝利救済命令を大きな武器として今後も争うなどの運動方針をだしました。

その後は、㈱思川砂利・青木信也社長にたいして労働委員会の救済命令を守れ、とダンプカーデモや毎日県庁前での宣伝行動・チラシ配布、各業界への要請など労働組合運動で出来ることはとりくんできました。時間はかかりましたが、中央労働委員会で和解となりました。ここまで争って初めて手にした和解金を争議仲間に渡すことが出来ました。

思川砂利・茨城工場で働く仲間たちは、私たち争議団が勝利した時は、代車会（反組合的な組織）は全員辞めますと言っていました。私たちが職場復帰した時に私たちに暴力をふるった代車会の数名は、会社から処分されました。

私は二〇歳ごろからダンプで働いてきましたが、こんなにうれしいことはなく、大きな自信になりました。この時、私は思川砂利争議を多くのダンプ仲間たちへ役に立てることが出来ないかと思いました。少しの間、思川砂利・茨城工場で働き、その後、組合専従者となり働くことになりました。山下先生とはその後もたくさんの争議で一緒にたたかい、いまのいままで元気をもらってたたかってきたと私は思っています。

私は七五歳になりますが、山下先生との労働運動は、一生忘れることは出来ません。」

（大平東勝さん。建交労茨城県本部ゴールド分会。元思川砂利争議団・団長／元建設一般副中央執行委員長）

驕り高ぶることのない弁護士

名ばかり管理職にたいする残業代未払い裁判で勝利した建交労東建地質支部の堀田政則さんは、山下登司夫弁護士についてこう寄せています。

「どうする？」山下弁護士の声。隣の部屋で電話でのやりとりを聞いていた私は即座に「お供します」と答えた。朝、広島から上京し様々なトラブルについて相談している内に夜も更け、先生のお宅で寝ていたのだ。タクシーで出るとすぐ、ライトの中に満開の桜が浮かびあがった。それから暗い道をかなり走って〇〇警察署に着いた。沢山の全日自労の組合員が集まっていた。

仲間の一人が捕まり、どんなに話しても釈放されないとのこと。門前で交渉した結果、山下登司夫先生一人の入署が許された。

どんな魔法を使ったのだろうか。程なく仲間を連れて戻ってきた。「ありがとうございました！」、「ばんざーい」、「がんばろー」、歓喜の渦の中、先生と私は帰路についた。

再びあの桜だ。良く見ると右にも左にも、向こう側にも、何百何千と連なっている。これは昔、私たちの先輩労働者が築き、一〇〇万江戸市民を養った「玉川上水の桜」だとのことである。二条の満開の桜並木。実に美しい。

その時、私の胸に閃くものがあった。今は春、桜の季節なのだ。しかし、広島でも都心でも桜を見た記憶がない。そうだ！　美しいものが目の前にあるのに見えていなかったのだ！　その頃の私は、自分の良心に従って行動すると、あの良識の府である大学も、私を快く迎えてくれた会社も牙をむいて立ち塞がり、信頼していた仲間までも背を向けることがあるという現実に打ちひしがれていたのだ。

それに対してこの夜の出来事は何だったか。

桜冷えの夜中に集まった沢山の労働組合の仲間。単身敵地に乗り込んで仲間を救出し、驕り高ぶることのない弁護士。

「負け犬」になりかけていた私をも救ってくれた、忘れられない事件でした。

一般に弁護士は「ひまわり」に例えられます。

しかし、私にとって山下先生は、丸い顔で、丸い身体で、丸い心で、周りをたちまち明るくし、どんなことも丸くまあーるくまとめようとなさる「満開の桜」でした。

その桜は今も散ることなく、満開の花を咲かせて私の行くべき先々を導いて下さっています。

（賃金等請求事件・東京地裁平成一〇年（ワ）第六六八一号一九九八年三月二八日判決。原告団長の建交労東建地質支部・堀田政則さん）

さいごに

私自身は山下登司夫弁護士顧問就任の二年後に全日自労の書記として採用されました。山下弁護士とは四〇年間のお付き合いです。そして、これまでの数々の労働争議などに一緒に関わってきました。現在の新宿区の全日自労会館の前は豊島区雑司が谷にあった鬼子母神病院の二階・三階が全日自労の所有するビルでした。正月明け、山下弁護士は、清酒「剣菱」を二本持参するのが恒例でした。そのあとは役職員と盛大に酒盛りです。

約三〇年前の中央メーデーのこと。山下弁護士が小さな男の子を連れて参加。なんと山下弁護士は真っ赤な革ジャンパーを着ており、かっこいいなあと思ったものです。学習会などで私たちに良くアドバイスしていただいた言葉は「私は法律実務家、みなさんは労働実務家。一緒にとりくめば勝てないことはない」でした。大事な〝建交労きちがい〟を一人失ったことは非常に大きい。しかし山下登司夫弁護士の志を建交労は引継ぎ、働く者の命と権利を守るために全力をあげていきます。長い間、ありがとうございました。そして本当にお疲れ様でした。安らかにお眠りください。

全国じん肺弁護団連絡会議の活動

全国じん肺弁護団連絡会議事務局長
鈴木　剛

序

これまで全国各地で一九七〇年台後半から現在まで五〇年近くにわたり、じん肺・アスベストの集団訴訟が闘われてきた。じん肺やアスベストの被害者の早期救済だけでなく、加害企業と国の責任を明確にすることを通じて労働環境の改善、被害の根絶をも前面に掲げてきた。スローガンとしては「あやまれ、つぐなえ、なくせじん肺・アスベスト」を一貫して掲げてきた。これまでに一〇〇件の判決を勝ち取り、一六三件の事件が主に和解によって解決している。また、単に裁判における勝利解決だけでなく、じん肺やアスベスト被害の根絶に向けた多くの成果も勝ち取ってきた。

しかし、粉じん職場は、金属鉱山、炭鉱、トンネル建設工事、造船、建築工事、各種製造業といったいずれもわが国の産業の根幹に関わる業種であることから、じん肺の防止対策は生産性の向上、利益の獲得と基本的に相反するため、企業や国の抵抗は激しく、訴訟における徹底的な抵抗、解決の引き延ばしを強力に行ってきたし、今もなお多くの業種において粉じん対策は十分には実施されておらず、被害者は発生し続けているのが実情である。そのため、私たちの裁判所内外の闘いは、現在も強力に継続していく必要に迫られている。

二〇一八年七月時点において、全国じん肺弁護団連絡会議に結集する集団事件は、一四件（トンネル根絶は五件、建設アスベストは八件など複数の訴訟事件も多いため事件数は一七件）が全国各地の裁判所に係属している。原告数は合計約一〇〇〇名である。

一　全国じん肺弁護団連絡会議の経過概要

全国じん肺弁護団連絡会議（以下「全国じん肺弁連」という）は、全国各地で闘っているじん肺・アスベスト訴訟の弁護団が結集する連絡会議である。

一九八〇（昭和五五）年に結成され、各事件の弁護団長や事務局長など中心的な弁護団員と東京事務局という体制であり、全体を事務局長がとりまとめていた。その初代の事務局長は安田寿朗弁護士であり、第二代事務局長は山本高行弁護士である。しかるに、裁判所内外において取り組むべき課題が増大したためにより組織的に法廷内外の闘いを機能的に担っていくことができるよう体制を整理する必要があるとの山本高行事務局長の提起によって、一九八九（平成元）年に、各事件の弁護団長が代表委員、事務局長が常任幹事となり、加えて幹事長、事務局長、事務局次長というといわゆる「執行部」を構成することとなった。

以後は、概ね二か月に一度、代表委員、常任幹事、幹事長、事務局が参加する常任幹事会を開催し、各訴訟における重要課題の共同討議、運動論の討議等を行ってきた。加えて、必要に応じた各事件の法廷への全国じん肺弁連からの出席、運動の提起、参加等を実践する体制が整理された。

山下登司夫先生は、初代の全国じん肺弁連幹事長に就任され、二〇一五年に現在の田中貴文弁護士に幹事長を交代するまで約二六年間にわたり、全国じん肺弁連の幹事長を務めてきた。

私は、一九九七年に第三代事務局長の安江祐弁護士に代わって第四代事務局長に就任したため、以後約一八年間、全国じん肺弁連の諸活動において山下幹事長を補佐する立場にいた。

二　全国じん肺弁連の活動内容、役割

全国じん肺弁連の活動内容は、大きく分けると、①各訴訟の裁判対策、②裁判所外の運動における原告団、支援との連携、③加害企業に対する要請行動をはじめとする様々な行動の企画、立案と実行、参加、④じん肺根絶に向けた制度改革要求の整理と国や自治体等に対する要請行動、国会対策等の行動、といえるかと思う。
①各訴訟の裁判対策については、概ね二か月に一度開催する常任幹事会において、各事件について重要課題の討議を継続的に行ってきた。また、必要に応じて各事件の弁護団会議や法廷にも関連事件の弁護団等が参加し、当該弁護団と共同した訴訟活動を行ってきた。常にその中心で獅子奮迅の活動を行ってきたのが山下幹事長であったことは、全国じん肺弁連に参加する弁護士が共通して認識していたところであるし、各事件の報告からも明らかとなっている。
山下先生のじん肺・アスベストの裁判、運動に対する貢献は多大なものがあり、山下先生抜きでこれまでの全国じん肺弁連に加盟する事件の法廷内外の闘いは語れないほどである。北海道から九州まで全国各地の事件について、法廷や弁護団会議に参加され、率先して法廷戦術を提起し、かつ自らも準備書面の作成から尋問に至るまであらゆ

る活動を実践していた。大きな特徴の一つは、助言、指導だけでなく自ら積極的に書面作成も実践してきたことである。

二〇一七年六月八日に行った全国じん肺弁連の事務局会議において、三菱重工長崎造船所じん肺第三陣訴訟が課題になったとき、山下先生から、自ら弁護団に参加して行動するよう指示され、その後の検討の結果、二〇一八年二月には、正式に東京から私と松田耕平弁護士、福岡から岩城、小宮、深堀、山口から臼井、板淵、横山の合計八名が新たに弁護団に参加することとなった。この事務局会議が私が山下先生に会った最後になってしまった。外から意見を述べるだけでなく、弁護団に加入して実践せよというのが最後の山下先生からの指導になった。

じん肺やアスベストの訴訟や運動において、全国的に重要課題とされ、全国を挙げて取り組んできた課題は少なくないが、そのいくつかについて述べたい。

三　時効問題の克服、勝利

じん肺訴訟において、初期の段階における重大な課題は時効問題である。長崎北松じん肺訴訟について一九八九年三月三一日に出された福岡高裁判決（いわゆる「高石判決」）において、消滅時効の起算点を最初の行政決定の時として、多くの原告について消滅時効の成立により請求を棄却し、最悪の加害企業である日鉄鉱業を免責した。最初の行政決定時から一〇年以上経過後に提訴した者の救済を拒否することは、最初の行政決定を受けた後も相当期間粉じん職場で働く者も多く、また進行性の疾病でありじん肺死する者も少なくないじん肺の特質からすると、極めて不合理、不当なものである。そのため、特に全国各地で闘っていた炭鉱夫じん肺訴訟（筑豊じん肺、北海道石炭じん肺、常磐じん肺、伊王島じん肺等の事件）が中心となって高石判決を最高裁で覆すための法廷闘争が全国各地で展開されたし、運動面では全国規模で時効による加害企業の免責を許さない闘いが大きく行われた。

　高石判決当日の夜に東京で開かれた判決報告集会では、「じん肺闘争支援東京連絡会」（東京支援連）が結成され、東京における運動の強化と拡大が確認されるとともに、「悲しみと怒りに時効はない」という星野安三郎先生の励ましの言葉を受けて、それまでの各地における点と点の闘いを線でつなぐ闘いに発展させていくことが確認された。

　そして、その闘いの柱の一つとして、「なくせじん肺全国キャラバン」行動が提起され、翌一九九〇年から毎年一回、一〇月一日に始まる全国労働安全衛生週間に合わせて、「じん肺・アスベスト被害の根絶」をメインスローガンとする、「なくせじん肺全国キャラバン」行動が開始された。

　そして、山下先生が直接担当する常磐じん肺訴訟において、被告常磐興産の責任の悪質性、悲惨かつ深刻なじん肺被害の実態などについて徹底的な主張、立証が展開され、一九九〇年二月に「じん肺加害企業の時効主張は著しく正義に反し許されない」として原告全員を救済する判決を勝ち取った。

　この常磐じん肺訴訟判決が決定的な契機となり、以後、同判決に準じた内容による和解が全国各地で連弾で成立していった。法廷内外の時効を許さない大きな運動の中で、一九九三年の第四回全国キャラバンの実行中に、長崎北松じん肺について最高裁が口頭弁論の指定がなされ、最高裁での弁論を経て、一九九四年二月二二日に出された最高裁判決では、時効の起算点が見直され、消滅時効は最終の行政決定時とする判断が示された。また高石判決の認定した損害額は「低きに失し、著しく不相当」とする判決をも勝ち取った。じん肺闘争にとって、最大の課題であった時効問題はこれで大きな前進を勝ち取ったことになる。

四　謝罪とじん肺防止の誓約

長崎北松じん肺訴訟の最高裁判決の勝利は、すべてのじん肺訴訟の早期解決の流れを確実に定着させた。加えて、企業が社会的責任を認めて「謝罪」して解決する流れも定着させていった。賠償金の支払だけではなく、加害企業が「多数のじん肺患者を発生させた社会的責任を認め」、患者と遺族にお見舞いと弔意を表明するというかたちで「謝罪」するとともに、じん肺防止を誓約することで和解を成立させる流れを定着させていった。一九九六年から二〇〇二年にかけて、常磐興産、三菱マテリアル、三井鉱山、住友石炭等の主要な炭鉱企業との間で「終結共同宣言」が発表され、以後は訴訟によらず話し合いによる解決に応じることとなったことがそれを象徴するものである。山下先生は、これら事件の全てについて常に弁護団の中心的存在としてまた全国じん肺弁連の幹事長として活動され、また、被告企業との最終版の交渉でも常に先頭に立って行動された。

五　国のじん肺責任

じん肺訴訟において初めて国の責任を追及したのが筑豊じん肺であり、続いて北海道石炭じん肺が同じく国の責任を追及する闘いを行った。しかし、両事件とも一審判決では国の責任が否定されたため、全国じん肺弁連は、国の責任を認めさせる闘いに全国一丸となって取組んでいった。そして、二〇〇一年七月一九日、福岡高裁は一審判決を取消し、国の責任を明確に認める原告勝訴の判決を言い渡した。じん肺訴訟で初めて国の責任を断罪した福岡高裁判決は、その後のじん肺・アスベスト訴訟における国の責任追及の重大な端緒となったものであり、この勝利は極めて重要な意義があった。

山下先生は、筑豊じん肺の常任弁護団の一員として文字どおり勝利判決に向けて法廷内外の闘いに尽力した。筑豊じん肺訴訟は、二〇〇四年四月二七日、国の責任を明確に認める原告側勝訴の最高裁判決を勝取り、北海道石炭じん肺では、札幌高裁において、国が謝罪して和解解決を勝ち取り、その後は石炭じん肺については国は和解解決するとの大きな前進を勝ち取った。

そして、特筆すべきことは、筑豊じん肺福岡高裁判決において国の責任を認めさせたことが、その後のじん肺、アスベスト訴訟における国の責任追及の闘いに決定的に重要な契機となったことである。

トンネル根絶訴訟、大阪泉南アスベスト訴訟、建設アスベスト訴訟へとつながっていった。トンネル根絶訴訟や建設アスベスト訴訟について、筑豊じん肺高裁判決を受けて国の責任追及に連動させていったことについて山下先生はその問題提起や原告団、弁護団、支援団体のいずれにおいても、その中心的な役割を果たしてきた。

全国トンネルじん肺訴訟はゼネコンとは既に和解解決していた原告らが、トンネル工事における粉じん対策を抜本的に改善させるべく、国を相手に、全国一一地裁で全国トンネルじん肺根絶訴訟を提起し、国の責任を追及する闘いに立ち上がった。その結果、二〇〇六年七月～二〇〇七年三月にかけて、東京・熊本・仙台・徳島・松山地裁で国の責任を明確に認める勝利判決が出された。この国への闘いの重要性を提起し、原告らを励ましつつ勝利に向けた法廷内外の闘いを指導したのが全国トンネルじん肺弁護団の幹事長でもあった山下先生である。

さらに、アスベスト被害の早期救済と被害の根絶を目指して、二〇〇六年五月二六日に国を被告とした大阪泉南アスベスト国賠一陣訴訟が大阪地裁に提訴され、一陣、二陣訴訟は、二〇一四年一〇月九日に最高裁判決によってアスベスト被害について国の責任を認めさせる勝利判決を勝ち取った。

建設アスベストは、二〇〇七年に東京土建から全国じん肺弁連に訴訟の可否について問題提起がなされた。山下先生が中心となり全国じん肺弁連の事務局が、建設作業に従事した結果アスベスト関連疾患に罹患した者について国の責任を問うことの可否、石綿建材を製造販売してきた建材メーカーの責任を問うことの可否について約一年間、様々な調査や検討、討議を行った。その結果、国と石綿建材メーカーの責任を追求すべきであるとの結論に達し、翌二〇〇八年に首都圏建設アスベスト訴訟の提訴に至ったものである。

首都圏建設アスベスト訴訟が二〇〇八年五月一六日に東京地裁、二〇〇八年六月三〇日に横浜地裁に国と石綿建材メーカー四四社を被告として提訴された。その後、福岡、大阪、京都、札幌と提訴され、現在六か所の地域で闘われている。二〇一八年七月の時点で八つの判決で連弾して国のアスベスト加害責任が明確に断罪されている。

六　運動面、制度改革

法廷外の活動についても、山下先生は、全国じん肺弁連の幹事長として、さらには、全国トンネルじん肺弁護団の幹事長、首都圏建設アスベスト東京訴訟の幹事長という立場において、常に中心的に活動を担ってきた。

特に、全国キャラバン実行委員会の結成と行動においては、代表委員の一人として制度改革要求の立案から国や自治体への要請行動に至るまで常に中心的な存在であった。

全国じん肺弁連の運動の最大の目標は、「なくせじん肺・アスベスト」、つまり、わが国の最古にして最大の職業病であるじん肺やアスベスト被害の根絶である。そのために、加害企業や国の責任を明確にさせ、過去の過ちについて真摯に謝罪させるとともに、今後のじん肺防止を誓約させる運動を行ってきた。また、法令を改正させるなどじん肺防止のための制度を改革すること、被害者を裁判によらずに早期に救済するシステムを構築することにも力点を置いた闘いに取り組んできた。

全国キャラバンは、四七都道府県全てにおいて、自治体首長や議会への要請、労働局等の要請、街頭宣伝など様々な行動を実行し、最終日には東京に集結して、集会、国への要請行動、企業や関連団体への要請行動、国会請願デモ等の行動を行ってきた。今年二〇一八年一〇月の全国キャラバンは二九年目、第二九回を迎える。これまでの全国キャラバン運動は、「点から線へ」の闘い、「線から面へ」の闘い、「面からより広い面へ」の闘いに発展し、国のじん肺防止の施策を転換させる闘いへと発展してきた。

線の闘いが面の闘いへと発展していった大きな要因は、ゼネコンを被告とする全国トンネルじん肺訴訟が全国各地の裁判所（二三地裁支部）に提訴され、全国の多くの地域において闘いが行なわれるようになったことによることが大きな要因となった。

一九九六（平成八）年の第七回なくせじん肺全国キャラバンでは、山下先生の問題提起に基づいて、「緊急三提言」を提起し、①トンネル建設現場における粉じん測定の義務付け、②肺がん合併のじん肺患者に対する労災補償の実現、③管理二のじん肺患者及び三年以上粉じん職場に働いた元労働者へのじん肺管理手帳の交付の三点を緊急に改善されるべき事項として要求した。その後の運動の積み重ねの結果、この三点については一定の成果を獲得してきた。それら成果を踏まえて二〇〇三（平成一五）年全国キャラバン以降は、じん肺根絶とアスベスト被害根絶に向けて、トンネル、造船、鉱山、アスベストの四つの業種別に改革提言を整理した「私たちの提言」を提示し、厚生労働省、環境省、国交省をはじめ各地の労働局、各自治体の首長、議会等に対してもこれらの早期実現を要請してきている。

トンネルじん肺では、五地裁の勝利判決を背景に運動を展開し、二〇〇七年六月一八日、国との間で「トンネルじん肺防止対策に関する合意書」を締結し、全面解決を勝ち取った。その後、二〇〇八年三月一日粉じん障害防止規則の改正、二〇〇八年一〇月一五日土木工事積算基準の改定が行なわれた。これはトンネル建設工事のじん肺防止に向けて、大きな成果であると評価することができる。

七　残された課題

トンネルじん肺訴訟では、闘いの当初から「トンネルじん肺救済基金制度」の創設を目標に掲げて運動を展開してきた。この救済基金制度は、トンネル建設労働者の十分な健康管理を図るべく継続的・一元的に就労等を管理する措置をとることと、じん肺に罹患した者には、裁判によらずに早期に被害補償を実現するものである。原告団、家族会、建交労、弁護団が一体となって国会議員への働きかけを中心とした運動を強力に展開してきた。

また、首都圏建設アスベスト訴訟は、アスベスト被害者の被害救済のために、裁判をせずに救済される「アスベスト被害者救済基金制度」の創設の実現に向けた運動を行っている。

山下先生は、これらの裁判によらない救済制度の実現の運動についても弁護団の先頭に立って奮闘してきたが、私たちは、山下先生の遺志を受け継ぎ、何としても被害者の早期救済システムの構築、そしてじん肺とアスベスト被害の根絶の実現を墓前に報告をするため奮闘する決意をしている。

じん肺訴訟の時効論

――その理論的意義

立命館大学大学院法務研究科教授

松本克美

一　じん肺訴訟と時効問題

粉塵職場で労働に従事することによって罹患するじん肺症は、古くから知られた職業病である。じん肺症は潜在的進行性の疾患であり、粉塵職場を離脱した後も進行し、重篤化し、死に至ることもある。但し、その進行度合いには個人差も大きい。じん肺法は、じん肺症の症状が重くなるにつれて、管理区分二、三、四の区分を決定し、それに合わせて労災保険給付額も異なる。

このようなじん肺症の潜在的進行性被害としての特質は、症状が重篤化して、(元)使用者に対する損害賠償請求をした場合に、すでに粉塵職場離脱から長期間が経過していたり、最初の管理区分の決定を受けてから長期間を経ていたりするために、被告からの消滅時効の援用にさらされやすい要因をなしてきた。

長期間じん肺症に苦しんできた原告ほど、被告の時効援用の対象となりやすいが、消滅時効が認められれば、いくら被告に責任があっても、請求は棄却され、賠償額はゼロとなる。こうしてじん肺訴訟においては、消滅時効の問題が訴訟の最大の争点になっていった。

使用者の不法行為責任を追及した場合の消滅時効は損害及び加害者を知った時から三年と短い（改正前民法七二四条前段）。ところが安全配慮義務違反の債務不履行責任を追及した場合は、その損害賠償請求権の消滅時効は権利行使可能時から一〇年間である（改正前民法一六六条一項、一六七条一項）。そのため、じん肺訴訟では、時効期間が長い債務不履行責任を追及することが行われ（安全配慮義務違反構成による時効メリットの活用）、時効起算点である「権利を行使することができる時」はいつなのかが激しく争われてきた。

さらに、じん肺症の防止に関する国の規制権限の不作為による国家賠償責任が認められる場合には、不法行為責任を消滅させる二〇年期間（改正前民法七二四条後段）の起算点である「不法行為の時」はいつなのかが大きな争点になった。また、そもそもじん肺訴訟で被告が時効を援用することが許されるべきかという時効の援用制限の問題も争われてきた。以下、順次、検討しよう。

二「権利を行使することができる時」

1　退職日説

じん肺訴訟の初期の頃には、被告は「権利を行使することができる時」の起算点を退職日であると主張し、それを認める裁判例もあった。従来、債務不履行責任に基づく損害賠償請求権は、本来の債務が転化したものであるから、この場合の損害賠償請求権の消滅時効起算点は本来の債務の履行を請求できる時であるという「本来の債務との同一性」論を、安全配慮義務違反の債務不履行責任に基づく損害賠償請求権にもそのまま当てはめて、本来の債務＝安全配慮義務の履行を請求できる時、すなわち当該使用者のもとで粉塵職場に従事していた間、すなわち、遅くとも退職日が起算点となるという理屈である。

しかし、安全配慮義務違反による損害は、退職後も進行し発症するのであるから、じん肺症が在職中に発症しない場合、すなわちその時点では損害賠償請求できなかったのにも関わらず、退職日が時効の起算点であるとするのは全く不合理であり、退職日説は裁判でも認められなくなっていった。

2　最初の行政上の決定時

損害が発生しなければ損害賠償請求できないはずであるという批判を受け、次に被告が主張するようになってきた考え方は、じん肺に罹患したというじん肺法上の管理区分の決定を受ければ、その時に損害が発生したことがわかるのであるから、各人にとって最初の管理区分の決定があった時をもって時効起算点とすべきであるとする考え方である。長崎じん肺訴訟控訴審・福岡高判平成一・三・三一判決がこれを認めた。

しかし、冒頭で述べたように、じん肺症は進行性の疾患であり、最初の管理区分の決定を受けてから症状が進行しないものもいれば、症状が深刻化するものもおり、しかも、その進行度合いは個人差が大きく予見が困難である。管理区分二の決定を受けてから一二年後に管理区分三の決定を受けて管理区分三に相当する重い症状日する損害賠償請求を行う場合、最初の管理区分の決定時が時効起算点であるとするならば、すでに時効が完成しているという不合理が生じる。長崎じん肺訴訟上告審では、この点が最大の争点となった。

3　最終の行政上の決定時説

長崎じん肺訴訟・最高裁平成六・二・二二民集四八・二・四四一は次のように各人にとって最も重い行政上の管理区

分の決定を受けた時が、時効起算点であるという画期的な判断を示した。

「じん肺の病変の特質にかんがみると、管理二、管理三、管理四の各行政上の決定に相当する病状に基づく各損害には、質的に異なるものがあるといわざるを得ず、したがって、重い決定に相当する病状に基づく損害は、その決定を受けた時に発生し、その時点からその損害賠償請求権を行使することが法律上可能となるものというべきであり、最初の軽い行政上の決定を受けた時点で、その後の重い決定に相当する病状に基づく損害を含む全損害が発生していたとみることは、じん肺という疾病の実態に反するものとして是認し得ない。これを要するに、雇用者の安全配慮義務違反によりじん肺に罹患したことを理由とする損害賠償請求権の消滅時効は、最終の行政上の決定を受けた時から進行するものと解するのが相当である。」（傍点引用者。以下同様）。

4　異質損害段階的発生時説と死亡時別途起算時説

上記の長崎じん肺訴訟・最判は、管理区分二、三、四の各決定を受けた時に質的に異なる損害がそれぞれ発生するのであるから、損害賠償請求権の消滅時効起算点は各管理区分の決定を受けた時であるという。私見は、最高裁のこのような考え方を「異質損害段階的発生時説」と名付けたが、このような考え方を延長すれば、最終の行政上の決定を受けた後に、じん肺症により死亡した場合には、死亡時が別途起算点になるはずである。この点が争われた秩父じん肺訴訟・浦和地裁熊谷支判平成一一・四・二七判時一六九四・一四では、最終の行政上の決定から一〇年以上のちにじん肺で死亡した被災者の死亡に対する損害賠償請求権の時効起算点は死亡時であることが認められた。私見は、行政上の管理区分と別に、死亡時を時効起算点とするこのような見解を死亡時別途起算時説と呼んでいる。

5　判例法理の意義と課題

以上、概観してきたように、じん肺訴訟で争われた「権利を行使することができる時」をめぐる時効起算点解釈論は、原告の粘り強い裁判闘争の中で、退職日説、最初の行政決定自説を退け、最終の行政の決定時もしくはじん肺を原因として死亡した時にまで、時効起算点を遅らせることを勝ち取ってきた。

理論的には、第一に、長崎じん肺が、「本来の債務の履行期」が債務不履行に基づく損害賠償請求権の時効起算点であるという従来の〈債務の同一性の法理〉は安全配慮義務違反の債務不履行責任に基づく損害賠償請求権には適用できないことを明確化した点、第二に、この場合は、損害の発生が時効を進行させない法律上の障害に当たることを示唆した点、第三に、じん肺症の場合、症状の重篤化を示す管理区分の決定ごとに異質の損害が段階的に発生するという異質損害段階的発生時説をとった点で、時効論の進展に飛躍的発展をもたらしたと高く評価できる。

他方で、現在の判例の到達点においても、例えば、管理区分四の決定通知を受けてから、さらに症状が深刻化したので、一一年後に提訴したような場合は、じん肺で死亡するまでは、最終の行政上の決定を受けてから一〇年で損害賠償請求権が消滅時効にかかってしまうという不合理が残る。私見は、そもそもじん肺症のように、どのようにどのくらい進行するかわからない進行性の損害の場合は、鉱業法一一五条と同様に進行が止んだ時を時効起算点と解すべきであり、具体的には進行がなくなる死亡時を持って時効起算点と解すべきという「死亡時説」を提唱している。

三　「不法行為の時」

1　じん肺訴訟と二〇年期間

じん肺訴訟で使用者に損害賠償請求をする場合は、安全配慮義務違反の債務不履行責任を追及した方が、先に述べたように、時効期間との関係で原告に有利となる。ところが、じん肺症を発症するような粉塵職場に関する規制権限の不作為についての国の責任を追及する場合には、国と被災労働者の間には債務としての安全配慮義務があるわけではないので、国家賠償法に基づく不法行為責任を追及することになる。ここで、問題となるのが、「不法行為の時から二〇年」で権利が消滅するとする改正前民法七二四条後段の二〇年期間である。

2　「不法行為の時」に関する加害行為説と損害発生時説の対立

ところで、二〇年期間の起算点である「不法行為の時」はいつなのかをめぐり、学説は、これを加害行為時とする見解と損害発生時とする見解に分かれ、下級審裁判例も分かれてきた。加害行為時説は、起算点としての明確性、法律関係の早期確定を理由とする。これに対して、損害発生時説は、加害行為時説では加害行為時から二〇年以上を経て損害が発生する場合に、損害賠償請求権を行使する機会が一度もないまま権利が消滅することになり不合理であること、また条文の文言も加害行為の時でなく、不法行為の時であり、不法行為は加害行為により損害が発生して初めてその要件を満たすのであるから、損害発生時が「不法行為の時」と解すべきだと主張する。

3　筑豊じん肺訴訟・控訴審判決の損害発生時説

筑豊じん肺訴訟の控訴審・福岡高判平成一三・七・一九は、じん肺訴訟で初めて国の責任を認める画期的判決を下した。そして、被告国が主張する二〇年期間の経過については、不法行為の要件を充足した時が「不法行為の時」の意義であり、したがって、損害発生時が起算点であるとして、従来の判例である異質損害段階的発生時説を「不法行為の時」の解釈にも持ち込んで、各人にとっての最終の行政決定時ないしじん肺を原因として死亡した時点が二〇年期間の起算点となるとする、これまた画期的な判断を示した。

4　筑豊じん肺最判の損害顕在化時説

これを不服として争った国の上告に対する上告審・最判平成一六・四・二七判決は国の責任を認めた原審を維持し、また、「不法行為の時」の解釈についても損害発生時として、原審の結論を維持した。しかし注目すべきは、最判は原審のような不法行為要件充足時説による説明をせずに、損害発生時を起算点と解さなければ「被害者にとって著しく酷であるし、また、加害者としても、自己の行為により生じ得る損害の性質からみて、相当の期間が経過した後に被害者が現れて、損害賠償の請求を受けることを予期すべき」としている点である。すなわち最判は権利行使の客観的可能性に配慮して、被害者が現れて、加害者に損害賠償請求をする契機となるような損害の発生、すなわち、損害の顕在化を問題にしていると言えよう。そこで、私見は、筑豊じん肺最判の起算点論を、原審のような不法行為要件充足時説としての損害発生時説と区別する意味で、損害顕在化時説と名付けている。

5　損害顕在化時説の射程距離

学説では、筑豊じん肺最判の損害発生時説は、最判が例示するような潜在的健康被害にだけ当てはまるのか、それ以外の場合にも当てはまるのかを問題にして、何れにしても今後の課題としている。私見は、二〇年期間の起算点である「不法行為の時」がいつかが問題となる不法行為による潜在的損害を類型化して検討すべきことを提唱している。

A　遅発型損害　加害行為から遅れて損害が発生する場合である。これには、a内的遅発型（じん肺症やアスベスト疾患のように損害の性質自体から損害が遅発する類型）、b故意遅発型（二〇年以上を経て爆発するよう設置された時限爆弾のような故意に損害を遅発させる場合）、c偶然遅発型（建築物の瑕疵が建物引渡しから二〇年以上を経て発生した地震を契機に明らかになったような場合）が含まれる。

B　隠蔽型損害　足立区女性教員殺害事件のように、殺害による生命侵害を遺体を隠匿することで隠蔽していたが、それから二〇年以上を経て遺体が発見され、損害が顕在化した場合である。

私見は、以上何れの類型においても、損害が顕在化しなければ権利行使ができなかったのであるから、客観的な権利行使可能性に配慮して、「不法行為の時」とはそれぞれの損害が顕在化した時と解すべきと考える。すなわち、筑豊じん肺最判の射程距離をこれらすべての類型に及ぼすべきと解する。遅発型損害については、不法行為要件充足時説としての損害発生自説でも同一の結論に達し得るが、隠蔽型損害の場合は、加害行為時点で損害が発生しているとも言えるので、遺体発見時が損害発生時とすることは無理があるのかもしれない。しかし、損害顕在化時説によれば、問題は、損害の事実上の発生ではなくして、権利行使の契機となるような損害の顕在化なのであるから、遺体発見時を持って起算点と解することも可能と考える。

四　じん肺訴訟と時効の援用制限論

じん肺は冒頭に述べたように古くから知られた職業病であり、これまでの数多くのじん肺訴訟においても安全配慮義務違反の使用者の責任が否定された例はない。そもそもじん肺訴訟で時効を援用するということは、時の経過による免責を認めることであるが、これは正義にかなった結論であろうか。長期間じん肺症に苦しんできた被災者ほど被告から時効の援用を受けやすく、他方で、被告は安全配慮義務を尽くさなかったことにより安全にかけるべきコストを節約し利益を得てきたのである。そもそもじん肺訴訟では、被告による時効の援用は信義に反し、権利の濫用として認めるべきでない。

常磐じん肺訴訟・福島地裁いわき支判平成二・二・二八判タ七一九・二二三では、このような筆者の見解と同じ、被告企業による時効の援用を権利の濫用として排斥した。その後も、幾つかの訴訟で被告の時効の援用が信義則違反ないし権利濫用として退けられている。

五　改正民法と今後の課題

以上のようにじん肺訴訟における時効論は、原告・弁護団の粘り強い裁判闘争の中で、大きく発展し、被告の不合理な主張をことごとく退けてきた。また、じん肺訴訟だけでなく、そこで得られた時効起算点、二〇年期間の起算点論、時効の援用制限論は、他の訴訟にも大きな影響を与え、また、時効論一般の理論的深化の大きな契機となってきたと言える。

なお改正民法（二〇二〇年四月一日施行）に関わり次のような問題点を指摘しておきたい。

第一に大きな問題は、改正民法が債権の原則的消滅時効期間時につき、従来の権利を行使することができる時から一〇年の期間に加え、権利を行使することができることを知った時から五年という二重期間化を図った点である（改正民法一六六条）。これによって権利行使可能時から一〇年の時効期間を活用できた安全配慮義務の債務不履行構成メリットは大幅に失われることになる。

第二に、権利者側に有利な改正として、人の生命・身体侵害の場合、債務不履行による損害賠償についての客観的起算点からの長期期間が一〇年から二〇年に伸長されたこと（改正民法一六七条）、不法行為に基づく損害賠償請求権もこの場合、短期時効が三年から五年に伸長されたこと（改正民法七二四条の二）を挙げることができる。ただ、第一点目に指摘したように、従来の安全配慮義務構成メリット（権利行使をできることを知っていても一〇年の時効）の喪失を埋め合わせるような改革ではない点が問題である。

第三に、不法行為の時から二〇年の二〇年期間が改めて立法時の起草趣旨に立ち返り、時効と明記されたことも大きな意義がある（改正民法七二四条）。経過措置では、改正民法施行前に二〇年の期間が経過していた場合の期間の制限については「なお従前の例による」とされている（改正附則三五条）。しかし、もともと時効として規定されていたのを判例が除斥期間として不合理な判断をしていただけなのである。従って、すでに判決が確定した場合を除き、改正民法施行前であっても二〇年期間は時効と捉え、個別事案によっては信義則、権利の濫用による制限をすべきであろう。

＊山下登司夫先生とは、今から三〇年前の筆者が大学院生の頃に初めてお会いした。その際、じん肺症に即した時効論の開発の必要性を強調されたことを契機にして、筆者の時効論の研究は始まった。その後、トンネルじん肺訴訟や首都圏

アスベスト訴訟などでも、何回となく山下先生から依頼されて弁護団との勉強会で報告をし、意見書執筆にも携わった。本文で述べたように、山下先生を中心とする弁護団の活躍がじん肺訴訟だけでなく、日本の時効論の水準を大きく飛躍させてきたのである。山下先生のご冥福を心よりお祈りして、本稿を捧げたい。なお紙幅の都合で注は省略する。私見の詳細は、松本克美『時効と正義』（日本評論社、二〇〇二年）、同『続・時効と正義』（日本評論社、二〇一二年）、同「不法行為による潜在型損害の長期消滅時効の起算点」立命館法学三七八号（二〇一八年）等を参照されたい。

第二部

山下弁護士と私

山下さんと私・二人三脚で歩んだ四四年

弁護士　小野寺利孝

盟友山下登司夫弁護士との永遠の別れ

二〇一七年六月一八日一九時三四分、首都圏建設アスベスト訴訟弁護団メールで弁護団幹事長の山下さんから弁護団員の小川さん、中野さん宛に「明日の吹付け工の打ち合わせについて」として次のメールが流れた。

小川さん、中野さん←山下登司夫

明日の吹付け工の準備書面作成の会議、私は欠席します。実は、金曜日から夏風邪を引き調子が悪かったのですが、妹の旦那が亡くなり、本日朝10時から津田沼での葬儀・火葬に参加し、今自宅に帰ってきたところで4す。（ママ）本日朝家を出るときからより具合が悪くなっており。（ママ）葬儀・火葬の参列で益々悪くなったようです。食欲も無く、本日は朝おにぎり1個、その後バナナを2本食べたただ（ママ）です。申し分けありませんが、明日業員（ママ）に行ってきます。このような分けで明日の打ち合わせ会議は欠席しあｍ（ママ）す。小川さんと中野さんで打ち合わせをして下さい。

明日の弁護団会議には、遅れるアｋ（ママ）もしれませんが、出席するつもりです。

申し訳ありア㎡線（ママ）が

さらに一九日八時三八分、同上の表題で弁護団事務局長の佃さん、外各位宛メールが流れた。

佃さん、外各位←山下登司夫

本日の弁護団会議、出席しようと思ったのですが、下記のような事情で体調がすぐれないので、やはり無理せずに家で養生することとしました。重要な時期の欠席で申し訳ありません。医者に行って、何しろ体調を回復させます。

私は一九日、このメールのやりとりを読んで山下さんが近時体調を崩し、体力を著しく落としている様子が気になっていた。いわゆる医者嫌いの山下さんが、医者に行くと言うのだから尋常ではないと受けとめ、かってない不安を覚えた。それもあって同日一二時一九分、山下さん宛に次のメールを流した。

山下先生←小野寺利孝

昨夜のメールを今読みました。かなり体調を崩されたようで、医師の診断と治療を優先して、回復に努めて下さい。建設アスベスト訴訟が大山場を迎えつつあるとき、当弁護団にとって山下先生の役割は決定的に不可欠なことは言うまでもありません。

どうぞ体調回復後も他の弁護団員に託せる仕事は可能な限り担当してもらいながら、大局的な判断が求められるところでの役割と、先生にどうしても求められるチェック機能についての役割を果して頂きたいと思います。この闘いにとって今年が正念場と位置づけながらも、最終解決実現までにはさらなる闘いを余儀なくされる可能性あることは、お互い共通な認識を有しているところです。お互い老ですので病をかかえることは不可避であると思いますが、担っている闘いに求められる役割を可能な限り一日でも長く担い続けられるよう体調を整えることに最大の留意が求められるように思うこの頃です。

治療と休養のうえで、早期の回復を祈念します。

このメールに対し、翌六月二〇日一七時四九分、山下さんから次のメールがあった。

小野寺団長、佃事務局長、外各位←山下登司夫

ご迷惑をおかけしています。昨日病院に行ってきました。風邪もそうなのですが、身近な親族がな（ママ）亡くなったというストレスから胃にきて、逆流性食道炎（ゲップが止まらない。牛の反すう胃のようなもの。）胃炎等に罹患しており、現在も全く食欲がありません。柔らかいものと牛乳を温めて飲むという状況で、体に力が入りません。今週は自宅で安静にしているようにとのことです。また、そのこととの関係かどうかわかりませんが、座骨神経痛が悪くなりました。

小野寺団長、佃事務局長、温かいお言葉ありがとうございます。甘えるわけではありませんが、6月24日（午前10時～）の原告団総会の報告は、佃事務局長がやってもらえませんか。レジュメは、前々回の弁護団秋義（ママ）で配布してもらった、私がいの健で講演した「建設アスベスト訴訟の到達点と課題」をベースに、神奈川の東京高裁5民、横浜地裁の状況と、何よりも東京高裁10民の審理の状況、東京地裁民事1部の審理の状況を入れて話をしていただけば十分だと思います。お忙しい中、急遽のお願いで申し訳ありませんが、よろしくご対応下さい。

私はこのメールを読んで、元来医師嫌いの山下さんが病院へ行ったことそれ自体に安堵した。しかもその診断結果が、「逆流性食道炎」「胃炎」であることを知り、しばらく休養すれば体調も回復するにちがいないと受けとめた。ところが、その翌々日六月二二日朝、突然の悲報である。「六月二一日未明、自宅の自室で亡くなった。」という悲報が、山下事務所の波田さんから私の事務所の安田さんに届けられた。六月一九日病院に行って医師のあの診断があったのに「急死」とは。どうしても信じられない思いがあり、翌二三日朝、山下さんの自宅を訪ねた。棺の中で眠るように目を閉じている山下さんを見詰めるうちに、はじめて山下さんの死という厳しい現実を受け入れざるを得なかった。

息子さんたちからは、解剖の結果として「直接の死因は「腸閉塞」と告げられていること、加えて「大腸ガン」が進行していたことも判明した。」旨告げられたと言う。この時の衝撃は、今なお忘れがたいものがある。

そうだとしたら、死の数日前山下さんが受診した医師のあの診断は、どういうことか問われる。当時、山下さんは、便通が酷く悪くなり、すっかり食欲を失い、体調を崩していたことを医師に訴えなかったのか。このことは、数日前私に言っていたことなので、告げないはずはない。医師は、山下さんを診察して、何故「腸閉塞」を疑わなかったのか。どうして、あのような診断に至ったのか。私としては盟友の死を今なお受け入れられないでいる。

その日、山下さんの二人の息子さんから、父親が弁護士としてどんな活動をしてきたのか、永年培って来た多くの人間関係・団体関係についても全く知らない旨伺った。私はその場で山下さんの関係者へ一日も早く訃報を届けること、いずれ確定する通夜、葬儀・告別式の告知をすることも、山下さんと永年活動を担ってきた私と在京の弁護団で引き受けることを約した。

山下さんが死の直前まで活動していた大型弁護団は、「全国トンネルじん肺根絶訴訟弁護団」（一九九六年一〇月二六日結成来山下さんが幹事長）であり、もう一つは、「首都圏建設アスベスト訴訟弁護団」（二〇〇八年五月・六月東京地裁・横浜地裁へ提訴以来山下さんが幹事長）である。さらにもう一つ。この二つの弁護団も加わっている「全国じん肺弁護団連絡会議」でも山下さんは永年幹事長ポストに就き、全国のじん肺・アスベスト訴訟の実践に関わり、実践的な役割を果してきた。

このようなこともあって、先ずは山下さんと共同して来た全国の各弁護士にこの悲報を伝えるため、全国じん肺弁護団連絡会議事務局長の鈴木剛弁護士から、六月二三日一二時四四分、全国メールで「山下先生訃報」を発信した。

各位

弁護士鈴木剛です。

訃報です。信じられないことですが、山下登司夫先生が、昨日未明、ご自宅でお亡くなりになりました。

詳しい経過は、添付した小野寺先生のお知らせの文書のとおりです。

葬儀などの日程、会場などは、分かり次第改めてお知らせいたします。

全国じん肺弁護団連絡会議の皆さん

悲報です。

昨日未明、山下登司夫先生が、ご自宅で就寝中急逝されました。大腸ガンに伴う腸閉塞によるとのことです。山下先生からは、この数日体調を崩し、六月一九日医師の診察も受け、逆流性食道炎・胃炎等と診断され、今週は自宅で安静するようすすめられたと聞いていました。しかし、一昨日も自宅でパソコンに向かい、自分が担当する書面を期限通り完成させ、事務所に送信していました。それだけに私たちは、山下先生の余りにも突然な死を現実のことと受けとめきれない思いです。

今朝、ご長男の山下登紀夫さんとお話ししたのですが、ご家族の皆様にとっては、全く予期せぬ急逝にとまどいながらも、悲痛なおもいでこの現実を受けとめようと努めておられるご様子でした。

山下先生のご葬儀については、今日のところ未定とのことですが、ご家族としては、六月二九日、三〇日に地元の葬儀場で予定したいとのことでした。近日中に確定次第お知らせ頂くことになっていま（ママ）ので、皆さんには後日改めてご葬儀の件お知らせ致します。

ご長男の山下登紀夫さんが「父は、責任感の強い、仕事人間で…。」とおっしゃっていました。そのことを一番良く知っているのは、この間長い年月法廷内外で山下先生と活動を共にしてきた私たち弁護団員です。

私たちは、山下先生が弁護士人生最後に文字通り全力投入して闘ってきた「全国トンネルじん肺根絶訴訟」「首都圏建設アスベスト訴訟」を全面解決するために、山下先生の遺志を受け継ぎ、必ず実現することをお互い誓い合って山下登司夫先生をお送りしたいと思います。

合掌

二〇一七年六月二三日

全国トンネルじん肺根絶訴訟弁護団団長
弁護士　小野寺　利孝

首都圏建設アスベスト訴訟弁護団団長
弁護士　小野寺　利孝

二〇一七年六月二九日・三〇日、山下さんの通夜、葬儀・告別式が行われた。山下さんの四七年に及ぶ多面的な弁護士活動と幅広い人脈形成を反映して、葬祭場の祭壇に供えきれないほど多くの供花が寄せられた。通夜、葬儀・告別式ともに式場に入りきれないで、式場外に長い焼香の列が出来る状況。弔辞は、山下さんが四〇年来顧問弁護士をつとめた「全日本建設交運一般労働組合」中央執行委員長角田季代子さんと全国トンネルじん肺根絶訴訟原告団副団長黒川三郎さん、「首都圏建設アスベスト訴訟」からは、原告団長宮島和男さん、「同統一本部」を代表して清水謙一さんが述べ、最後に私が各弁護団を代表するとともに、かけがえのない盟友を失った者として弔辞を述べた。

山下さんとの出逢いと共同事務所づくり——闘う労働弁護士誕生

二三期の山下さんは、弁護士となって間もなく当時青法協が取り組んでいた「鹿島開発公害調査団」に参加したことから、私（一九期）や後に共同事務所を創ることになる二瓶和敏（二四期）さんとの出逢いがあり、その縁で鹿島町の「板金労働者争議」や「在韓日本人妻問題」等の人権のための共同実践が生れた。

一九七一年六月、私は、四年在籍した「東京北法律事務所」から独立し、二つの目標を設定して文京区本郷に「小野寺利孝法律事務所」を創設した。一つは、地域[注1]に根を張りつつ、働く人々の生活と権利を守る活動を共同すること、もう一つは、「青年法律家協会」の司法修習生に対する自主活動支援を軸に人権派の若い法律家の育成と結集に貢献することが出来る共同法律事務所[注2]を目指していた。

翌年四月二瓶さんを迎え、その翌年には、いわゆる「ドブ川事件」（ドブ川に転落した子ども達の親たちが、区の責任を問う裁判闘争を通して安全対策を全都的に求めて闘った市民運動事件）を共同した戸張順平（二四期）さんと山下さんを次々と迎えることが出来た。

当時、私が事務所建設のモデルにしたのは、東京北法律事務所であった。そこで弁護士としての基礎から始まり、プロフェッショナルな弁護士としての姿勢と力量を高める術の多くを学んだだけでなく、一方で地域に根付いて人権派の弁護士としての活動を行いつつ、他方で、青法協や弁護士会の活動を担う共同事務所、事務所の創設者鳥生忠佑（一一期）先生のいう「二足のワラジ」路線に共鳴していたことによる。他方で、鳥生先生の敷いたいくつかの「制約」を取り外したいおもいもあった。私としては、「地域」のあらゆる階層の要求、とりわけ闘う労働者の要求に応えて権利闘争を担うというスタンスである。働く人々の中で、各種法律相談や学習会活動等を通して「人権のための闘い」を掘り起こすという基本路線を取ったのである。

これらの活動の一つひとつに、司法修習生や他の法律事務所の若い弁護士の参加を働きかけ、共同の活動を担う中で、人権のために闘う青年法律家の育成の一端を担うという構想であった。

山下さん・戸張さんが入所したのを機に、改めて四人で共同事務所構想を話し合い、一九七三年四月、名称を「文京総合法律事務所」に変更し、さらに人的拡大を計り、本格的な集団事務所づくりを目指すことを確認した。

この当時の若い山下さんの活動は、私たちの中でも際立った特徴を示していた。山下さんは、父親が弁護士であったこともあって、門前の小僧なんとやらで、弁護士として求められる抜群のセンスを持っていた。加えて日々の通常事件の実践はもとより、労働事件で、時には官憲による「弾圧事件」で、卓抜したプロフェッショナルな力を発揮し続けた。特筆すべきは、これら一つひとつの闘う事件の中で大きな成果をもたらす毎に、山下さんはとても自然体で次々と自己変革を遂げ、力強い急成長を見せたことである。

その到達点のひとつであり、その後のライフワークとなる闘いの出発点にもなったのが、一九七五年八月全日本自由労働組合（略称「全日自労」、今日の略称「建交労」の前身）の顧問弁護士就任である。事務所創設から四年、本格的な共同事務所化からわずか二年で、労働争議のいくつかを若手中心の弁護士集団が担う中で、全国単産の一つの労働組合の信頼を勝ち取り、その顧問法律事務所となったことは、当時の所員が共有した望外の喜びであった。

とりわけ、その主任として山下さんが顧問弁護士に就任したのだが、山下さんにとっては、自らの弁護士像形成にとって決定的基盤を得た快挙でもあった。当時「全日自労」は、失対事業に働く労働者の権利を守り闘う組合としての歴史（注：当時の顧問弁護士は、朝日訴訟などで知られる渡辺良夫先生。）を誇りつつ、建設現場で働く労働者の権利闘争を通して新たな組織建設に邁進しつつあった。その典型の一つが、ダンプカー運転労働者の未組織の組織化を目指す活動である。一九七二年一〇月滋賀県で初めてダンプ労働者の組合結成があり、その後静岡、京都から東京、埼玉などに波及した。この組織化の中で、ダンプカー運転手たちが史上初めて労働者としての力強い権利闘争を数多く取り組むに至っている。

私たちの事務所は、山下さんを中心に関東地区で始まったダンプカー労働者の権利闘争（企業倒産と未払賃金請求の闘い、過積載拒否闘争、組合つぶしと組合員解雇闘争、各道交法違反闘争等次々と多くの「事件」と「闘い」が起こる。）を担って活動した。他方で、建設関連各業種での未組織の組織化が取り組まれ、一九七三年には建設・建設資材一般労働組合協議会が結成される。その前後で、事務所に各種相談が寄せられ、その中で各種の争議事件が生れるが、山下さんを中心にこれを闘う弁護団がつくられた。これらの一つひとつの闘いの中で成果を挙げる過程で、山下さんはプロフェッショナルな「労働弁護士」として急成長を遂げたのである。

私は、鳥生先生の下でいわゆる「市民弁護士」として育てられたため、事務所創設時には、いわゆる「労働弁護士像」を描くことが出来なかった。そのため、全ての活動でひたすら「現場主義」を貫き、一つひとつの闘いの現場で労働者たちから、さらには優れた労働組合活動家に出逢うことがあれば闘いを共同する中で、それらの人々から学び、「労働弁護士像」の形成を目指すという考えで対応するしかなかった。そのため、私が青法協活動を通して幾人かの優れた労働弁護士とのご縁があったことを活かし、当時その代表的存在であった小島成一先生を事務所の弁護士会議に幾度かお招きし、「学習」する機会を持ったり、個人的にご相談にのって頂いたりしていた。

そんな縁から、一九八一年五月開催した「文京総合法律事務所一〇周年記念の集い」に小島先生から次のようなメッセージを頂いている。山下さんを先頭に築いてきた「労働弁護士像」が評価されたことを、当時全所員が大いに喜んだ。

創造的「作風」　弁護士　小島成一

「十年という歳月に比して、文京総合法律事務所は、実に多くの貴重な仕事をなしとげ、現に取り組んでおられます。そんな大仕事ができた理由の一つは、実践し、討議し、実践するなかで確立してきたみなさんの優れた作風です。

みなさんは、命と健康がボロボロになるまで働かされている労働者や、じん肺で永年苦しんできた人達の生活苦や本当の要求を体で理解し、ともに闘うために、遠い「現地」にでかけます。「私心のない」情熱は、まわりの人達の体の中に熱を呼びさまし、多くの人々が組織者になり、闘いを拡げてきました。接するものを変革してきた事務所です。

同時に、闘いのなかから活力を吸いとり、展望と新しい闘い方を学んでいる事務所です。「報いられない献身」こそが歴史を動かしてきたことを実感します。

新しい困難があると思いますが、新しい十年の発展を祈ります。」

【山下弁護士のプロフィールその1】

「山下さんは、弁護士の家庭に長男として生まれ、心身ともに健康に育てられ、少年時代の教育もリベラルで知られる「明星学園」で、とても良い環境に恵まれて育っている。この学園は、小・中・高一貫で、その教育理念は、「個性尊重」「自主自立」「自由平等」である。山下さんはこの学園で教育を受けて育ったことが、その後の山下さんの生き方の基礎になっている。

大学進学は、父親の出身校である「日本大学」に父親の勧めで入学している。大学時代は、日大ワンゲル部に属し、「山男」として心身を鍛えるのを軸として青春を謳歌する学生生活を過ごしている。他方勉強は、大変頭の良い人でしたが、この時期は進級と卒業できるレベルの勉強にとどめ、余暇は友人たちとの交遊に明け暮れたという。

それもあって、卒業後始めた司法試験のための勉強は、さすがに若干苦労し、一九六九年（二三期）に合格している。

二三期実務修習は、出身地ということで望んだ仙台修習で、ここでは元来の山下さんペースに戻って、実に自由闊達な修習生活を過ごしている。なお、ここで知り合った亮子さんと結婚している。」

これが、私が山下さんから自己紹介等で聴いた話の要旨である。

山下さんは、生まれ育ちも、学生生活も全てが私の対極に在る人だった。それだけに、当初の頃の共同の活動で見出したのは、自分にはない「自由人」としての豊かな資質と「天性の明るさ」をもつ個性豊かな人であった。加えて、「抜群の頭の良さ」もあって、私は、時にこれらを基にした奔放な言動に圧倒されつつも、山下さんの優れた資質に魅せられ、心底うらやましく思うことも一度や二度ではなかった。

山下さんと出逢い、共同した数年の中でのこの私の受けとめは、未組織労働者の組織化を推進していた当時の労働組合の活動家にも同じように映ったものと思われる。

山下さんは、いわゆる学生運動には無縁で、修習生時代に「憲法と平和と民主主義」を擁護することを目的に掲げた幅広い法律家の連帯を目指す青年法律家協会に入会（二三期会）したが、いわゆる「活動家」になることはなかった。それだけに、文京総合法律事務所を軸に実践した多様な市民事件・労働事件・弾圧事件・官憲による人権侵害事件等での共同実践と、「百里事件弁護団」等他者との共同実践を通して、山下さんは「弁護士としての心と技」を磨き上げ、「人権を闘う弁護士としての活動の基盤」をもつくりあげていった。

山下さんは、弁護士として不可欠な「現場主義」に徹し、率先して一つひとつの厳しい闘いの現場に足を運ぶなかで、企業や業界ぐるみの労働者に対する不当な差別と収奪の実態を現場で当事者からヒアリングして認識を日々新たにしていった。それと共に、支配と加害の構造を実証的に分析し、権利闘争の基本となる「加害と被害の構造」、「加害の法的責任と労働者の権利」を徹底的に明らかにする努力を傾注した。そのうえで、労働者と怒りを共有して闘いの戦略戦術を労働者たちと労働組合の活動家らと共同の討議でより精緻なものにし、確実に勝利する展望を見出していくという作風に徹した活動を貫いた。

このような活動を積み上げる姿に親しく接した桜木澄和教授が、「山下君は、弁証法が判っているね」と評価したというエピソードがあるが、山下さんはそれ以来闘いの弁証法こそ大事だと自他ともに言い聞かせていた。こうして山下さんは、急速に自らの社会認識・歴史認識を深め、極めて短期間のうちに社会を変革しようとする者としての思想を抱くに至っている。

文京総合法律事務所が目指したこのスタイルと一人ひとりの力量の蓄積は、初期の十年でほぼ確立している。その中で山下さんは、その後の一〇年ほどかけて独自な「山下流」とも言えるものを形成している。その具体的な実践は、他の論考の中で充分に明らかにされるところである。これらに加えて一言だけ指摘するとすれば、山下さんのすごいのは、「中堅弁護士になって以降はもちろん、老いを迎えて以降もこのスタイルを堅持し、自らの力量を常に成長・拡充し、終生衰えることなくこの努力を続けた。」というのが傑出した特徴である。

ところで、これまで紹介した山下さんについての見立ては、私だけのものではない。そのことは、ここに文京総合法律事務所一〇周年記念の時に作成された小冊子の中に「所員プロフィール」が掲載され、総勢一一人の弁護士が紹介されているが、その中の山下さんについての以下の紹介を見れば、そのことが判る。

【山下さんプロフィールその2】

「仙台生れ、東京育ちの二代目弁護士。東北人の粘りと、江戸っ子気質を合せ持った正義と情熱の人。また、朗らかさと声の大きさは事務所一番（本人は、声の大きさは小野寺弁護士に負けると言っているが）。彼が帰ってくると事務所がたちまち明るく賑やかになる。

建設一般全日自労の事件を中心に東奔西走。特に、ダンプ労働者や、下請労働者の問題について情熱を燃やして取り組んでいる。思川砂利事件では、主任として取り組み、全国で初めてダンプカー運転手の「労働者性」を地労委に認めさせた。お高くとまらず、労働者から「ほんとに弁護士?」（もちろん良い意味でですよ）と言われるほど、労働者の中に溶け込み、労働者とともに考え、方針を出すというスタイルは高く評価されている。

家族は、登紀夫君（小四）、伸司君（小一）と姉さん女房の亮子さん。」

じん肺・アスベスト訴訟での共同実践

山下さんと言えば、じん肺・アスベスト訴訟の第一人者という評価が、私たちの業界の内外で定着している。事実、山下さんは、「常磐じん肺」「北茨城じん肺」「細倉じん肺」「全国トンネルじん肺・同根絶の各訴訟」「東日本石炭じん肺」「リゾートソリューションアスベスト訴訟」「首都圏建設アスベスト訴訟」の各訴訟を闘った各弁護団において、副団長・団長・幹事長等弁護団の主要な責任を負うポジションを担って闘って来た。その全ての集団的裁判闘争で「勝利判決」を獲得し、その多くで「和解による全面解決」を実現している。これら実に多くの闘いで山下さんは、法廷闘争での弁護団による主張・立証活動で求められる主要な役割を率先して果してきた。それだけでなく、闘いの戦略戦術の討論と方針の確立とその実践の全ての局面で常に主導的役割を果たしている。

しかも、山下さんは、「全国じん肺弁護団連絡会議」（一九八〇年四月六日結成）に設けられた幹事長ポストに初代で就任以来、つい先年後任の田中貴文弁護士に引き継ぐまで毎年選任され続け、実に永年そのポストに求められる役割を果してきた。それは、全国各地のじん肺訴訟の提訴と地裁判決闘争から始まり、高裁闘争、最高裁闘争（北松じん肺訴訟・筑豊じん肺訴訟・泉南アスベスト訴訟）に至るまで、全ての闘いを文字通り「我が事」と受けとめ、各判決闘争をはじめ全面解決を目指す闘いに深く関わり、役割を果してきた。

これらのことは、今回の各事件報告や各事件での山下さんとの共同実践について、全国の弁護士から寄稿された文章の中で詳しく、あるいは多様に触れられている。これらを通して山下さんが、じん肺訴訟のプロフェッショナルな第一人者としての評価を不動のものにしたことが明らかになると思われる。しかし、これら多くの共同実践した人々にとっても山下さんが、いつ、どういいきさつからじん肺訴訟に関わったのかは、余りというかほとんど知られていない。そのことを明らかにするのは、先ず首都圏で初めてじん肺訴訟に取り組む「じん肺弁護団」結成にさかのぼることが求められる。

山下さんと「じん肺弁護団」の関わり

東京で「じん肺弁護団」[注3]が結成されたのは、一九七八年一〇月二七日である。その契機になったのは、一九七八年二月八日東京都八王子市で青年法律家協会弁護士学者合同部会が開催した「第一回人権研究交流集会」である。この集会の分科会の一つとして、「職業病分科会」がもたれたが、その契機になったのは、私が同協会弁学合同部会の事務局長の時に開催した「職業病連続講座」活動にある。当時、埋もれた深刻な人権侵害として指摘されていた「職業病」問題を担う青年法律家づくりを目指しての企画である。その指導的役割を果たして頂いた芹澤憲一医師から最古最大の職業病「じん肺」問題について教示があって、この研究集会に「全国じん肺患者同盟」を招いた。全体会の報告者の一人としてその長崎県連会長の堤勇孝さんに登壇して頂いた。堤さんは、長崎北松炭鉱夫としての粉じん労働の実態とじん肺患者としての苦悩を語りながら、同盟の七〇〇〇名を超えるじん肺患者の被害と苦しみを訴え、全国の青年法律家に対しじん肺患者の権利闘争への関与が求められていることを強くアッピールした。

これを契機に、五月一六日佐野辰雄先生、次いで海老原勇先生と、患者同盟見立事務局長を招いた青法協学習会を開催した。六月には都下西多摩病院でじん肺患者実態調査を行い、これらの活動に参加した首都圏の若手弁護士たちで、九月六日にはじん肺弁護団準備会を開き、一九七八年一〇月二七日じん肺弁護団結成へと至っている。じん肺弁護団について、結成に参加したメンバーは、文京総合法律事務所（小野寺・山下・二瓶・戸張・服部大三・友光健七・川人博）と都民総合法律事務所（安田寿朗・山本高行）、千葉第一法律事務所（土田庄一）、城北法律事務所（守川幸男）、三多摩法律事務所（永仮正弘・葛西清重）ら一七名による。

弁護団の目的は、「じん肺患者、粉じん労働者の闘いと連帯し、被害の実態を広く世論に訴え、じん肺罹患者及びその家族の権利救済を図り、じん肺の予防を目指すことにより、じん肺をはじめとする職業病を根絶することを目的とする。」ことを掲げている。

当時幾つかの地裁で先駆的にじん肺訴訟が提起されていた。その中で集団訴訟としては、一九七七年一〇月長野地裁へ国と平和石綿㈱・朝日石綿㈱を被告として提訴された「長野石綿訴訟」がある。

東京で結成された「じん肺弁護団」は、全国じん肺患者同盟との関係を強め、関東圏で次々とじん肺訴訟を提起するとともに、北海道はじめ全国各地の患者同盟との交流を通して生れる新たな集団訴訟提起を支援し、連帯して闘う構えをつくり上げる努力を重ねていった。[注4]

その到達点のひとつが、長崎北松じん肺訴訟を受けとめて、全国各地で金属鉱山じん肺や炭鉱夫じん肺集団訴訟を準備する取り組みが生れ、これらの闘いを連帯して取り組むことが自ずと求められ、一九八〇年四月六日の「全国じん肺弁護団連絡会議」の結成に至っている。なお、この闘いのさらなる到達点として、一九八六年七月一日に「全国じん肺原告団連絡会」が結成されている。

なお、山下さんがじん肺裁判闘争に登場するのは、東京地裁への井田じん肺訴訟に次ぐ常磐じん肺訴訟提起（一九八五年九月七日）の後となる。そのいきさつは、極めて個人的事情が関わってのことであった。

文京協同法律事務所創設と新たな共同へ

文京総合法律事務所創設して一四年前後で、私は、共同事務所の責任者として極度に疲弊していた。次第にその任に堪えられないという思いが強まり、ある時事務所の弁護士会議で、所長退任と個人事務所を創設したい旨申し出た。その理由として、「これからは肩の荷を少し軽くし、自分が本来目指してきた人権裁判闘争に力を集中したい。」という本音も出した。その時の事務所メンバーは、山下さん一人を除き全員私の申し出を受けとめ賛成してくれた。この時の山下さんの言い分はこうであった。

「小野寺さんが一人で事務所を創り、二瓶・戸張の両弁護士と自分の三人が加わって「文京総合法律事務所」の基盤をつくり、今日ある事務所の強固な基礎の形成と発展を主導してきたではないか。従って、小野寺さんがこの事務所を辞めるのではなく、既に独立した二瓶さん、戸張さんと同じく、独立したいと思うメンバーがいるなら、その人達に独立してもらいたい。小野寺や山下の縛りなく自分たちの求める民主的事務所をつくりたいと願うメンバーがいるなら、そう考えるメンバーみんなで新しく事務所を立ち上げればいい。自分は創設者の一人としてここを出るつもりはない。」

その後、私の中大の恩師・桜木澄和先生にも同じことを言われている。しかし、私は、この一四年かけてみんなで創り上げた、他に類を見ない特徴を持つ法律事務所を、その中で著しい成長を見せている中堅・若手の弁護士たち、とりわけ事務所の中核を担いつつある中堅の弁護士らが創立者らの「束縛」から解放され、より民主的で活力のある共同事務所建設に意欲をもっていることを知っているだけに、この事務所の今後の成長・発展をとりわけ中堅に賭けたいという思いが強まっていた。それと共に、率直なところ、所長として事務所運営のための仕事に多くの時間とエネルギーを投入することがもたらすストレスが蓄積し、体調を大きく崩してもいた。そのような思いと事情もあって、本音で山下さんを説得し、山下さんにも独立することを勧めて幾度も話し合った。私は山下さんに、「今日残っている創業者の二人が退所することによって、次の世代が今後この事務所をどのような発展させるかを見ようではないか、少し離れた近場にそれぞれの事務所を構えて、可能であれば諸々の活動を共同する中で見守ることにしよう。」と懸命に説得した。

この当時の山下さんには、そもそも独立して個人事務所を構えたいという欲求は全くなかった。しかし、最後には私の説得で不本意ながら自ら創った事務所を出ることに同意したが、個人独立は拒否し、私と事務所を共同するのを条件に私の提案に同意すると応じたのである。

当時私は当時キャリア一八年、山下さんはキャリア一四年、いずれも中堅弁護士として独自な経営基盤を創り、活動分野や活動スタイルもそれぞれ確立しつつあった。それだけに私は、お互い自分の事務所を創ったうえで、お互いの求めに応じて闘いを共同した方が良いのではないかと山下さんに提案した。

これに対し山下さんは、「それは困る。今でも妻に対して、僕は小野寺所長に雇われ、毎月「給料」を得ていると言っているので、これからもそう言える形を創ってくれないと困る。」と山下流で返してきた。これを受けてあれこれ話し合った末のことであるが、私と山下さんは、一九八五年七月から二〇〇四年四月まで「文京協同法律事務所」で約一九年間事務所を共同することになった。

実はこの当時、山下さんは「じん肺弁護団」に名前は出していたが、その活動には参加せず、当時始まったばかりのじん肺裁判闘争には全く関わっていない。しかし、この当時、文京総合法律事務所は、総力挙げてじん肺問題に関わり、「じん肺弁護団」が受けとめた幾つかのじん肺訴訟のうち、東京地裁、群馬地裁、福島地裁郡山支部、福島地裁いわき支部等で闘われていた「鈴鹿・菊地アスベスト」、「松永じん肺訴訟」、「郡山じん肺」、「東京松尾じん肺」、「井田じん肺」、「常磐じん肺」等の各訴訟に弁護団の一員となって取り組んでいた。

この当時の山下さんは、「労働弁護士」として厳しい闘いに明け暮れていたにもかかわらず、なぜか労働者の生命と健康を守るじん肺患者の権利闘争には参加しようとしなかったのである。その理由の一つがこうである。

当時の山下さん流にいうと、「労働事件は厳しいけれども闘う労働者のど根性と明るさを実感し、それらを闘いの中で共有出来た。しかし、小野寺が、事務所の若手たちと共に担っていた「頚腕」や「腰痛」等の「職業病闘争」は、「じん肺事件」も含めて病者・患者を主人公とする闘いで、暗くて重苦しくとても疲れるのではないか。これが、当時山下さんがじん肺弁護団の活動に名前だけを出すが実践はしない、という対応に終始していた理由である。

私の方は、「じん肺弁護団」活動を通して出逢った元常磐炭鉱夫の井田春雄さんとの出逢いが、炭鉱夫じん肺闘争に全力投入する決定的契機となり、ひいてはその後に続く「じん肺・アスベスト訴訟」の闘いの起点になっている。井田さんは離職後長年経てから重症のじん肺に罹患し、入退院を繰り返す苦しみの中で抑えがたい会社に対する怒りから旧常磐炭鉱で現常磐興産㈱の責任を追及しようと苦闘していた。私が、井田さんとの出逢いを契機に、その後「常磐じん肺闘争」に一二年半の歳月をかけて全力投入するに至ったのは、極めて個人的な動機もあってのことである。それというのは、自分を幼児の頃から育ててくれた義父が、常磐炭鉱の切羽で働く採炭夫で、当時鉱夫の宿命と言われた「肺結核」となり、失職させられている。私は、中三の春炭住街から追われ、その後貧困生活に陥っている。その中で高一のときには、家庭も破綻し、その結果一時大学進学を断念している。

私は、じん肺問題に関わってはじめて義父の疾病はじん肺の合併症である肺結核であったのではないか、と思い知らされた。それだけに、義父と同じ世代の井田さんの壮絶な闘病生活に接し、会社の謝罪を強く要求しながらこれを拒まれ、悲憤の中で迎えた井田さんの死を、私は文字通り「我が事」と受けとめた。私は「井田じん肺訴訟」の東京地裁への提訴を契機に、私の故郷であるいわき市在住の多くのじん肺患者たちを常磐じん肺訴訟の闘いに組織し、地元でじん肺闘争を闘うという課題に全力投入する決意で活動を始めたのである。

私は一九八五年七月、山下さんと共同事務所創設するに当たっては、私の主軸をじん肺闘争に置くこと、とりわけ一九八四年一〇月東京地裁へ提訴した「井田じん肺訴訟」と、一九八五年九月一七日福島地裁いわき支部へ様々な苦闘の末提訴に至った「常磐じん肺第一陣一次訴訟」の弁護団活動に最重点を置いて活動することを明確にしていた。

その当時、私たち弁護団の描いた訴訟戦略は、一つは、旧常磐炭鉱㈱による企業城下町と言われるいわき市を中心とする旧常磐炭田地帯で厖大な数にのぼると見られる炭鉱夫じん肺患者に働きかけて第二・第三の井田さんを見出し、強大な集団訴訟を構築すること。同時に、いわき地方労働組合を中心に地元での闘いを支援する広範な労働者・市民を結集するとともに、被告常磐興産㈱の本社所在地の「中央区労協」を中心に、首都東京での支援運動を発展させ、これらの法廷内外の闘いにより、最終的にはじん肺患者の権利闘争を支持する世論を創り出すことであった。

このような法廷内外の闘いを通して勝利判決を勝ち取り、この判決を梃子として常磐興産㈱を追いつめ、旧常磐炭田の全ての常磐炭鉱夫じん肺患者たちに対する加害の法的責任を認めて真摯な謝罪を行わせ、司法判断に従った損害賠償の支払いを約束させるという目標を設定していた。

私のこのような立場を充分受けとめていた山下さんは、事務所創設まもなくして、次のような提案を私にして来た。「せっかく「協同」事務所を創ったのに、二人が協同で担う「人権のために闘う事件」が全くないのはマズイのではないか。」という問題提起である。私は、それもそうだと思ったものの、私が山下さんが担う「労働争議事件」に参加するのは無理筋であることは明らか。そうなると山下さんが「井田じん肺訴訟」と「常磐じん肺訴訟」を担って闘う「じん肺弁護団」の一員として私と協同する以外ないということになる。実は、山下さんは、この頃、若手弁護士集団が生きいきと「じん肺訴訟」を闘っているのを身近にいて観察したり、またたく間に北海道から九州まで最古にして最大の職業病であるじん肺闘争の歴史を画する闘いが、全く新しく元炭鉱・鉱山労働者・トンネル労働者等によるじん肺集団訴訟として準備され、次々と提訴されているのを知り、従来抱いていた負のイメージを転換していったと思われる。しかし、これまでじん肺闘争に傍観者でいた自分が、新規に参加しようと考えた時、私との共同をその理由にするところも「山下流」であった。しかし、これが山下さんの常磐じん肺闘争への参加の表向きの契機であり、同時に、その後の長期にわたる多くの「じん肺裁判闘争」で山下さんがその第一人者になる出発点でもあった。

私にとっては、「労働弁護士」としての実績をもつ山下さんが「じん肺弁護団」に参加することは願ってもないことであり、大いに力づけられたが、その後の山下さんのじん肺訴訟での輝かしい実績を思うと、二人で文京総合法律事務所を退所したことと、新事務所創設したことのプラス・マイナスがあったが、その後山下さんとわたしが二人三脚で始めた「じん肺・アスベスト」訴訟への貢献こそ最大級のプラス面として評価できるものと受けとめている。

その後、一二年半に及んだ常磐じん肺闘争の中で、山下さんが果した役割については、別稿で詳しく紹介されることと思うが、ここでは二点だけその評価について触れたい。

一つは長崎北松じん肺訴訟福岡高裁（高石裁判長）不当判決を最高裁で克服するための闘いにおいて、山下さんの果した役割についてである。私たちが担った常磐じん肺第一陣訴訟の判決は、高石不当判決で生じた司法の逆流を跳ね返して勝訴したが、とりわけその意義が大きいのは、被告企業の故意責任を断罪するとともに、当時全国じん肺訴訟で最大の争点であった加害企業による時効主張を権利濫用として断罪した画期的な勝利判決であった。この判決は、当時全国のじん肺訴訟が直面していた司法の逆流を大きく変える力を発揮し、長崎北松じん肺訴訟の最高裁闘争を力強く支える力となった。ここで強調したいのは、この判決をいわき支部の裁判官たちに書かせた当弁護団の主張・立証活動で、山下さんは文字どおり主要な役割を果したことである。

もう一つは、「全国じん肺弁護団連絡会議」の幹事長として、不当な時効差別を許さない全国的キャンペーン運動を展開し、その先頭に立って精力的に活動したことである。この活動もいわき支部の勝利判決とその後の最高裁で画期的勝利判決を勝ち取る大きな要因となったことは明らかである。

この闘いを手始めに、山下さんは、「全国弁連」初代幹事長として永く全国の裁判闘争を勝利させるために積極的に各局面で関与し、討論を組織し、その都度リーダーシップを発揮し、大いなる貢献をしている。勿論、これに加えて自らが責任を負う前記の如く数多くの弁護団で勝訴判決を重ね、勝利和解を実現した。それらの活動の実績を踏まえ、山下さんは、名実ともにじん肺・アスベスト訴訟の第一人者との評価を不動のものにしたのである。

おわりに――山下さんへの誓い

山下さんとは、前記のとおり、文京総合法律事務所で一二年、文京協同法律事務所で一九年、合計三一年事務所を共にした。弁護士キャリア五〇年が一つの区切りというか、大きな到達点と評されるが、私は去年弁護士五〇周年、山下さんは四六周年を迎えている。この二人が、三一年間法律事務所を共同したうえ、前記のとおりじん肺・アスベスト訴訟の闘いでは、一九八五年からに山下さんの昨年六月の死に至るまでの三二年間、全く一時たりとも切れ目なく「じん肺・アスベスト訴訟」を共同で担い続けてきた。

その中で、「細倉じん肺訴訟弁護団」で団長が山下さんで私が副団長となったのを例外として、他の弁護団では私が団長、山下さんが副団長というのもあったが、多くは私が団長、山下さんが幹事長を担っている。

山下さんは、私と共同する中で、法廷闘争では当然のこと、法廷外の活動でも常に自分がイニシアチブを発揮するというスタンスを堅持して来た。

それでも、常磐じん肺訴訟以降で共同する各種弁護団では、唯一細倉じん肺訴訟弁護団を例外として、自ら団長に就こうとしなかったというか、求められてもかたくなに拒んでいる。その訳であるが、常磐じん肺訴訟の後間もなくして担った細倉じん肺訴訟弁護団の経験にあるという。その時山下さんは団長を経験したが、この経験をとおして自分は事務局長タイプで、団長タイプでないと悟ったと言う。

山下さんの自己評価はこうである。「自分は主に法廷闘争のコーディネーターとして力を発揮するタイプで、訴訟弁護団活動で言えば、ずばり事務局長タイプ、せいぜい幹事長ポストが限界。団長は、自分に合わない。かと言って、自分とウマが合わない人、あるいは事務局長として活動がしにくくなる人を団長に据えると、無用な神経を使ったり、法廷内外の闘いの組み立てで見解を異にしたりしてストレスを高めることになる。自分が中心となって責任を負う弁護団では、幹事長・事務局長として自分が活動しやすい人を弁護団の団長に据えるのは当然のことだ。」

この話は山下さんと共同で弁護団を立ち上げようとするとき、二人の間でいつも同じことを繰り返し、山下さんは、私に団長となるよう説くのであった。

最もその典型を示したのが、二件ある。一件は、全国トンネルじん肺訴訟（その後根絶訴訟）の弁護団を立ち上げるときの全国単一弁護団構想とその結成時の役割についてである。この闘いは、全国各地の建交労が組織化したトンネルじん肺患者たちを単一の原告団とし、全国単一の弁護団を創るとともに、各ブロック毎に原告団・弁護団を創って、これらをいわば「単一訴訟」の如く「統一訴訟活動」を展開し、全面的解決を目指すという、これまで他に例を見ない独特な訴訟戦略方針である。「建交労」が組織を挙げて闘う大闘争だけに、その顧問弁護士の責任は重い。それだけに山下さんが団長を担うのが筋である。

しかし、ここでも同じ理屈で私を団長に推し、自分は幹事長ポストに就き、水口弁護士を事務局長に据え、自ら終始法廷内外の闘いをリードした。

もう一つが、首都圏建設アスベスト訴訟弁護団づくりに関するやりとりである。この裁判闘争の構想を練り上げ、この訴訟を担う弁護団づくりを主導したのも山下さんである。クボタショックの後、私は、アスベスト禍は、「労災職業病」と「公害」の複合的被害をもたらすという特異な特徴を受けとめ、アスベスト工場労働者や建設労働者の被害者とアスベスト公害の被害者の両者を「あやまれ・つぐなえ・なくせアスベスト禍」という一つのスローガンの下に結集して闘えないかと考え、「全国公害弁護団連絡会議」の主な人々と「全国じん肺弁護団連絡会議」の山下さんらに相談し共同の取り組みを検討した。しかし、首都圏でのこの試みは、闘いの条件を見出せず、頓挫した。山下さんの凄いのは、その後建設労働者のアスベスト曝露と深刻な被害に焦点を絞り込んで、建設アスベスト訴訟戦略を描き、その闘いで勝利するための法理論を検討し、これを「提言」にまとめ上げ、建設労働者を結集し、労災認定闘争を組織的に取り組んでいる労働組合「東京土建」の幹部の皆さんに提示し、検討を求めたことである。これが、今日闘われている「首都圏建設アスベスト訴訟」の起点となった。この「提言」を受けとめて労働組合内部での討議が深まり、その方針で今日の弁護団が結成された中で、今日の壮大な政策形成訴訟戦略方針が確立する。この闘いを担う弁護団は、結成以来山下さんを幹事長とし、佃さんを事務局長とする弁護団体制で実に精力的な活動を今日まで展開してきている。

私は、この最初の「提言」づくりには全く関与していなかったにもかかわらず、一〇年前山下さんによって「首都圏建設アスベスト訴訟弁護団」の団長に据えられた。そのいきさつは、こうである。ある日、山下さんと佃さんから誘われて、東京弁護士会地下の「桂」で食事をした。ここではじめて、ここに至るいきさつを知らされたときは、本当に「参りました」というのが私の率直な受けとめであった。他方で、山下さんの長い話を聞いているうちに私の悪い予感が的中し、例によって山下さんから、自分と佃さんが一番活動しやすい弁護団とするため団長に座って欲しいと求められた。一〇年以上経た今でもこの夜のやりとりを鮮明に思い出す。現在進行中の闘いであるので、これ以上のことは言わないが、私としては、山下さん、佃さんが思う存分力を発揮して活動するのをサポートしようと決意し、この一〇年来共同の活動の一端を担って来た。それだけに、山下さんの死による喪失感は、トンネルじん肺弁護団活動でのそれ以上の大きな痛手を感じている。例えて言えば、高度三千メートル上空で突然片肺飛行を強いられたパイロットの如き心境である。しかし、いつまでも嘆き続けるだけでいることは許されず、その後弁護団の井上さんと鈴木さんに新しく設けた副団長に就いてもらい、団長をサポートしながら、佃事務局長と三人の団結した力で法廷内外の闘いに責任を負う体制を創ってもらった。さらには、山下幹事長を失って弁護団の団結が一段と強まったこともあって、今日まで闘いを停滞させず前進させせつつある。

世間で言われるように、弁護士という存在は、自主独立の気風強く、極めて個性的でもある。とりわけ人権を闘う弁護団で活動している人々の多は、いずれも極めて個性的な存在である。その中でも山下さんは、ひときわ超個性的でかつ超プロフェッショナルな弁護士である。かく言う私も、相当個性的であると見られているらしく、どうしてあの二人がかくも長く共同出来ているのか、他の人達からは不思議な存在と見られているらしい。私としては、山下さんとの二人三脚こそ、私が人並み以上に優れた活動を担うことが出来た要因だとつくづく思う。

私は、二〇一七年六月三〇日、山下さんの葬儀に際し、「トンネルじん肺・アスベスト訴訟」を闘う二つの弁護団を代表して弔辞を読んでいる。その中で、山下さんと私の四四年の共同を振り返りながら、山下さんへ誓約をした。その部分を抜粋して紹介し、この文章を了えることにしたい。

記

私は、山下さんとの長い年月共同実践を重ねる中で、年々プロの技に磨きをかけて凄みまで発揮するようになった山下さんに対し、いつの間にか法廷闘争の全てを託してしまうようになってしまいました。とりわけ、山下さんが、じん肺・アスベスト訴訟を通して「被害の実相」と「加害の構造」について、岩盤を打ち抜くまで事実を徹底究明する姿勢とそのもたらす成果に圧倒され、無条件に信頼し、私はすっかり山下さんに頼り切ってきました。それだけに、山下さんは、私にとって不可欠なパートナーでもあったのです。

私は、ここで山下さんに誓いたいと思います。この「全国トンネルじん肺根絶訴訟」と「首都圏建設アスベスト訴訟」の二つの弁護団は、山下さんという名幹事長を失った打撃は計り知れないものがあります。がしかし、永年山下さんと実践を共にして鍛えられたプロフェッショナルな弁護士たちが弁護団の中核を担っています。さらには、この九年間の闘いの中で成長著しい若い弁護士たちが沢山います。私は、二つの弁護団の団長として、これらの弁護士たちが、今後より一層団結を強め、必ずや山下さんの遺志を継いで各々全面解決を実現するに違いないと確信します。

［注1］　事務所創設当時描いたのは、「文京区」を軸に、隣接している「台東区」・「中央」区が「地域」であったが、その後労働争議や労災職業病等の人権闘争の縁で「水戸市」を中心に「茨城県」までいわゆる活動基盤としての「地域」を拡げることに

なる。

［注2］　この実践は、私が東京北法律事務所在籍中に鳥生先生と私が担う公害闘争や各種人権闘争の現場で実践されていたこと。私にとっては、都下で長期間にわたり頻発していた子供のドブ川転落事故事件、安中公害事件、在日朝鮮人差別・人身攻撃事件等での各期の司法修習生との共同実践がある。

［注3］「じん肺弁護団」が当時担い、あるいは関与したじん肺訴訟は、次のとおりである。鈴鹿・菊地アスベスト事件（一九七八年八月一三日提訴、一九八〇年三月六日和解）、島田事件（一九八一年一〇月三〇日～一九八三年一二月二〇日）、渡辺事件（一九八二年三月三〇日～一九八四年五月二一日）、東京松尾じん肺（一九八二年四月二一日～一九八四年三月二二日）、クニミネじん肺（一九八〇年四月九日～一九八五年一〇月二三日）、山口じん肺（一九八一年九月二六日～一九八六年六月六日）、松永じん肺（一九八〇年五月八日～一九八六年七月九日）、嶋方じん肺（一九八〇年一二月二三日～一九八六年六月二五日）、郡山じん肺（一九八〇年四月二八日～一九八七年七月一六日）、慶野じん肺（一九八一年三月二九日～一九八七年七月二四日）、井田じん肺（一九八四年一〇月二三日～一九八九年一〇月一六日）、常磐じん肺（一九八五年九月一七日～一九九二年一月二四日）。群馬仲川じん肺（一九八四年一一月九日～一九八八年七月一八日）、渡辺じん肺（一九八三年六月五日～一九八九年一二月一五日）。これらの中で鈴鹿・菊地、東京松尾、クニミネ、松永、郡山、井田、常磐の各じん肺以外は、「トンネルじん肺」で、ゼネコンを被告とした単独訴訟である。

なお、当時全国的に始まった集団的じん肺訴訟の準備活動と提訴に至った闘いとしては、長崎北松じん肺（一九七九年一一月一日～一九八五年九月八日）、北海道金属じん肺（一九八〇年九月七日～一九九二年七月二七日）、常磐じん肺（一九八五年九月一七日～一九九二年一月二四日）、伊王島じん肺（一九八五年一二月二六日～一九九九年四月二一日）、筑豊じん肺（一九八五年一二月二六日～一九九七年二月二七日）、北海道石炭じん肺（一九八六年一〇月二〇日～一九九七年四月二五日）等がある。

ヤマちゃんと私

弁護士　二瓶和敏

ＲＩＢＥＲＡ（東弁の機関誌）の会員消息をながめていたら、訃報「山下登司夫七五才」の記事が目に触れた。私が弁護士に成りたての文京総合法律事務所時代に苦楽を共にした、あの元気で大声のヤマちゃんが今この世にいないなど信じられない思いでいたが、改めて彼の死を実感させられた。私にとってヤマちゃんは一期先輩（二三期）の頼れる兄貴であった。

彼と出会った当時、文京総合法律事務所の旧称の小野寺法律事務所は「鹿島公害問題」を担っていたが、この事件に係わって事務所に出入りしていたヤマちゃんは正義感が強く仕事熱心で、酒とカラオケを愛し、私とは妙にウマが合って、「ヤマちゃん」と呼ぶようになった。

一九七二年（昭和四七年）、私たちは、韓国に日本への帰国を希望している棄民状態の在韓日本人妻が何千人もいることをマスコミ人を通して知ることになった。現場主義をモットーとする所長の小野寺弁護士は、「これは重大な人権問題だ。その救済のためには実態調査が必要だ」と提起し、ヤマちゃんと私は韓国に行くことになった。現地で事情聴取した在韓日本人妻たちは、日本が植民地支配した韓国人の恨みを一身に受けながら、生活が追いつめられ、仮住まいのテントの中で病気の体を横たえて、自分の日本戸籍を見つけてぜひ帰国したいと言って泣き伏した。生活は想像を超える凄惨なものであった。大きなショックを受けて帰国したが、その後、熱望する多くの日本人妻の引揚帰国が実現できたことは今でも忘れられない。韓国の現地調査で番外編の思い出は、朴大統領軍政下の戒厳令の夜、ソウルにある繁華街、明洞（ミョンドン）を体験したことだ。夜間外出禁止令の時間が迫ると、賑わっていた人々は津波が引くように一斉に姿を消した。宿泊中の修徳旅館に帰り、ヤマちゃんが、「あの人たちはどこに避難したの」と主人に聞くと、「このような木賃宿に泊まって朝まで待つんだ。アベック用に枕も二つ置くのだよ」と教えてくれた。さらに、「先週、この宿に泊まっていた北朝鮮のスパイが捕まったよ、あんた達は関係ないと思うが、自由法曹団、総評弁護団、青法協等の会員だと分かるとＫＣＩＡに連行され、帰国できないかも知れない」と冗談ともつかない忠告をうけた。その後は、盗聴を警戒して専ら筆談にし、自己防衛を図ったが、自由のありがたさを身をもって体験することになった。大きな声で自由に喋ることができなかったヤマちゃんは大変なストレスだっただろうと大いに同情している。また所長の小野寺弁護士からは「実態調査中は禁酒」と強く申し渡されていたにもかかわらず、渡韓したその日に二人でマッコリをしこたま呑んで、羽を伸ばしていたことも懐かしい思い出である。

その翌年、小野寺弁護士と私の二人の小野寺法律事務所に、ヤマちゃんと私が「バリちゃん」と呼んでいた同期の戸張順平弁護士が加わり、弁護士四名の文京総合法律事務所が発足した。当時、所属弁護士の平均年令は二八才。若さにまかせて、深夜まで刑事・民事事件は勿論、労働事件や住民運動などに明け暮れる毎日であった。ヤマちゃんは建設一般全日自労の事件を中心に東奔西走。特にダンプ労働者や下請け労働者の問題に情熱を燃やし、全国で初めて一人親方と言われたダンプカー運転手の「労働者性」を水戸地方労働委員会に認めさせた。その快挙を実現できたのは、労働者の中に溶け込み、労働者とともに考え、方針を出すという一貫した山ちゃんの姿勢に負うことが大きい。このように多忙の中でも、ヤマちゃんを先頭にバリちゃんと私は弁護団会議が終わると新宿歌舞伎町のスナック「ネルソン」や中野坂上の同じような店で大いに飲み、カラオケに興じて息抜きをし、ストレスを解消した。帰りが遅くなると、しばしば、世田谷のヤマちゃんの実家に泊まることになった。大いに迷惑をかけたはずなのに、ヤマちゃんの奥さんやご両親はいつも温かく迎えてくれた。翌朝の味噌汁の味は格別で、今でも懐かしく思い出される。

ところで、文京総合時代にはヤマちゃんと労働事件以外にも共同で取組んだ事件が多い。その中でも生涯忘れられない事件がある。それは一九七六年（昭和五一年）七月に、商工事業協同組合が一億五〇〇〇万円余にのぼる手形や小切手などを乱発したとして、専務理事が背任の疑いで長野地方裁判所に起訴された事件である。ヤマちゃんと私が被告人である専務理事の弁護を担当することになった。検察官が専務理事との共犯容疑で逮捕、勾留して取り調べた貸付先の会社社長の供述録取書を開示しなかったことから、証拠開示をめぐり冒頭で紛糾した。主任弁護人のヤマちゃんは被告人には背任の故意はないとして無罪を主張。被告人の防御には会社社長の供述書は重要な証拠である。その開示を強く要請し、裁判官も開示を勧告した。ところが、その裁判官は第二回の公判期日になると、第一回公判期日での態度から一変して、弁護権行使にとって不可欠な証拠開示を無視し強引に審理を強行しようとした。これに対し、主任弁護人のヤマちゃんと弁護人の私は裁判官の訴訟指揮に対し、弁護人の意見を十分に聞いて慎重審議をしてもらいたいと要請したところ、裁判官は、突然、私に退廷命令を出し、この退廷命令に異議を述べた主任弁護人に対しても退廷命令を発するという不当な訴訟指揮を行った。私たち弁護人は、退廷命令の撤回を求める異議申立書を提出し、さらに長野弁護士会に、裁判官の不当な訴訟指揮によって弁護権の行使や被告人の人権が侵害されている状況を指摘し、「本件事件の法廷を監視する」等適切な措置をとるよう要請した。

また、信濃毎日新聞の記者がこの公判廷のやり取りを一部始終傍聴していたこともあって、後日、同紙社会面のトップで「意見聞かぬ裁判官」、「弁護士が法廷監視要請」と大文字で掲載し、裁判官の訴訟指揮を痛烈に批判した。

さらに、私たち弁護人は、所属する東京弁護士会の法廷委員会にも調査申立を行った。同委員会は、①証拠開示に対する訴訟指揮に関して、開示の必要性を主張しようとした二瓶弁護人に、退廷命令までして十分な意見を聞かず、何らの理由も述べずに開示しないとの決定をしたことは独善のそしりを免れない決定である。②弁護人に対する退廷命令に関しては、二瓶弁護人にそれほど不穏当な発言があったとも考えられないし、証拠開示請求に関する議論が始まって退廷命令まで数分しか経過しておらず、退廷を命ずるには及ばないと考える。特に、山下弁護人に対する退廷命令は、二瓶弁護人の退廷命令に対する異議を申し立てるや、いきなり発しているのは正当な弁護権行使を封じるもので、裁判の公平に疑問をいだかせ、いずれも不当な訴訟指揮との批判は免れないから厳重注意を申し入れすべきであると東弁会長に答申した。

この裁判官は、弁護人両名を退廷させた後、被告人に対し「弁護人があのように同じことをくどくど言う態度では裁判が進まない。…再びこのようなことがあれば何回でも退廷を命じて、弁護人なしでも裁判を進めるから弁護士にもよく言いなさい」とまで恫喝していた。この発言は当時大問題となっていた「弁護人抜き裁判法案」（刑訴法の必要的弁護事件で弁護人抜きでも裁判ができるようにする刑訴法改正案）を先取りする違法極まりない発言であった。

この事件については、記憶力抜群のヤマちゃんが、退廷に至る公判の経緯と裁判官の恫喝発言を詳細に記録していたおかげで、「弁抜き法案反対」の寸劇のシナリオに一部活用され、日弁連総会での同法案反対決議にも一役買うことになった。「退廷」処分という貴重な経験をとおして、ヤマちゃんから刑事事件の真髄と不当な訴訟指揮に対する多面的な戦い方を実地に学べたことは大変感謝している。

その後、私は文京総合から独立し、神田小川町に事務所を構えて二〇数年経つが、蕎麦好きのヤマちゃんとは、私の事務所近くの有名な蕎麦屋「神田まつや」でよく出くわし、あいかわらずの周りの客を気にしない大声で、「おい！　元気か？　頑張ってるか？」等の元気な大声をかけられたものだが、それがもう二度とないのが淋しい。

これまで走り続けてきたヤマちゃんのご冥福を心から祈るばかりである。

永久欠番、俺の山ちゃん

弁護士　戸張順平

昭和四八年版訟廷日誌を開いている。表紙の印刷もほとんど消えかかっているが、一月一二日、午後六時三〇分、ドブ川弁護団事務局会議、ここで山ちゃんに初めて会ったと記憶している。

高校時代は共学と言っていたが、私を含め他のメンバー（小野寺弁護士、二瓶弁護士）とひと味違う着こなしと育ちの良さを感じた、これが第一印象である。

それ以降、ドブ川弁護団や他の諸問題で会議に同席することが多くなった。

この年、総評弁護団総会で富山市に行った。山ちゃん、二瓶弁護士、事務局の小島袈裟雄さんと私。総会後、市内で飲んだ天ぷらやで出された甘海老の天ぷらはとても美味く、どんどん注文し、遂に品切れとなった。

山ちゃんは、こんな美味しいものは他に喰わせないと心情を吐露、あ、同じだと思った。以降、食べ物の趣味を含め、行動様式について、ずいぶんと同じであった。

山ちゃんはと二瓶さん、私は仕事が終わると、会議が終わると必ずのように飲んだ。

新宿から中央線沿いに梯子酒、何と高井戸の山ちゃん宅に泊まることになった。

翌朝、「おはようございます」と言って、灯火の方へ行くと、何と弁護士の父上が縦封紙にカーボン紙二枚と挟んで、手書きの準備書面を書いているではないか。続いて、お母様、奥様の前で二日酔いの赤ら顔で挨拶し、恥を押さえながら、朝食を頂いて、感じたのは何か。

前夜、でかい声で話し、大声でゲタゲタと笑っていた山ちゃんが、「虎、猫になり」ではないが、何と優しい声で、奥様を「〇〇さん」と呼ぶのに、二度びっくり。

後年、奥様の介護を続けていたとの話に、山ちゃんの優しさを噛みしめた。

その後、山ちゃん宅へ泊ること、私の拙宅（但し、借家は言わないか）、二瓶さんのお宅へと送って行って、送られてではないが、「泊まりに行って、泊まられて」がしばらく続くが、三人とも子供が生まれ、大きくなると、何時までも子供のようなわけにもいかなくなり、泊まることはなくなったが、御父上、お母様にお会いできなくなったのが、淋しかった。

山ちゃんは、その後、御父上を、その後お母様をお送りしたわけであるが、葬式の時は気丈に振る舞ったものの、その淋しさは、しばらくの間、飲んでも、溶け込めなかった。

ここらで私の知る山ちゃんの武勇伝を話そう。

昭和五〇年四月、茨城県の鹿島港で港湾土木の会社山本興業が倒産した。従業員二〇〇名余、資本金六〇〇〇万円、負債一億九〇〇〇万円。最初に現地に飛び込んだのは、俺の山ちゃんである。

二〇〇名を組合に組織し、文字通り、闘いの展望（闘って未払賃金を取ろう）、現地の船舶二〇隻くらいに乗り込んで、下船しない、本社（東京都港区）を占拠し、今に台風が来る時が勝負だとあのでかい声で心からの訴えに共感した労働者は、整然と、時には脱落もあったが、最後の勝利集会、昭和五〇年一〇月二日まで闘い抜いた。

山ちゃんは、途中で主任弁護士を私にバトンタッチしたが、節々で登場し、大声と態度（私や労働組合には頼もしい、経営には生意気で最も憎たらしい存在）で、台風が接近との状況下で、富士山丸（七五〇トン）のリース元のオリエントリースと交渉、浜松町の貿易センタービル二十何階で、副社長が、山ちゃんの顔を見るなり、開口一番、関西弁で、「あんたの顔見ると胃が痛くなるわ」と言い放った。山ちゃんは、相手の弱気は絶対逃さない、すかさず、「台風も我々の味方しているようだな」と不敵に笑いながら、但し、目は笑っていない、鋭く、少し細目にして、居合わせた大竹健造委員長、堀越副委員長、私、二瓶弁護士ら三〇名に向かって、あたかも閧の声よろしく、「皆んな、台風接近、全船から下船、沈没しようが、破壊されようが、副社長、お前の責任だ」、一際、大声で宣言した、「オー」と全員が怒声で答えた。

次の瞬間、副社長は、「わかった、わかった、船を守ってくれ、頼む」、山ちゃんは、「船舶管理の人件費、山本興業が積んだ重油の精算金を払え」

六月三〇日、オリエントリースから一九〇〇万円が組合口座に入金！　闘う山ちゃんの面目躍如、やったぜ我らの山ちゃんでした。その夜、飲んだ時、威張るは、威張るは！　ま、ここが山ちゃんのいいところです。

この山本興業の勝利（未払全賃金の支払と解決金の支払）が、茨城県内の労働者を励まし、全農協労連、自交総連、医労連の運動が元気づき、今日の基盤を作ったのであった。

最後に法廷闘争でも山ちゃんがすごい一幕を披露します。

福島県郡山市の阿部写真印刷郡山工場の偽装倒産全員（二四名）解雇事件の労働委員会審理の場面。

会社の取締役村上徳治（当時六〇才くらい）の反対尋問で、本社（東京都）の取締役数が証言では八名と言った。法人謄本では七名である。

山ちゃん　「本社の取締役は何人ですか」

村上　「八人です」

山ちゃん　「言って下さい」

村上は指折り数えている。その指は七本まで。

山ちゃん　「本社の取締役は何人ですか」

村上　　　「八人です」

この繰り返しが八回続いた。山ちゃんは、「あなたは八人と言いながら、もう一人の名前を入れないのはどういうことか」と例の大声で一喝。その後の反対尋問で、村上は山ちゃんのいいなり、あたかも主尋問に答えるように。労働委員会の委員長（弁護士）も、労使の各委員も、山ちゃんの気迫に押され、一言もなし。労委の勝利の先が見えた反対尋問であった。

え？　帰りの特急で威張り、自慢したのは、ご想像のとおりです。

私は、山ちゃんから多くのことを学び、共に喜び、共に飲んだ。山ちゃんの大声と押しの強さ、頑張りは何よりも助けを求める人々の為に出てくるもので、私の心の中で、弁護士の仕事の日常の中で脈々と生きている。

だから、山ちゃんは、私の「永久欠番」である。

天国の山ちゃんへ、本当に有り難う。

じん肺裁判闘争と山下先生と私

弁護士　稲村晴夫

1　私は一九七九年に弁護士となったが、その年に日本で初めての炭鉱夫じん肺訴訟である長崎北松じん肺訴訟が始まった。私は原告弁護団に参加して、初めての集団訴訟に取り組んだ。

一九八五年に長崎地裁佐世保支部で、一部時効棄却者は出たものの、昭和一四年からの被告日鉄鉱業の責任を認め、最重症患者には二三〇〇万円の損害賠償を命じる画期的な勝訴判決が言渡された。

上記判決を契機として、筑豊・北海道・常磐地方などの炭鉱で働いた元炭鉱夫らが全国各地でじん肺訴訟を次々と提起していった。筑豊と北海道では、企業のみならず国をも被告としてその責任を追及することとなった。

私は、筑豊じん肺訴訟の弁護団にも参加し、長崎北松じん肺訴訟と並行して二つの裁判に関わることになった。筑豊じん肺裁判の最高裁判決が出たのが、二〇〇四年であるから、約二五年間の長期にわたってじん肺裁判闘争に関わったことになる。

2　私が山下先生と知り合ったのは、じん肺裁判闘争を通してであるが、初めて出会った時期ははっきり覚えていない。山下先生は全国じん肺弁護団連絡会議の幹事長をされ、全国各地を飛び回って、各地の闘いを指導・組織されていた。

その全国弁連が結成されたのは一九八六年ころのようであるから、おそらくこのころに私は山下先生に出会い、共にじん肺裁判を闘うこととなり、様々な指導を受けていたと思う。山下先生は筑豊じん肺訴訟が解決した後に提訴された西日本じん肺訴訟にも弁護団に参加されていたので、私は山下先生と約二〇年間にわたってじん肺闘争を通じてお付き合いさせていただいたことになる。

3　山下先生は、実務家・運動家であるとともにすぐれた理論家でもあった。指導者的立場にある弁護士でありながら、実によく記録を読み込んで事実を把握され、法理論についても勉強されていた。そのため弁護団会議での山下先生の発言にはいつも教えられるところが多かった。山下先生は生来の大きな声で「正義は我にあり。勝たねばならぬ。そのためには○○をすべきである」と確信をもって語られ、経験が浅く訴訟の行方に確信が持てず不安を抱いていた私達若手弁護士に、展望を示しやる気をかき立てて下さった。山下先生の豪快な笑い声は今でも耳に残っている。

4　山下先生は、筑豊じん肺弁護団の一員でもあった。弁護団会議には東京から駆けつけて参加していただき、様々な指導・助言をいただいた。私は筑豊じん肺訴訟における山下先生の最大の功績は、国の責任論について大きなヒントを与えていただいたことにあると思っている。

私たちは一審判決では企業には勝訴したものの、国に敗訴した。その後福岡高裁に移ってから、弁護団は国の責任論の見直しを迫られていた。このとき国の責任論のヒントとなったのが、山下先生がかねてから指摘しておられた金属鉱山保安規則（金則）と石炭鉱山保安規則（炭則）におけるじん肺対策法規の相違・格差であった。当時金属鉱山におけるじん肺訴訟も闘っておられた山下先生は金則についてもとても詳しく、金則におけるじん肺対策に比べて炭則におけるじん肺対策が非常に遅れていることを指摘されたのである。その象徴とも言えるものが、炭則における「けい酸質区域指定制度」の存在であった。これはけい酸分の濃度の高い地域において湿式削岩機の使用や散水などの防じん対策を規定しているものであり、逆に言うとけい酸分の低いところではこれらの防じん対策を免除しているものであった。

山下先生は、金則においてはこのけい酸質区域指定制度は昭和二七年には廃止されたことを教えて下さったのである。ところが、炭則においては同制度は昭和六一年まで温存され、企業が削岩機の湿式化や散水などの対策を怠る口実とされたのである。

私達筑豊弁護団は、山下先生の上記指摘を踏まえ、じん肺法・鉱山保安法・炭則・金則を詳細に分析検討していった。その結果、炭鉱におけるじん肺対策の要とも言うべき炭則の規定が、すべての鉱物性粉じんがじん肺の原因となることを認めたじん肺法が制定された昭和三五年以降は、当時のじん肺知見・じん肺法・金則と著しく整合性を欠いており、極めて不合理なものであることをつきとめ、それを詳細に論証していった。

その結果、福岡高裁において我々の主張に沿った責任論が採用され、昭和三五年以降における国のじん肺行政は著しく不合理であったと認定され、国に勝訴することができたのである。仮定の話になるが、もし、山下先生から金則における防じん規定について詳しく教えられることがなかったとしたら、私たちは上記のような国の責任論を打ち立てることができたか疑問である。その意味で、国の責任論構築において私達筑豊弁護団に炭則と金則の相違について注目すべきであるとのヒントを与えて下さった山下先生の功績は大きく、私はこのことを想い出すたびに、筑豊じん肺訴訟の関係者は山下先生に感謝しないといけないと思うのである。

5　筑豊じん肺訴訟で我々が国を被告として闘っていたとき、山下先生は「稲村さん、国に勝つのはむずかしいよ」などと言っておられた。しかし、二〇〇一年七月福岡高裁判決によって国に勝訴したとき、「山下先生、国に勝ちましたよ」と報告したところ、「よくやったね」とほめていただいたことを覚えている。

山下先生は鉱山のじん肺問題を解決した後は、トンネルじん肺・アスベストじん肺の問題にも取り組まれ、じん肺患者の権利救済とじん肺防止のために、亡くなられるまで立ち止まることなく不屈の闘いを続けてこられた。

山下先生の弁護士としての生き様に後輩弁護士として敬意を表するとともに、全国のじん肺裁判闘争における先生のご尽力とご貢献に心からの感謝を申し上げたい。

山下先生の寝相といびきの思い出

弁護士　馬奈木昭雄

古希などと呼ばれる時を過ぎますと、まわりで親しくしていただいていた知人が、次々とこの世から去っていきます。「違うだろう。私の方が先、君が後だろうが。ちゃんと順番をまもれよ」と思わずつぶやいてしまいます。本当に何もそんなに先を急がないでいてほしいのに、慌てることはないのに、と無念の思いがこみあげてきます。

山下先生と最後にお会いしたのは、福島原発事故の生業訴訟の会議でした。私も玄海原発差止訴訟に参加している関係で、福島の会議には数回出席しました。山下先生が弁護団の一員として、会議の席上いつものじん肺の会議と同じ調子で、元気な発言をしているのを見て、とてもうれしくなり、一緒に行った板井弁護士や東島弁護士と、「これで生業訴訟も大丈夫だね。」と言い合ったことが、最後のなつかしい思い出になっています。

じん肺訴訟では、すでに金属鉱山などに早くから取組んでいらした山下先生には、ずいぶん多方面にわたって指導していただきました。

何事でも基本的な事実についての知識をきちんと学ぶことが必要です。私が炭鉱の事件に最初に取組んだ若い頃、準備書面で「トロッコ」と書きました。それを読んだ若い労働者が大笑いして、「炭鉱にはそんなものはないよ。

勝手に想像で書いちゃいかんでしょう。」と叱られました。大いに恥入りました。炭鉱で走っているのは「炭車」だということを改めて学びました。

だが、山下先生のような先達がそばについてもらえれば、その教えを聞くことは容易です。私は機会があるごとに、いかにも初歩的な恥かしい事でも構わずに質問していました。その中でも、まさしく目からうろこ、という思いをした教えがあります。すでに取組んで来られていた先生方にとっては、極めて当たり前のことで、今さら何を、ということだったのかも知れません。その時の私の疑問は金属鉱山では削岩機などは、湿式か乾式かなどの規制の議論はよく聞くけれど、通気についての規制はあまり議論されていないように私には思えるが、それは何故か理由があるのか、ということでした。山下先生の答えは極めて明解でした。炭鉱ではガス突出などによるガス爆発や、粉じん爆発など、爆発による生産設備を破壊する事故防止のために通気を整備する必要があるが、金属鉱山ではそもそもその爆発の心配をする必要がなく、従って通気対策も必要ないということでした。「炭は燃えるけど金属の鉱石は燃えないもんね」、「労働者の代わりはいくらでもいるもんね」。

私はこの明解な答えに、なんで自分ではそのことを考えなかったのだろう、と思うと同時に、労働者の安全などではなく、生産設備を守ることが優先する企業のもうけを目指す強欲な姿勢を実感しました。このことはその後の労働者の健康生命を考える場面などでは、いつも思い返しています。

山下先生との思い出の中で二つだけ話をさせてください。

ひとつは、筑豊じん肺訴訟一審判決で敗れた夜のことです。私たち原告団弁護団は上京し、報告集会に参加しました。私はその挨拶の時、不覚にも涙をこらえることができませんでした。私はこう発言したと記憶しています。「今後のたたかいで、決して裁判官を頼りにはしない。私たち自身の力を頼りにたたかい続ける」。この後のことですが、山下先生と小野寺利孝先生の御二人が私を飲みに誘って下さったことがありました。この席で御二人は、ただ静かに酒に付き合って下さり、取り立てて特別な発言は何もありませんでした。しかし予想外の敗訴にすっかり落ち込んでいる私に対し、自分たちは今からもしっかり支えていくよ、と言う御二人の暖かい激励の気持ちは、強く伝わってきました。私はこの時の御二人との酒席における心遣いが大変ありがたく、嬉しかったのです。その後何度も繰り返し大切に思い返しています。おかげさまで全国のみなさんの援助の力もいただき、高裁、最高裁と勝ち抜くことができました。本当に感謝しています。

もう一つの思い出は、山下弁護士と会議の後で一緒に宿泊した夜のことです。どこだったか、恐らく北海道じん肺の合宿ではなかったかと思いますが、畳の部屋でした。確かに事前に山下弁護士から、寝相が悪いから迷惑をかけるかも知れない、という挨拶はいただいていました。

しかし本当の恐怖は夜が更けてから始まりました。当然のことながら二つ並んだ布団にそれぞれ入って寝ていますと、山下先生のいびきが始まりました。かなり大きな音で、しかもかなり息苦しそうでした。その頃は知りませんでしたが、今は話題になっている無呼吸症候群だったのかも知れないなと思います。その騒音には我慢して何とか眠ろうとしていたところ、突然先生が布団から飛び出てごろごろと転がって来たかと思うと、片足がいきなり私の布団に振り下ろされました。痛さよりもビックリする方が先で、思わず飛び起きましたが、先生はまったく起きる気配などなく相変わらず高いびきです。

しかたがないので、私はこっそり布団を引きずって部屋の端まで避難して、先生はそのまま畳の上に放っておきました。ところが先生はすぐに部屋の端までごろごろと転がって私を追いかけてきて、また布団の上に足を投げ出すのです。

私は最後の手段として、あまった布団を引っ張り出し、バリケードを築いて先生が転がって来れないようにしました。これでようやく攻撃はくい止めるのに成功しましたが、いびきの大音はずっと夜中続きました。

翌朝、バリケードを見た先生は、「迷惑をかけたね。」と一言。それ以上の謝罪の言葉はありませんでした。これは私の勝手な想像ですが、先生自身も対策に困っていたのではないか、と思いました。

幸か不幸か、その後は先生と同室して一夜を過ごす機会はないままでした。

今では懐かしい大切な思い出になりました。

いろいろな想いがありますが、その中でも山下先生自身の気持ちとして、まだ達成していない残された多くの夢があったのだと思います。残された問題と取組むべき時間はまだまだあったはずなのに、たくさんの被害者のみなさんが山下先生の活躍を強く期待していたのに、無念の思いがあらためて込み上げてきます。

山下登司夫先生を偲んで

トンネルじん肺九州弁護団団長・弁護士
板井　優

私が、初めて山下先生に出会ったのは学園紛争後東京大学法学部で行われていた司法試験の勉強会で、東大医学部の近くにあった文京総合法律事務所の訪問をした時であった。当時、同事務所は労災事件を取り組んでいた。その頃、「豊後土工（ぶんごどっこ）」という言葉がはやっていた。大分県最南部の佐伯市の海側にある蒲江湾周辺の集落（蒲江町も含む）のことであるが、貧しいがゆえに豊後土工を生んだ。私の妻八重子の故郷でもある。妻の義父も次男坊でトンネル工事のために全国各地で出稼ぎをしていた。

その闘いの中心の一人に山下先生がおられた。

当時私は、労災ではなく沖縄に帰ってから祖国復帰問題に取り組むか水俣病の関係で公害問題に取り組むかの道しかなかった。そのため結局、労災事件は取り組まなかった。

弁護士となって、水俣病問題が一段落着いた一九九六年六月、熊本でもトンネルじん肺問題を取り組むこととなった。その関係で小野寺弁護士や山下弁護士と本郷三丁目の地下鉄の駅付近で話し合いをしたことがある。まだやっていたのか、というのが私の当時の率直な感想である。熊本では、初めてのことなので、全くやり方がわからない。しかし何とか、原告の資料を基に訴状の準備をした。

その後、全国弁連の会議で山下先生とはよく会うようになった。トンネルじん肺問題の実務の中心に山下先生がおられたのである。今後の救済を図っていくうえで、司法救済か行政救済かが問題になった時に、意見は一致した。私は、水俣病裁判で弁護士が主導権を握ることができるのは司法救済システムだと思っていた。しかし、そのことを会議の場で持ち出し混乱を作ることはしなかった。

私は、水俣病後、ハンセン病問題や国営川辺川利水問題にも取り組んでいた。二つとも熊本の問題であった。しかし、山下先生は違った。ひたすらじん肺問題に取り組んできた。その意味では、山下先生の熱意には本当に頭が下がった。

山下先生の突然の訃報を聞いて、東京まで行こうと考え、告別式に参列した。それが、山下先生を偲ぶことになると思ったからである。また、追悼記念誌刊行に際し、東京で集会が開かれるのであれば駆け付けたいところであるが、私は、今年の三月三一日から今日まで入院検査を受けている。突然、腹水が溜まったため、きっちりした検査をしようと思ったからである。東京には行けなくなったが、せめて文章だけは書こうと考えた。

山下先生どうか安らかにお眠りください。心より先生を御偲び申し上げます。

闘将山下登司夫さんを偲ぶ

関西建設アスベスト京都訴訟弁護団団長・弁護士

村山　晃

つながり

山下登司夫さんとは、二三期司法修習生時代（一九六九年）からのお付き合いになります。やがて半世紀を迎えることとなるのです。と言っても、東京と京都の距離は結構遠く、私がアスベスト事件に取り組むようになるまでは、ほとんどお付き合いはありませんでした。

二〇一一年、私は、関西建設アスベスト事件の京都弁護団の団長に就任することになりましたが、そこで、すでに始まっていた首都圏の建設アスベスト事件の牽引車の役割を発揮していた山下さんとの新たな出会いとなったのです。

「絶対に勝とうな」

山下さんは、「村山さん。僕は、これが最後の闘いになると思う。何としても勝ち抜きたい。絶対に勝とうな。」と、言って私を励ましてくれたのでした。山下さんの活動は、単に距離が離れているというだけではなく、私の関わってきた分野と違っていたこともあって、突然、お付き合いが始まったのとあまり変わらない状況でした。京都の裁判が始まった時は、私は、アスベスト問題では、ほとんど素人、山下さんは、すでに全国の大黒柱でした。

何しろ相手にする被告が、四三もあって、半端ではありません。企業の名前を覚えるだけでも大変なことです。敵がやたら多いと、法廷も一体どんな様相を示すことだろう。「敵の数に負けない気迫で迫る」それは絶対条件です。ただ、山下さんが担ってきた、それまでの「じん肺訴訟」は、そんなことは当たり前の世界だったようです。

司法修習二三期

司法研修所の同期というのは、なかなか面白いのです。特に二三期は、司法反動の嵐が吹き荒れる中、ともに闘い抜いた仲間としての結束があって、独特の関係が生まれています。しばらく離れていても、一瞬にして意気投合します。二三期には、闘う弁護士のメーリングリストができていて、これが結構役に立つのです。顔を合わさなくても気心が通い合います。

山下さんも、この仲間でした。で、アスベスト裁判で再会した山下さんは、私にとっての「二三期のすごい弁護士の一人」にすぐに登録されたのです。

複雑を極める建設アスベスト事件

いろんな職人技があります。でも、この建設アスベスト事件を牽引する技術力は、並大抵のものではありません。技術力と言うのは、あまり好きな言葉ではありませんが、適切な用語が見つかりません。なにしろすごいのです。建設アスベスト事件は、長い歴史の上に成り立っています。アスベストの歴史の持つ長さ、建築技法の歴史的変遷、建築現場の多様性、そして何よりも被害者個人は、何十年も被曝した後、何十年も経ってから発病します。経験する現場は数えきれません。そして経験する現場はそれぞれが違います。建材の種類も数えきれません。関係するところも、建材メーカーから、ゼネコン、そして様々な規制をする国の各機関、個々の現場では、元請けから下請・孫請といろんな立場の人たちが関係をします。からみあった糸をしっかりとほどき、どこに犯人がいるのかしっかりと見抜かないと、被害者救済は進みません。私に取っては、気の遠くなるような話でした。そこに山下さんらの先人の蓄積があって、私らの裁判も可能にしてくれたのです。そのど真ん中を切り開いてきたのだから凄いです。

山下さんの弁護士力

山下さんは、別な弁護士が作った書面に必ず丹念に目を通して、自分で手を入れる人だと、と聞きました。そして、自身でも進んで書面を作っていたとのことです。

多くの文献をひもとき、論議をリードし、最後は、裁判所や相手を説得する文章を書ききる。なので「若かった」です。二三期は、現在、七〇代前半から後半を迎えています。お互いに、どれだけ若いかを競い合います。山下さんとも競い合ってきたのですが……。

書面を読んだり書いたりする力は、若さの源泉だと思われます。しかも、先にも述べましたように「複雑で難しい」のです。私も、各地のアスベスト裁判のいろんな人たちの力作を読む機会が増えましたが、「自分でどこまでこなしているのだろうか」と思われる書面も無くはありません。そんな時に、抑えるポイントを外さない、山下さんの存在が重要になります。

ニチアスを攻めよう

アスベスト事件の全国弁護団会議で、山下さんらと話をしていた時に、ニチアスなどの業界最大手をどう攻めていくかという議論の中で、「一〇〇〇人・二〇〇〇人でニチアスを包囲する大行動を取り組めないか」ということを私が提起した時のことでした。山下さんは、真剣にそれを受け止めてくれ、支援部隊の全建総連などに持ち込み、行動を具体化してくれたのです。その後、京都で、二三期四五周年同窓会があった時、山下さんは「村山さん。何とか実現するから、もうちょっと待ってくれ。」と報告してくれたのです。

そして、その行動する日が、アスベスト事件京都判決が言い渡される直後に設定されました。しかし、ここからは私のプレッシャーも半端ではありませんでした。ニチアスに判決で負けるわけにはいかないからです。結果、京都判決では、ニチアスの責任が認められ、その結果を受けて、ニチアスへの大行動へと結びつきました。そして大成功を収めたのです。

闘いは、新たなステージへと向かいました。山下さんは、まさに闘う弁護士でした。

再び二三期ＭＬ

二三期のメーリングリストでは、少し前には、北星学園の植村事件を集中的に取り上げました。そして、この一年間は、森友問題が一番のテーマになっています。ＭＬを通して、森友に関連する安倍首相等の不正を追及する闘いを前進させてきているので、たいしたものなのです。

山下さんは、森友問題を告発する時の呼びかけ人にもなってくれました。

そして、亡くなる直前の六月一九日、森友問題のＭＬに登録する、という趣旨のメールが最後の山下さんのメッセージになりました。

建設アスベストを何としても勝ち抜いていく

思いを込めて、闘い抜いてきた建設アスベスト事件、その闘いの半ばに倒れたことは、本当に残念な思いでいっぱいだったと思います。しかし、間違い無く前進を続けているのを自身の眼に焼け付けていたのは間違いありません。

山下さんには、これからも一踏ん張り、二踏ん張りして、闘いを勝利に導いて欲しかったという思いには強いものがあります。しかし、これまでの山下さんの蓄積した力を使って、完全勝利をさせるのは、私たちの役割です。その分、私たちの責任が重くなったのだと思います。

むすび

アスベスト事件の被害者の人たちは、重篤な病気を押して、裁判闘争に参加をし、道半ばで亡くなる方も後を絶ちません。山下さんも、この難しい裁判で、いろんな無理を重ねてきているという思いを持っていました。そこを病魔に襲われました。無理を押して闘い抜く、そこにも闘将山下登司夫弁護士の姿をみます。

アスベストの闘いが完全勝利した時、山下弁護士が、その真ん中で闘ってきたことが、その中に必ず刻み込まれることだと思われます。

山下登司夫先生追悼文

弁護士 山本高行

「おはようございます。」

私が秩父じん肺の弁護団長をしていて、一陣判決の言い渡しを受ける日の朝のことだった。山下先生も全国弁連を代表して判決言い渡しに立ち会うということで、原告弁護団と一緒に、電車をおりたときだった。

なんと、今日判決を言い渡す裁判長以下左右の陪席裁判官が、三名そろってホームの向こうから歩いてくるではないですか。

私は、近づいたら会釈でもしようと思っていたら、山下先生は、遠くから大音声で、「おはようございます。」と呼びかけた。

謹厳実直な裁判長は、びっくりしたようだったが、ややほほえんで、会釈してくれたように思う。

思えば、知り合いに、それも今日最も尊重しなければいけない人たちに会ったら、よろこびいさんで挨拶をするのが当たり前。山下先生の挨拶と裁判長の会釈で、原告弁護団も肩がほぐれ、「今日の判決は、いい判決だろう。」と思って、法廷に入ることができた。

判決は、長崎じん肺最高裁判決の基準によれば時効になる原告2名を含む全員勝訴の判決だった。

講学上、死亡時別途起算点論と呼ばれることとなったこの判決は、東京高裁でも維持され、その後各地の裁判所で時効論をめぐる議論を再燃させ、後日、筑豊じん肺高裁判決の完全勝利判決に至る契機となったとも言える。（やや我田引水のきらいはあるが。）

山下先生は、「おはようございます。」のエピソードでのべたように、豪放磊落な一方、細かい心配りをする繊細な面をもつ類い稀なる弁護士だった。

長崎北松じん肺差し戻し審裁判で、原告の大宮さんが感動的な意見陳述をしているにもかかわらず、裁判長が居眠りをするという「事件」がおこった。傍聴席からもはっきりわかる「大居眠り」だった。誰が、異議ないし抗議をするのか、とかたずを飲んで見守るなか、山下先生はすっくと立ち上がり、「裁判長、大変お疲れのようですので、休廷にしてはいかがでしょうか。」と、やった。

これで裁判長は目をさましたが、山下先生の強烈な皮肉に、恥ずかしかったのか、「その必要はないです。」と答え、法廷は続行されたが、横井久美子さんなどは、カンカンになって怒っていた。地元の河西先生が「あの裁判長は居眠りはするけど判決はいいんだ。」と言っていて、幸いそのとおりになり、損害額では、史上最高額の判決になったが、「居眠り事件」に対する山下先生の「異議」が裁判長を縛ったこともあったろうと思う。

山下先生は、このように、弁護団の先頭に立って、異議を述べたりすることもあれば、黒子に徹する役割を果たされることもあった。

長崎じん肺最高裁弁論では、自ら「鬼のタイムキーパー」と称して、弁論の時間管理の役割を果たし、弁論をする弁護士の時間をチェックするつとめをされた。

最高裁弁論のための立ち稽古に、立ち会って下さった小野寺弁護士、岡村弁護士に加え、タイムキーパーの山下先生の後ろからの厳しい目に、弁論をする弁護士は、私も含め「あがるひまがなかった。」と、言われた。

山下先生は、幹事長として、各地の法廷に応援に出かけていたが、その法廷が反対尋問の予定であれば、現地の担当弁護士が事故で休んだときには、代わって反対尋問ができるように準備をして、出廷していたという。

一口にいうが、なかなかできることではない。

山下先生は、ちゃっかりしたところもあった。

長崎北松しん肺最高裁判決についての報道のなかで、全国紙が、いずれも時効論に対する批判が不十分ななか、朝日新聞の夕刊の素粒子にこんな記事が載った。

「長崎じん肺判決に思う。じん肺の原因は塵にあらず人にあり。裁判に、裁判所に真の意味の人間はありや。」

素粒子というコーナーは、朝刊の記事からもれた記事をのせるコラムだそうだが、事務局長として、長崎じん肺最高裁判決の翌日の朝刊の記事はもれなくさらったが、夕刊までは気がつかなかった。実は、私の妻が「こんな記事もあったよ。」と言って持ってきたのが、「素粒子」だった。

その意味で、「手柄」は、私の妻ないしはその夫の私のはずだった。

長崎じん肺最高裁判決のあとも、山下先生と分担して、各地の法廷に応援弁論にでかけたが、山下先生が決まって引用されたのが、この「素粒子」だった。「山本君、よく見つけたね。」とほめられたことは一度もない。

もっとも、山下先生の引用する「素粒子」は、山下節に見事に組み込まれていて、山下応援弁論と一体になっているから、文句のつけようがないが。

山下先生からは、多くのことをおそわった。

ことに、山下先生から言われたのは、弁論でも、尋問でも原告団会議のあいさつでも、絶えず、原告団をはげます観点を忘れるな、ということだった。

謙遜するつもりで言ったことが、原告を不安にさせることになると注意されたことがある。ことに、一回、一回の法廷は、原告が確信を持つような場にしなければならない、と言い、そして実践されていた。

私は、秩父じん肺を最後にじん肺闘争から遠ざかっているが、山下先生の指導の下、取り組んだじん肺のたたかいは、忘れられない。

山下先生の功績は、その類い稀なるキャラクターとともに、じん肺闘争史に長く刻まれるであろう。

山下先生から学んだこと

常磐じん肺弁護団・弁護士
山口英資

序

常磐じん肺闘争は、一九八三年一〇月の井田さんの会社交渉から始まり、常磐じん肺（一陣～三陣）および北茨城じん肺（一陣～三陣）に対する全面解決（一九九六年三月）で終結するまでの一二年半に及ぶ闘いであり、原告数は患者単位で四二二名に及びました。山下先生は、井田じん肺のほんの初期を除くその余の全期間、この闘いに参加され、弁護団の副団長として名実とも弁護団の中心として大活躍をされました。私は、山下先生と活動をご一緒する機会に恵まれ、山下先生から学んだことは数えきれないほどですが、常磐じん肺一陣訴訟の提訴（一九八五年九月）から一審判決（一九九〇年二月）までの期間を中心に、回想してみたいと思います。

1　原告側の証人尋問

常磐じん肺一陣訴訟の最初の山場は、労働実態についての原告側の証人尋問であったと思います。時期は、一九八六年八月～一九八七年二月頃のことでした。常磐炭鉱は、一九七六年に全面閉山となりましたが、福島県いわきの地は、閉山後もいわば会社（常磐興産）の城下町といわれておりました。そのようななかで、会社を相手に裁判を挑むということは大変、勇気のいることであったと思います。それでも、原告たちは法廷で、常磐炭鉱における過酷な労働実態やすさまじい粉じんの発生状況につき勇気をもって証言しました。証人の松川さん、原告の木暮さん、原告の伊藤さん、みんな頑張りました。

山下先生は、ご自身が尋問担当者でなくても、事前に資料や今までの証言調書などを徹底して読み込み、内容をメモしておられました。また、当日の証言もその場で必ずメモをしておられました。山下先生は弁護団員に「メモをとらなければいかんよ。法廷での証言メモをあとで捨ててしまう人がいるようだが、必ず役立つのだから残しておかなくては駄目だ」と言い、それが山下先生の口癖でした。山下先生から教えていただいたことの一つでした。

2　会社側証人への反対尋問

常磐じん肺一陣訴訟の次の山場は、会社側の証人による労働実態についての証言でした。時期は、一九八七年三月から一九八八年四月頃だったと思います。会社は、数多くの証人（私の記憶では八名）をたてて、「粉じんは発生しなかった」「散水や通風などの粉じん対策も怠りなくやった」などという証言を繰り返しました。

(1)　この頃、傍聴席には、後に常磐じん肺二陣の原告となる人たちが大勢詰めかけておりました。ちなみに、いわき市でじん肺集団検診が行われたのは一九八六年八月のことであり、北茨城市でのじん肺集団検診はいわきのそれより四か月早い一九八六年四月のことでした。こうした集団検診でじん肺と認定された人たちが、常磐じん肺一陣の裁判を傍聴するなかで、会社側の嘘に憤り、じん肺被害者であるという自らの立場をあらためて見つめる機会になったことと思われます。当時、午前中の法廷が終わると、昼休みに近くの集会場で報告会が行われていました。午前中の法廷での出来事の説明や午後の法廷の見どころについて弁護団による解説などがなされたわけですが、後の常磐じん肺二陣の原告となる熊上さんや菅野さん、そして常磐じん肺三陣の原告となる宗形さんたちが山下先生に向かって口々に「会社の言っていることはでたらめだ。坑内の実態はあんなものではない」と怒りを込めて語り、山下先生がこれに大きくうなずいていた姿を私は忘れることができません。これは、弁護団に対する大きな励ましとなりました。

⑵　会社側証人の証言が、全くの虚偽であることは、原告らの体験事実からも、傍聴していた常磐じん肺二陣の原告となる人たちの体験事実からも明らかでした。また、弁護団は、提訴前に福島大学の図書館に保管されていた常磐炭鉱資料（健康診断の結果や粉じんの測定記録など）を閲覧・謄写することが出来たのですが、これら常磐炭鉱資料の内容から見ても、会社側証人による証言の虚は明らかでした。

このような虚偽証言に対しては、弁護団による徹底した反対尋問が必要となりましょう。そして、弁護団はこれによく応えたと思います。そして、その中心にいたのがほかならぬ山下先生であったことは言うまでもありません。ところで、会社証人に対する反対尋問対策として、常磐炭鉱資料が大変な威力を発揮しました。会社側証人に対する反対尋問は、担当者を決めて臨みましたが、常磐炭鉱資料があるため、会社側証人に対し、その証言が虚偽であることを証人自身に認めさせようとして、常磐炭鉱資料を早く示して尋問する傾向に走りがちでした。そんなとき、弁護団会議で山下先生は「みんな証拠を示すのが早すぎる。証人にもっとたくさん嘘を言わせてからそのあとでゆっくりと証拠を示す方が効果的だ」と極めて適切な助言をして下さいました。私にはその光景が昨日の出来事であったかのようです。

3　最後の詰めの証人尋問

常磐じん肺一陣訴訟のその次の山場は、会社側証人の上記証言に対する原告側の反証でした。時期は、一九八八年五月から一九八八年九月頃だったと思います。

⑴　会社側証人の嘘は、徹底した反対尋問でおおよそ明らかとなりましたが、会社の責任を余すところなく明らかにするためには、原告側の補充立証と会社証言に対する弾劾（反証）が必要でした。そこで、適任者として推薦されたのが、常磐じん肺一陣訴訟を傍聴し会社証言の嘘に怒りをいだいていた熊上さんと菅野さん（のちの常磐じん肺二陣訴訟の原告）でした。証人に対する尋問担当者は証人ごとに弁護士二名を割り当てることになっており、熊上さんの尋問担当者は私ほか一名でした。私の記憶では、菅野さんの尋問担当者は山下先生ほか一名だったのではないかと思います。

⑵　原告側の証人として、熊上さんと菅野さんの二人が証言台にたち、会社側証人の嘘を具体的に明らかにしていったことはいうまでもありません。ここで、思い出しますことは、尋問の準備の過程で、山下先生の徹底した仕事ぶりに接することができたということでした。というのも、山下先生は法廷での証言をメモされ、そのメモをそのまま残しておき、それを証言調書で補充して項目別に分類整理し、各項目に対応する書証や資料のメモを並べ、これらを一覧表にするというような作業を継続してやり続けておられたのです。山下先生は、この一覧表を尋問だけでなく、準備書面の作成にも活用しておられたのです。

ところで、熊上さんに対する尋問の目的は会社証言に対する弾劾でしたから、尋問担当者はいままでの証言や書証を全て精読しておく必要がありました。ところが、日頃のメモの作成が不十分なままであった私は、準備が間に合わず、尋問予定日がせまってきてしまいました。山下先生はそのような窮地に陥った私に、上記の一覧表を見せてくださいました。それだけでなく、閲覧のみでは間に合わないのを見て、何とその一覧表のコピーまで許して下さったのです。おかげで私は窮地を脱することができました。その一覧表のコピーは山下先生からいただいた宝物であり、私は、今でも大切に保管しており、このご恩は一生忘れることができません。

4　一九八九年三月の最終準備書面（総論・第一分冊）

こうして、証人尋問を終え、最終準備書面の作成に入りましたが、ここでも山下先生は責任論・損害論・時効論の全てにわたり、書面作成の先頭に立たれ、実務も率先して担当されました。こうして、最終準備書面（総論・第一分冊）が完成したのですが、その日の深夜に、準備書面の作業場所に提供していただいた文京総合法律事務所内において日本酒で乾杯したことをよく憶えています。一九八九年三月のことでした。

5　一九九〇年二月二八日、原告全面勝訴の判決

判決は、①会社の故意責任を認め、②時効差別を認めずに原告全員を救済し、③じん肺被害に相応しい損害額を認定しました。

弁護団は判決の直前に判決予測を試みましたが、判決内容に最も近い予測をされた弁護団のうちのお一人は、たしか山下先生ではなかったか、と記憶しております。責任論・損害論・時効論のすべてにわたり山下先生が誰よりも精査検討を深めておられていたからだと思います。

6　最後に

山下先生、憶えていますか。寒い冬の日の法廷が終わったあとの弁護団会議のこと、その弁護団会議がおそくなり最終電車を待つ身となったこと、その最終電車が遅れてしまい寒さに耐えかねて駅の売店で当時は珍しかった「お燗付きのワンカップ酒」を購入して皆で一杯飲んで寒さをしのいだことを。当時のことが、昨日のことのようです。

山下先生、本当にお世話になりました。

山下先生を偲んで

弁護士　広田次男

先生には、常磐じん肺訴訟で御指導いただきました。

一九八三年秋から準備が始まり、一陣、二陣、三陣の勝利。勝利のモニュメント建立、カンタータの上演、記念旅行などなども含めると、足かけ一五年にも亘る長い闘いでした。

私は、この闘いを通じて、弁護士として必要な多くの資質を教えられました。

いわば、常磐じん肺という教室で、どうにか一人前の弁護士になったと言える程に貴重な時間でした。

私は山下先生と多くの共通点を持っていたと勝手に思い込んでいます。

まずは、よく呑みました

先生はビール党で「軽くいこう」という時で四、五本、腰を据えて何軒かハシゴしたりすれば一〇本程度は呑んでいたと思います。

裁判が続いた間は、月一回の割合で法廷がありますから、前夜に必ず弁護団会議があり、終われば必ず「一杯」でした。

その他、東京での会議は頻繁でしたし、北海道、九州での集会、会議も少なくありませんでした。

これらの場では、必ず先生と顔を合わせ、終われば、必ず「一杯」でした。

東京の呑み屋には、随分連れて行って貰いました。

散々呑み歩いても、二人とも乱れたり、潰れたりした事は一度も記憶にありません。二人とも相当な呑ンベエだったのです。

二人とも東京生まれの東京育ちでした。

だからできるだけ、潔く振る舞うように心掛けていたと思います。

二人とも山岳部出身でした。

従って、山の話は始めると尽きる事がありませんでした。

二人とも上品とは言い難い性格でした。

ザックバランが共通点だったと思います。

二人ともお洒落好きでした。

先生のお洒落は決まっていました。

二人とも口には出さないが心の底では、愛妻家でした。

二人ともサヨクでした。

しかし、大きな相違点がありました。緻密さと優しさです。

先生は、外見からは想像もできない緻密な頭脳と性格の持主でした。

訴訟について、膨大なノートと論理構成を図面として纏められたものを見せられた時には目を見張る思いでした。

これまた外見からは想像もできない大きな優しさを持っていました。

私は、訴訟の途中で生まれて初めての六ヶ月に及ぶ入院生活を余儀なくされました。

そのときの山下先生が示された優しさを思い出すと、今でも胸が熱くなる想いです。

あの「ガハハ」の高笑いと「おい！　ヒロタ」という呼び声を忘れることは生涯ないでしょう。

合　掌

山下弁護士を悼む

弁護士　山田忠行

あまりに突然のことだったので一瞬何が起きたのか理解できなかった。少し前の会議で元気そうにしていた彼が…。

彼のいないことが日常とならざるをえなくなって早一年余が経つが、今も気持ちのどこかにぽっかりあいた穴に気付かされる。

常磐じん肺を終え、細倉じん肺訴訟が私の所属していた一番町法律事務所を事務局に、山下氏を団長として始まる時、私は当初弁護団に参加しなかった。四人の在籍弁護士のうち既に三名が参加することになっており、私は残ったほうがいいのではという自分でもあまりよくわからない理屈をこねてのことであった。

しかし、訴訟が始まってまもなく、毎月のように彼が事務所に来て、あの大きな声で、しかも楽しそうに話をしているのを聞いているうちに、自分一人が残っていることがばからしくなり、復代理でいいから入れてくれと言い出すに至った。

彼とは何故か気が合った。彼が仙台修習など仙台に縁があったせいもあるが、それ以上に磊落さの影の繊細さ、緻密な調査と書面、自分が欲しいと思っていたことの多くを彼が持っていたからかもしれない。

私の弁護団加入後最初の仕事は、「訴訟進行についての意見書」を書けというものであつた。それまで、訴訟は主体的に進めなければならないという気持ちではあったものの、せいぜい当日口頭で次回はこう進めたいなどと発言する程度だった私にとって、見たことも聞いたこともない書面であった。当然、没。出来たものを見てなるほどこうするのか、目からうろこであった。それは私ばかりではなかったらしく、今では少し大きな事件は皆「意見書」を書いているようだ。

弁護団会議後の懇親会はさながらより活発な弁護団会議であった。その中から隠し撮りをする三菱職員をどう捕まえるか、併合を企む裁判長をどうギャフンといわせるか、居眠りする右陪席をどうするか、今思い返しても楽しい「会議」であった。その中心にはいつも彼がいた。

彼が仙台に残したものは、単に細倉やトンネルじん肺で大きな勝利を得たというものだけではなく、この手の訴訟の闘い方の基本とそれを応用問題にどう適用していくか等々あまりにも多い。そのうち幾らかでも後進の弁護士に伝えることができればと思う。

山下先生のこと

弁護士　坪田康男

実のところ、私は、未だに、山下先生が亡くなられたことが本当のことと実感できないでいます。ここしばらく全国会議は出席できていませんし、そのため、かなりの間、山下先生に直接お会いしていませんでした。もっと言うと、山下先生は、直前まで、全国メーリスに熱心にメールの送信を続けておられ、亡くなることなんてみじんも想像できませんでした。元気に旺盛に事件の先頭に立っておられると信じておりました。この点は、弁護団の共通の思いだと思うのですが、山下先生は、じん肺の被害が本当の意味で完全救済を成し遂げるまで、最後まで先頭に立ってもらう必要があり、当然そうなるのだろうと勝手に決めておりました。おかげで、私の中で、山下先生は、依然として、あの独特のダミ声で回りを鼓舞し続けておられるのです。

私が山下先生に初めてお会いしたのは、一九九六年のことでした。当時は、いわゆるゼネコン訴訟提起の準備のまっただ中でした。

私個人のことで言いますと、親族に関わる全くプライベートな事情で、奈良から福井へ転居したばかりでした。故吉川弁護士（福井の事務局長の実父）からお話があり、まだ右も左も分からない福井の地で、弁護団の結成・運営に四苦八苦していたころとダブって来ます。

奈良では、多くの労働争議事件に関わっていましたが、じん肺については、全く知識がありませんでした。関西地方に原告が少ないことからしても、私が特に無知だったというわけでもなさそうです。修習生時代の青法協活動で、じん肺の学習会が開催されたことをおぼろげに覚えているぐらいです。

その私が、基礎知識もなく、吉川弁護士から指示を受け、東京で定期的に開催されていた弁護団会議に参加することとなりました。

東京に集合していた弁護士は、長期にわたってじん肺訴訟に関わってきたつわものばかりのようでした。その中でも、山下先生は、突出しておられました。声もでかいし、だみ声だし、話しだしたら止まらなくなるし…で、多くのじん肺に関わる知識を教えてもらいました。私が参加したころは、提訴を前提とした戦略を練っているところのようでした。被告をどこまで絞り込むのかが議題だったかと思います。トンネルじん肺の集団訴訟であった「四国じん肺訴訟」を教訓にしながら全国で集団訴訟を提起するというものでしたから、議論は白熱していましたが、私にはなんのことやらほとんど分からず、ただ、聞いているばかりでした。いきなり、「スーパーゼネコン」だとか、「地場企業」などの聞き慣れない言葉のオンパレードで、企業一覧表なども配られており、その中心にいて、いかに効率的に力を結集して訴訟を展開するのか、あるいはすべきなのかを熱く語っておられたのが、山下先生でした。

福井にとっての関心事は、北陸三県の訴訟を金沢地裁に結集させるのか、福井地裁に提訴するのか、という問題でした。

全国弁護団としては、大手ゼネコン（背景に存在する国）に対峙して、一定水準を維持した訴訟を遂行するため、提訴する地裁を絞り込むべしという、戦略的に真っ当な議論をされていたと記憶します。東北は一本化を決定されていました。にもかかわらず、福井のじん肺訴訟（請求団）を支援する会は、「福井地裁での提訴」に非常に強くこだわりました。そうでないと運動にならないというこれまた極めて正当な意見でした。その結果、福井は、全国弁護団の戦略と異なる意見を述べることになってしまったのです。福井地裁提訴を主張する福井の弁護団（本当は地元支援する会）は、全国弁護団会議で若干孤立し、かなり苦悩したことは未だに記憶に鮮明に残っています。提訴する地裁を決定する弁護団会議の当日、山下先生の事務所に、福井の様々な団体（支援する会構成団体）から、福井地裁提訴を求めるＦＡＸによる要請活動（攻撃?）があった模様でした。実際見たわけではないので、その状況は分かりませんが、山下先生から、「なんか指示したんじゃないだろうな。朝からＦＡＸの山で大変だ」と言われたことは、これまた忘れられないエピソードです。山下先生は、この福井の動きに対し、それほど批判はされず、「分かるよ」とおっしゃってくれました。

提訴後も、本当に、何から何までお世話になりました。重要な局面では、わざわざ福井まで何度か出張ってもらいました（たぶん、心配でほっとけなかったのでしょうけど）。その度に、楽しいお話を肴に楽しいお酒を飲めたことも、もちろんです。特に、全国が和解に向かう局面での裁判官面談では、福井地裁でも山下節が炸裂し、当時の裁判所がその意気を受け止めてくれ、法廷で、和解に向けた所見を示してくれたことも、覚えています。

山下先生、全く無念です。いくら何でも早い。少なくとも、老後（いつから?）の仕事として、じん肺の活動・訴訟の集大成となるような書籍を書いて欲しかったのに。懇親会の席では時々武勇伝を聞かせてもらってはいたものの、断片的で、かつ酒を飲んでいる状況で聞いたので記憶があいまいです。貴重な経験を次の世代に引き継いでもらわないと困ります。

やはり、未だに山下先生がいらっしゃらないことが信じられないのです。

山下登司夫先生、ありがとうございました

弁護士　上條　剛

山下登司夫先生が亡くなられたことがいまだに信じられません。先生はバイタリティーにあふれ、まるでバリバリと音をたてるように仕事に取り組む姿しか記憶にありません。いつまでも最前線に立って社会的弱者のために身を粉にして活動し続けるのではないかと思っておりました。

山下先生と事件をご一緒させていただいたのは、弁護士登録して一年も経たない一九八六年三月に始まった熊谷過労死事件が最初でした。三菱電機の協力会社である信菱電気毛賀（けが）工場（所在地は、長野県飯田市）で唯一の品質管理責任者を務めていた熊谷さんが、一九八三年一二月一四日午後一〇時ころ本社工場内で、二六歳の若さでくも膜下出血を発症して亡くなった労災事件でした。タイムカード上の残業時間だけで毎月九九時間にも達していました。父は息子の無念をはらしたく医労連の支援の下で労災を申請しましたが、「所定内に消化できたはず」「必然性がないのに結果的に何となく残業してしまった」「残業が多いのは超過勤務手当取得を目的とした裁量的労働」等という工場長ら上司の証言を基に飯田労基署長は業務外認定を言い渡しました。過労死認定には、いわゆるアクシデント主義に立った旧労働省の一九六一年通達が使われており、一九八七年に認定基準が部分的に見直され

たものの、それでも過重負荷労働の対象を発症前一週間に限定するものでした。当時の労災実務は蓄積疲労という考え方には立っていなかったのです。

その事件に触れますと、信菱電気は一九八一年にプリント基板の組立部門を新規に立ち上げ若い熊谷さんを品質管理の責任者に抜擢しました。熊谷さんは三菱長野工場へ出張して技術指導を受けたり、女性従業員に作業工程を指導したりするだけではなく、品質管理業務の全部を独りで受け持たされました。いわば、熊谷さんがいなければ毛賀工場のプリント基板の製造ラインは回らなかったのです。三菱はロットアウト方式をとり、抜取検査で不良品が出ると納品したロット全部が戻されて製品全部の検査修理をやり直さなければならず、ときには「もっとよく見てください」という貼り紙まで付けられていました。こうなれば、長時間過密労働が強いられることは当然でしょう。熊谷さんは疲労困ぱいして昼休みダンボール箱の上で転寝する姿が見られるようになりましたが、さぼっていたと上司は証言していたのです。

労働保険審査会の審理段階から山下先生を団長とする七名の弁護団がつきました。労働者委員に資料提供するなどして粘ったのですが再審査請求は棄却され、一九九〇年三月一六日に長野地裁に不支給処分取消の訴えを提起しました。その間、品質管理の現場を知らねばならぬとの山下先生の提案で長野県佐久市内の工場や東京都稲城市内の工場へ出向きました。本物に接しないと正しい事実は見えないという現場主義でした。視察先では、一つでも不良品を出すことがどれほどのマイナスを生むかから始まって、品管の重要性を教えられました。

いつのことだったか、地元の支援者から、熊谷さんが発症当時本社工場へ行ったのは毛賀工場で通常の残業をした後、応援残業のために本社へ行き、そこでの残業中に発症したことを飯田市在住のHさんが知っているという新情報が寄せられました。これはアクシデントにつながりうる重要な情報でした。しかし、Hさんが正直に話してくれるか分かりません。弁護団はアポなしで自宅訪問して直接会うことにし、ある日の午後七時に飯田市内に集結することにしました。真っ暗な闇夜の中で弁護団は意を決してHさんに会いました。意外にもHさんは真相を正直に語ってくれました。Hさんは法廷でも証言してくれましたが、その後言い渡された判決でHさんの証言は具体的で迫真性があるとして全面的に採用されました。解決のために必要なことは条件が悪くともやり遂げる、これが山下先生の基本線でした。東京から飯田市までは高速バスで五時間くらいかかる遠い道のりでしたのに、先生は嫌な顔一つせずに率先して行動していました。事件現場が飯田市内、事件関係者もその周辺に集中していましたので、飯田市内に宿をとって弁護団会議をもつことは数知れず、そういう会議の後は、薄暗い居酒屋で「おたぐり」という地元特産の馬モツをつつきながらあれこれ話をしました。その後スナックに場所をかえカラオケもよくやりました。山下先生のオハコは唐獅子牡丹でした。

一九九五年三月二日に言い渡された判決は原告の全面勝訴でした。判決では、「遅くとも昭和五八年六月ころから、熊谷に著しい程度の疲労が生じ、これは死亡に至るまで回復することなく継続し、むしろ疲労の程度が増大していったものである。」「連続勤務が続き、深夜残業も多かったことが疲労を回復するための十分な休息をとることができなかったという点で、右疲労の程度の増大に関する最も有力な原因となったというべきであり、他にこれを上回る有力な原因を見出すことはできない。」と認定されました。今となっては当たり前ですが、相当期間に及ぶ長時間過密労働による蓄積疲労が有力な原因としてきちんと認定された点で、当時は画期的な判決と高く評されました。判決は一審で確定し、熊谷さんの無念は晴らされました。これは、山下先生の正しい理論構成と緻密な主張立証の賜物であり、さらに献身的な活動があったからこそでした。さらに、判決確定後に信菱電気に申し入れ、謝罪と解決金の支払いを内容とする和解契約まで成立させましたが、最後まで抜かりなくやり切るのも先生の持ち味でした。事件を通じて山下先生に教えてもらったことは山ほどありながら、その後の自分自身の弁護士としての活動にどれだけ生かせただろうかと思うと、実に心もとありません。

それからしばらくした一九九七年、山下先生から電話がかかってきました。トンネルじん肺訴訟を全国的に展開するから、第一段階として地元長野県内のじん肺被災者から聴取をしてくれという内容でした。当時、恥ずかしながらじん肺のことを何も知りませんでした。しかし、山下先生からの依頼とあらば、お断りするわけにはいきません。その電話がきっかけとなって、その後の長野県内におけるじん肺闘争に参加することになりました。ここでも先生は長野県内に足を運ばれ、裁判と運動の両面にわたって暖かく見守ってくださったことは言うまでもありません。

山下先生から大きな薫陶をいただきながら、それに報いることができなかったことが悔やまれます。先生のご冥福を心からお祈りします。

山下先生の思い出

弁護士　前田憲徳

1　山下登司夫先生とは、筑豊じん肺訴訟、トンネルじん肺訴訟を通じて長いお付き合いをさせていただいたが、先生に初めてお会いしたのは別の事件であった。

私が弁護士一年目の昭和六二年夏、福岡県の田川にあった大栄電気という電化製品の製造会社で労働争議が発生した。解雇された数十名の労働者（殆どが女性）が全日自労に組織され解雇撤回闘争を闘った。

山下先生は、全日自労の顧問弁護士であったことから、東京から田川に出向かれていた。地元では筑豊合同法律事務所（当時の名称は登野城・江上法律事務所）の登野城安俊弁護士が担当された。

北九州の私や同僚であった荒牧啓一弁護士は、労働者の賃金確保のために、雇用関係の先取特権に基づく強制執行事件を手伝った。

大栄電気で製造していたカラーテレビなどの電化製品を差押え、換金して配当するのである。ベルトコンベアーで次々と製造される商品を差押え、解雇された女性労働者が次々と運び出し、かつて映画館であった建物に集め、山下先生が東京から連れてきたバッタ屋に売却した。解雇されなかった労働者が作るテレビを雨合羽を着た女性労働者が黙々と運び出す様は、映画のワンシーンのように今も浮かんでくる。

差し押さえた物の中には、完成品としての商品の他に半製品もあったのだが、さすがにバッタ屋はこれを買おうとはしない。そこで、山下先生は、登野城先生手配の「田川の高級クラブ」で渋るバッタ屋をもてなし、とうとう大栄電気から運び出した製品を全部買い取らせることに成功した。

確か、強制執行は二日間のできごとであったが、山下先生は、渋る執行官に「俺が責任とるから」と無理を言って製品の差押えを執行させ、売却期間を短縮させて競売を実施させた。

手際が良いと言うか、強引というか、山下先生の迫力に押し切られ、あれよあれよという間に事は進んでいった。

この時のことは、じん肺の弁護団会議の後などに山下先生と呑んだ際、何度か話題にのぼりその度に大いに盛り上がったが、先生にとっても痛快な事件だったのであろう。

2　その後、筑豊じん肺訴訟で山下先生が飯塚に来られたときに再会し、その奇遇に驚いた。
筑豊じん肺訴訟で勝利した後、じん肺裁判はトンネルじん肺訴訟にシフトしていった。私もトンネルじん肺弁護団の一員として、各地の裁判や弁護団の全国代表者会議に参加したので山下先生とよくご一緒した。

山下先生は、会議でも裁判でも、そして飲み会でも、その場の中心であった。裁判では、事件につき、先生が最も良く分かっているので、裁判官も相手方代理人も一目おいていた。飲み会では声の大きい山下先生を囲んで実に楽しかった。

山下先生は、実務作業も自ら担い、手を抜かなかった。特にトンネルじん肺訴訟において、東京事務局と言われた中堅弁護士を主宰して、全国共通の膨大な準備書面や書証を次々と精力的に作成されてゆかれたのは圧巻だった。

このような先生への全国の弁護団員の信頼は厚かった。

3　私は、平成二六年度と二七年度の二年間、福岡県弁護士会の北九州部会長となったことから、平成二六年頃から、トンネルじん肺弁護団の全国代表者会議に出席していなかったので、山下先生とお会いすることが殆どなかった。

平成二九年五月下旬に思いがけず先生から電話があり、山口地裁宇部支部の事件を紹介したいとのことだった。久しぶりに先生の声を聞き近況を話して嬉しかった。ところが、その一ヶ月後に先生は亡くなられた。

今は、山下登司夫という偉大な弁護士に出会えたことに感謝している。

山下登司夫先生の思い出

北海道石炭じん肺弁護団・弁護士　長野順一

悪名高い長崎北松じん肺訴訟福岡高裁高石判決が最高裁で覆り、最終管理区分決定時を時効起算点とする判断基準と、現在の賠償水準が確立されこととなった。

常磐じん肺訴訟、長崎硫黄島じん肺訴訟では、管理二、三の非合併症の被害者に救済範囲が広げられた。細倉じん肺訴訟を含む多数の訴訟で、時効差別のない全員救済がはかられることとなった。

そして筑豊じん肺においてはじめて国の責任が認められ、働いた企業がなくなってしまった人も、国から賠償を受けられることとなった。

その後も、時効起算点や賠償水準について前進する判決や和解が相次ぎ、また、トンネルじん肺、金属鉱山じん肺、造船じん肺。アスベスト被害と救済範囲が広がっている。

さらに、最後は政治までをも動かし、被害予防や救済枠組を実現させつつある。

全国各地の独立した訴訟が、連携しながら全体で大きな勝利勝ち取っていくというのは、裁判を通じた闘いの一つの理想型である。

全国のじん肺訴訟は、まさにそのような闘いであったし、今もあり続けている。

その闘いの、まさに大黒柱というべき存在が山下先生だった。常磐じん肺、細倉じん肺を組織したのは山下先生であったし、また、トンネルじん肺が、全国が一つの弁護団のもとで闘って、国をも巻き込んだ解決を実現することができたのは、山下先生と小野寺先生が、二人三脚で全国を駆けずり回って闘いを支えたからにほかならない。山下先生なしにこれまで勝ち得たじん肺闘争でのすばらしい成果の数々はありえなかったことは間違いない。

私が弁護士として、じん肺訴訟に本格的にかかわるようになったときには、既に山下先生は、全国じん肺弁連の幹事長をしておられた。私にとっては、山下先生は、弁護士として雲の上のような存在であった。

これだけ大きないくつもの訴訟で、常に議論の先頭に立ち、いつも緻密な法律論を展開し、弁護団をリードした。また、仕事にも決して手を抜かない、厳しさがあった。全国トンネルじん肺訴訟では、私が担当して作成した原告の陳述書を山下先生が添削して、返してくれたことがあったが、自分なりにきちんと聴き取りをしたつもりが、修正と補充で真っ赤になって返ってきた。

それは、トンネル工事の工法や、作業現場の実態に対する私の知識、理解の不十分さを物語るものであったが、逆に、山下先生が、どれほど広い知識と深い理解をもっているかを目の当たりにした思いだった。そして、その不十分な点は決して見逃さず、的確な指摘がなされていた。

他方で、先生は、私達後輩の努力を適切に評価してくれたし、弁護団活動の中で人を動かす苦労を誰よりもわかっていて、悩みを話すと心から共感してくれることも多かった。

そんな山下先生を、私は一度だけ、激怒させたことがあった。筑豊じん肺訴訟でも北海道石炭じん肺訴訟の一審でも、相次いで国に敗訴し、北海道弁護団の中で、国には勝てないのではないかという悲観的な気持ちになっていたときのことである。

かつて、常磐地域には「大日本炭鉱」とい大きな石炭会社があったが、戦後すべて閉山し、会社も無くなっていた。

酒の席で、「常磐興産だけ相手にしていても展望は開けないのでは。」「大日本炭鉱で働いた労働者が多数いるのに何故、常磐地域で国を提訴しないのか?」「北海道と九州だけで闘っていても勝ち目はないのではないか。」と山下先生にかなり強く詰め寄ってしまった。

そのとき、山下先生は本気で、激怒された。実は、山下先生はじめ東京の弁護団でも、何とか常磐地域で大日本炭鉱の労働者を組織して国を相手にした訴訟を起こせないかと必至で原告の掘り起こしを行なっていたが、閉山が古い上、あえて国を相手にして裁判をしようとする人もおらず、提訴は実現できなかったのだ。

山下先生も、本当はできることであれば筑豊、北海道に続く、三つ目の国賠訴訟を提起したいと、誰よりも強く望んでいたにちがいない。

そのような先生の思いと苦労を知らずに、本当に失礼なことを言ってしまったと、心から反省している。

その件のあとも、山下先生はずっと、私や北海道の弁護団を励ましてくれた。

じん肺やアスベストの弁護団で活動するとき、いつも山下先生がいたし、それが当然のことと思っていた。

その山下先生が亡くなられて、失ったものの大きさを、日々感じている。

山下先生、本当にありがとございます。ご冥福をお祈りします。

山下先生の思い出

弁護士　須納瀬　学

山下登司夫先生が亡くなられてから、早くも一年が経過した。しかし、未だに先生が亡くなられたという事実が信じがたい。私は、一九八六年の弁護士登録以来ずっと山下先生の下で、常磐じん肺訴訟、トンネルじん肺訴訟、建設アスベスト訴訟に関わってきた。いまだに、建設アスベスト訴訟やトンネルじん肺訴訟の弁護団会議には、山下先生がひょっこりあらわれるのではないかと思ってしまう。

私は、一九八六年四月に弁護士登録し、文京総合法律事務所に入所した。しかし、山下先生は、前年に、小野寺利孝先生とともに文京協同法律事務所を設立されていたため、私自身は、一緒に文京総合に在籍したことはない。それでも、新人の年に山下先生から声をかけていただいて、共同して刑事事件を担当したのが、記憶に残っている。

その後、ほどなく常磐じん肺訴訟に関わるようになったため、弁護団の一員として、山下先生から指導を受けるようになった。

常磐じん肺訴訟では、福島地裁いわき支部で月一回のペースで開かれる裁判のために、前日から、なぎさ亭という旅館に集まり、弁護団会議を行うのが恒例であった。午後又は夕刻から夕食をはさんで行われる弁護団会議は、時には深夜にも及び、正式の会議が終わった後にも、一杯飲みながら、議論を続けた。そんな訴訟の日々は、大変というよりは楽しい合宿のような日々であったが、その中心にいて、明るく楽しい雰囲気を作りながら、議論をリードしていたのは、間違いなく山下先生であった。

そのような準備を重ねて臨んだ口頭弁論では、毎回、きちんと成果を上げていた。山下先生がもっとも得意とされていたのは、相手側の証人に対する反対尋問である。関係証拠を十分に読み込み分析するのはもちろんであるが、相手側証人から有利な証言を引き出すためのストーリーを幾重にも準備し、さらに前日の弁護団会議でも議論して、臨む。その上で、山下先生の特別なところは、法廷ではじめて顔を合わせた証人に心を開かせ、想定どおりに証言を引き出すところであった。

そんな充実した法廷が終わり、原告団への報告会が終わると、東京の弁護団は、一緒に常磐線の特急ひたちに乗り込み、買い込んだ弁当とビールで、反省会をしながら、東京に戻るという日々であった。

私たちは、いわき支部の弁論では、被告を圧倒しているという実感をもっていたが、いわき支部でも結審が見えていた一九八九年三月に出された長崎北松じん肺訴訟福岡高裁判決（いわゆる高石判決）は、弁護団に緊張をもたらした。特に時効の起算点を最初のじん肺管理区分決定時として多数の時効棄却者を出しており、これをそのまま適用されたら常磐じん肺でも大変なことになるのであった。当時、すでに最終準備書面に向けた時効論の準備書面が作成されていたが、これではだめだ、根本から作り変えなければいけないという方針を出したのは山下先生であったと思う。大学院時代から安全配慮義務と時効について研究されていた松本克美先生からも示唆をいただきながら、分厚い時効論の準備書面を完成させたのを記憶している。

当時、準備書面の作成作業は、文京総合法律事務所に集まって作業していた。その作業は深夜から、ほとんど徹夜近くに及ぶこともあった。そんな作業のあと、自宅の方向が同じであったので、山下先生と私は、一緒のタクね。」と話したのを鮮明に覚えている。
シーに乗って帰宅した。外堀通りを過ぎるときに、桜吹雪が舞っており、「花見の季節もおわってしまいました

そして、迎えたのが一九九〇年二月二八日の常磐じん肺訴訟の一審判決である。この前夜も、弁護団はなぎさ亭に集結して、判決予想や判決後の行動などについて議論し、緊張の中で判決言渡し日を迎えた。法廷では、高橋一之裁判長が、まず主文を言い渡した後、判決の要旨を読み上げていく。判決の内容が分かった段階で、幹事長であった山下先生が旗だしの指示をする。その判決は、具体的な事実認定で原告の主張を次々と認めていったばかりか、被告がじん肺防止対策をとらなかったことについて、単に過失ではなく、未必的故意があったことまで認定し、さらに、被告の消滅時効の援用は著しく正義に反し、権利の濫用として許されない、と断じた。高石判決に対する全面的な反論となりうる判決であった。その判決では、「弁護士費用」を認定するくだりで、弁護団の活動を高く評価する旨も記載されており、うれしかったのを記憶している。

私自身が常磐じん肺弁護団で果たした役割は、決して大きなものではなかったが、そこで教えられ、鍛えられた経験が、その後のトンネルじん肺訴訟や建設アスベスト訴訟に取り組む原動力となっている。

山下先生は、これらの訴訟において、常に「職人」であった。山下先生は、証拠や証拠に提出していない文献も含め、弁護団の誰よりも、細かく読み込み、事実を拾い上げてきた。それをまとめ上げて作成した準備書面、それに基づく証人尋問の迫力は圧倒的であって、それがまさに弁護士活動の基本であることを思い知らされてきた。

山下先生は、いつも、「無駄を厭うな」と言い続けた。ともすれば、仕事の効率化ばかりを考え、何かを調査することに意味があるのかどうかをまず考えてから活動しがちな我々に対して、一見無駄と思える作業の中から、大事なものが見つかるのだと言い続けてきた。

山下先生は、裁判官より書記官と仲良くなることが大切だ、と教えてくれた。裁判官に対しては強い態度で臨ん

でも、書記官に対しては、いつも丁重な態度を失わなかった。

様々な弁護士の基本を教えていただいた山下先生には、感謝の言葉しかない。改めて、ご冥福をお祈りします。

人権闘争の戦士・山下登司夫先生を想う

弁護士　中野直樹

四つの判決行動

私は一〇年前から首都圏建設アスベスト訴訟、そして五年前から「生業を返せ、地域を返せ！　福島原発訴訟」弁護団活動に参加している。アスベスト被害は我が国最大の労災職業病と言われているし、福島第一原発被害は最大の公害事件であり、いずれも現在進行の深刻な人権被害である。

二〇一七年九月二二日・千葉地裁（原発避難者訴訟）、一〇月一〇日・福島地裁（生業訴訟）、一〇月二四日・横浜地裁（建設アスベスト神奈川ルート二陣）、一〇月二七日・東京高裁五民（建設アスベスト神奈川ルート一陣）の判決行動に参加した。一ヶ月に集団訴訟の判決を四回も、しかも国の規制権限不行使の違法を問う事件の判決を連続して受けることは弁護士人生の中でも希有な経験である。私はこの四つの判決行動に参加しながら、山下登司夫先生のことを想い続けた。

山下登司夫弁護士と自由法曹団

私が山下先生を初めて「知った」のは自由法曹団員としてであった。山下弁護士は弁護士登録以来ずっと自由法曹団員のはずである。はずであるというのは、山下弁護士は団の古稀表彰を辞退され、ご本人による「七〇年の歩み」、あるいはご友人による紹介の記念文が存在しないので確認できていないからである。

山下弁護士は団の執行部・委員会などに参加されたことはなかったと思うが、実は長年に渡って継続して団の組織活動の一部を担ってこられた。団総会に向けて作成される議案書は執行部が書く。毎年の議案書の「労働者の権利をめぐるたたかい」の章の中に、必ず「じん肺とのたたかい」、「アスベストとのたたかい」の記述があった。私は、九七年頃から〇三年にかけて、事務局次長、事務局長として議案書書きの作業にかかわった。過去の議案書をみながら、団として「じん肺のたたかい」を論議した経験もないのに、えらく具体的・詳細に記載されていることが不思議だった。専従事務局にこの部分を何をもとに書くのだと尋ねたところ、いつからかわからないが、この項目のみ山下弁護士に外注され、一番早く原稿が提出されることが決まりとなっている、とのことであった。山下弁護士は、〇五年議案書では、クボタなどで働いた労働者や近隣住民が石綿被害にあっていることを取り上げ、「ここでも、効率優先の企業の姿勢と危険が予見できたにもかかわらず規制権限を行使しなかった国の不作為が犠牲を広げる結果につながっている。」と指摘されていた。

国の不作為の責任を問うたたかいに挑み続けられたこと

私は、〇八年から始まった首都圏建設アスベスト訴訟の弁護団に参加し、国の責任班メンバーとして山下弁護士と顔を合わせることが日常の風景となった。

山下弁護士は、最高裁判決の国の規制権限不行使の違法性の判断枠組みと判断基準の研究に力を注がれた。各事案ごとに根拠法令の趣旨・目的、保護されている権利・利益の憲法上の価値の位置づけ等について探究され、最高裁がどのような利益考量をしているかを深められた。山下弁護士は、常に問題の所在としての総論の議論を大事にし、そこに憲法から説きおこした価値の優劣を位置づけ、人権救済の使命をもつ裁判所が、規制行政庁の「裁量」に逃げ込む道を封ずることに心を砕かれた。大阪高裁でまさかの逆転敗訴をした泉南アスベスト訴訟最高裁では、山下弁護士のこの総論の弁論も力となって再逆転勝訴となった。

一一年三月一一日、福島第一原発事故が起こり、一三年から各地で原発事故被災者の集団訴訟が提起された。私は生業訴訟の弁護団となり、国の責任を担当することとなった。山下弁護士は、原発事故被災者訴訟について、究極の国賠訴訟だと評された。究極という言葉を使われたことについて、詰めて尋ねたわけではないが、これまでの最高裁判決の事案が、既に被害が発生しているときの国の規制権限行使の在り方が問われているのに対し、原発事故被災の事案は、未だ被害の発生がない段階での国の不作為の責任を問う、という点をとらえられたものだと受け止めた。

私がアスベスト弁護団活動の合間に山下弁護士にアドバイスを求めているうちに、山下弁護士から自分も生業弁護団に入るとの申し出がなされた。もちろんウエルカムだった。山下弁護士には準備書面も書いていただき、福島地裁の法廷にも通っていただいた。山下弁護士の活動は、抽象的な表現の国の規制権限不行使の違法性の判断枠組みに、人権救済の魂を打ち込もうとする法律家としての気迫に満ちたものであった。

ご自慢

告別式のご遺族の挨拶で、山下弁護士は仕事一筋の父だったと語られた。そんな山下弁護士にも道楽のひとときがあった。料理、お孫さんとの交流、写真。山下弁護士は料理は食材選びから始まると力説されていた。「とことん深める」という生き方が貫かれている。毎年正月、着物を着てお孫さんと浅草などに出かけることを楽しげにお話しされていた。

山下弁護士は自由法曹団通信の読者だった。私が時折投稿していた釣り・山紀行も読まれていた。お酒を飲んだときなどに自然と山の話となった。山下弁護士は若い頃に山登りをされていた。山下弁護士は単なる登山ではなく、本格的な山岳用写真機を担いで山に行かれていたそうである。笠ヶ岳を引合いに出して、通常の一眼レフと異なり、「山が立つ」のだと解説されていた。ご自慢の写真を拝見する機会をねだっていたが、これは叶わないこととなった。

昨年の夏、白山や会津駒ヶ岳に登ったときにチングルマを目にした。名前がいい。白い五枚の花弁の中央に黄色の雄しべ・雌しべが座る上向きの花姿の群落は、たくさんの笑顔が集っているような明るさがある。チングルマは花が散っても見せ場をつくる。花柱が伸びて、白く密生した毛が万歳をするように上に向かう。そこに朝露が落ち陽光に光りながらそよぐ姿はなんとも愛嬌がある。山下弁護士が一番愛した高山植物である。

無名戦士墓へ合葬させていただいたこと

一八七一年パリコミューン記念日の三月一八日、わが国の進歩と革新、平和と民主主義、国民生活を守るために活動するなかで亡くなられた方々に感謝と敬意をこめて追悼・顕彰する墓前祭が民主運動として連綿として続けられている。主催は日本国民救援会本部である。合葬される無名戦士墓は、青山霊園の中にある。

ご遺族のご了解を得て、私が推薦人となり、山下先生を二〇一八年合葬された一〇七三名の一人とさせていただいた。「東京　山下登司夫　七五　弁護士　全国じん肺弁護団連絡会議幹事長」と刻まれた銅製プレートが墓に納められた。私はこの式典に参列し、山下先生が先人たちとともに歴史という長い縦糸で結ばれた事業に献身する「戦士」として歩み続けられたことに感慨を深くした。

山下登司夫先生の思い出

弁護士　飯森和彦

私が山下先生を知るようになったのは、一九九七年から始まった全国トンネルじん肺訴訟に私もかかわるようになってからでした。提訴に先立ち、全国から東京に弁護士が集まり、全国に散らばる多くのトンネルじん肺患者をどのようにして速やかに救済するか、とてつもない数の元請ゼネコンを相手にどのように裁判を進めればよいのかなどが議論されました。その会議で中心となっていたのが山下先生でした。山下先生はそれまでにも多くのじん肺訴訟に参加され、豊富な知識と経験を持っていました。

その後、全国での訴訟の一環として、金沢地裁で初めてトンネルじん肺患者救済の裁判が提起されました。この種のじん肺訴訟の経験のない私たちのために、山下先生には東京から応援に来てもらいました。以来今日まで、国賠を含めたトンネルじん肺訴訟が北陸で続けられてきました。このような全国での訴訟を牽引してきたのが山下先生であったことは疑いありません。

私も弁護士になって三〇年を過ぎ、多くの弁護士に会ってきました。その中には忘れがたい弁護士が何人かおり、山下先生は間違いなくその一人です。法廷での大手ゼネコンの代理人を相手にした「武闘派」ともいうべき厳しい対応、それでいてトンネルじん肺についての詳しい知識を持つ「理論派」でもありました。それゆえに弁護団会議での発言は、私にはとても重みがあり、説得力のあるものでした。

晩年はトンネルじん肺だけではなく、建設アスベスト訴訟にもかかわり、しかも準備書面ではかなり重要な部分を自ら書かれていたようで、そのエネルギーには脱帽するしかありませんでした。

そのような山下先生が亡くなられたことを知り、本当に驚きました。しかし、先生の弁護士としての生き方は私たち後輩の心の中にあり、いつまでも消えることはありません。

山下先生、本当にご苦労様でした。また、いろいろとありがとうございました。安らかにお眠り下さい。

山下登司夫先生

弁護士　横山慶一

先生の訃報を聞いてから、一年以上の月日が経過しました。

全国トンネルじん肺訴訟五陣の青森県在住原告も、ほぼ全員の和解が成立しました。

東京原告になった青森県在住者の職歴の打ち合わせをしていたのが、先生との直接のやりとりの最後になってしまいました。お世話になりました。

道南じん肺訴訟では、私は、末席を汚す程度の役割でしたが、お世話になりました。

全国トンネルじん肺訴訟の最初の提訴であるゼネコン訴訟第一陣の東北ブロック訴訟では、鉄建公団（当時）の責任立証のために、公団直雇用だった原告の青森県内での泊まり込みの聴き取り、青函トンネル記念館での資料調査等、東京事務局の東北担当ということ以上に、東北ブロックの弁護団員以上に、取り組んでいただき、お世話になりました。

その後も、東北ブロックでの弁護団会議・弁論にも参加いただき、トンネルの工法等のトンネル工事の特徴や坑夫の作業内容等のお話や示唆をいただき、お世話になりました。

国賠訴訟でも、青函トンネルの工事の実態を明らかにするために、青函トンネルで直雇用やゼネコンの下請けで働いた原告の聴き取りのために、何度も青森県内に来ていただき、お世話になりました。

先生が、原告から作業実態や工事内容等の聴き取りをしているのを脇で聞いている中で、私も少しですが、トンネル工事のことが理解できるようになり、その後の原告からの聴き取りに役立ちました。お世話になりました。

こうして、先生の事を思い出していると、お世話になったことばかりです。先生よりも十数年後輩の私が、先生のお役に立つようなことは少ないとは思いますが、お世話になったことへのお返しが何もできていなかったことを悔やむばかりです。

本当に微力ですが、トンネルじん肺の根絶まで、弁護団の一員として努力をしていくことで、ほんの僅かですが、お世話になったお返しをしていきたいと思います。

また、憲法と平和を守る活動にも、微力ながら力を注いでいきたいと思います。

先生の早い旅立ちは、残念です。

山下登司夫先生、本当にお世話になりました。ありがとうございます。

合掌

豪傑山下登司夫先生との別れ

新・北海道石炭じん肺訴訟弁護団・弁護士
田中貴文

一　私とじん肺訴訟の関わり――山下先生との出会い

私の弁護士登録は一九八八（昭和六三）年四月である。弁護士登録後、北海道金属じん肺訴訟と北海道石炭じん肺訴訟の弁護団には入ったが、訴訟手続きはそれなりに進んでおり、自分の果たすべき役割が分からず、弁護団会議に出席して会議の後の飲み会に参加するという程度だった。

一九八九（平成元）年三月三一日に長崎北松じん肺訴訟の福岡高裁判決があり、東京で行動があるというので、特に弁護団の役割を与えられていなかった私が東京に行くことになった。長崎北松じん肺訴訟は既に地裁で勝訴判決を受けており、高裁で判断が変わることはないと思って、私は気軽に上京した。竹橋にあるリーダーズダイジェスト争議団の会議室が東京行動参加者の集合場所だった。

気楽に上京して会議室に足を踏み入れた瞬間、私は、異様な光景を眼にした。

北松じん肺訴訟の遺族・家族と思われる母さんたちが泣いているではないか……。

これが、世にいう「高石判決」である。高石裁判長は、こともあろうに、一審で認められた損害額を半分以下に切り下げただけでなく、「最初のじん肺管理区分決定から消滅時効が進行する」としてさらに一〇名の請求を棄却したのである。

高石判決を契機にして、「じん肺闘争支援東京連絡会」（東京支援連）が結成され、全国各地でたたかわれているじん肺訴訟を、被告企業本社がある東京の労働者が支援する体制が整った。

高石判決は眠っていたかつての私の闘志に火を点け、以降、私は、主にじん肺訴訟の法廷外のたたかいを担当することになった。全国じん肺弁護団連絡会（全国弁連）の会議にも出席するようになり、全国弁連の幹事長の山下先生と出会ったのもこの頃である。

二　常磐じん肺訴訟と山下先生——たたかいの主戦場は法廷外にもあり

常磐じん肺訴訟は、一九八五（昭和六〇）年九月に提訴していたが、高石判決は常磐訴訟でひっくり返すと山下先生は常に言っておられた。

言葉で威勢のいいことはいくらでも言えるが、これを実現してしまうのが、山下先生のすごいところだと思う。果たして、高石判決の翌年の一九九〇（平成二）年二月に、福島地裁いわき支部は、常磐興産の責任を「故意責任」であるとし、「消滅時効の援用は権利濫用である」として原告全員の勝訴判決を言い渡したのである。

この判決を引き出すために、山下先生をはじめとする常磐弁護団は訴訟上の主張・立証を尽くしたと思うが、それにも増して、法廷外での旺盛な運動の取り組みは、全国各地のじん肺訴訟の法廷外の運動を大きく変えることになった。

常磐興産は、炭鉱跡地に「常磐ハワイアンセンター」（現：スパリゾートハワイアンズ）を建設して経営していたが、常磐じん肺訴訟原告団・弁護団・支援は、「ハワイアンセンター」の入り口に、横断幕を掲げ、客に常磐じん肺訴訟のチラシを配布しているという。山下先生は、チラシの受け取りをよくするためには、ポケットティッシュも配るといいと言っておられた。

確かに、一般市民との接点を持つ被告企業にとっては、その営業拠点における一般市民である被害者からの責任追及は、目に見えない形で、ボディーブローのように利いてくることは間違いない。弁護士の職分としては訴訟上の主張・立証をどのようにしていくかに目を奪われがちであるが、被害者救済・早期解決のためには、訴訟上の主張・立証活動だけではなく、法廷外での責任追及のたたかいも重要なのだということを教えていただいた。

北海道じん肺訴訟でも、被告企業の背景資本である三井銀行（さくら銀行）、住友銀行、三井信託銀行、住友信託銀行などの札幌支店前での街宣・チラシ配りのほか、当時札幌市内でスーパーを経営していた住友石炭の「スーパージョイ」の前の歩道で横断幕を掲げて、街頭宣伝を行い、金属・石炭訴訟の解決を市民にアピールした。

三　被告企業との本社交渉――企業に和解の決断をさせるために

被告企業との本社交渉には、山下先生と何度も同席させてもらった。特に印象に残っているのは、三井鉱山（現：日本コークス工業）との本社交渉である。三井財閥の総帥団琢磨の肖像画が掲げられている三井鉱山本社（当時：日本橋室町三井本館）の会議室での本社交渉である。

山下先生の被告企業交渉のスタンスは、原告や支援が被害を訴えるなかで「誰が被害者で、誰が加害者なのか」

を明らかにさせつつ、「加害者としてなすべきことは何なのか」を被告企業に問いかけることだった。

被告企業の交渉担当者がまともな回答をしないことから交渉が長引いたり、交渉団が激高することもしばしばあった。原告代理人として、山下先生は企業の責任を厳しく追及する場面もあったが、企業の交渉担当者を廊下に呼び出して、次回は回答権限のある者を出席させるという確約を取って、交渉の場を収めるということもあった。

北海道金属じん肺訴訟のことだが、和解解決直前の本社交渉で、三菱マテリアルの取締役が交渉の場に出てきたのには正直、驚いた。山下先生から、被害者側の代理人として弁護士がやれる仕事の幅の広さを教えてもらった。

四　速度違反教唆事件

憲法学者星野安三郎先生が、「人間の怒りと悲しみに時効はない」と発言され、高石判決の見直しを求めるための行動として、一九九〇（平成二）年一〇月に「なくせじん肺全国キャラバン」が取り組まれた。

一九九一（平成三）年に取り組んだ「第二回なくせじん肺全国キャラバン」の北海道出陣式には山下先生が参加された。当時は、北は北海道、南は九州からキャラバンカーを同時に出発させ、各地での集会などをつなぎながら、東京に集結するという体制で取り組んでいた。札幌出発のキャラバンカーの運転手は、当時解雇撤回闘争中であった東京支援連の長岡良春さんだった。札幌を出たキャラバンカーは、夕方までに、当時、青函トンネルじん肺訴訟をたたかっていた道南じん肺訴訟の集会に参加するために、国道五号線を走行していた。まもなく函館に着くというときに、道路工事による渋滞に巻き込まれ、夕方の集会に遅れそうになったとき、山下先生は、長岡さんに「急げ」と指示したそうである。長岡さんが、培ってきたプロのテクニックでダンプカー三台を追い抜いたとき、警官のチェッカーフラッグがふられ、長岡さんに、自動車運転免許取得三二年目にして初めての速度違反の前歴をつけることになった。

反則金を山下先生が支払ったのは当然のことである。

五　おわりに

常磐じん肺解決の後も、山下先生は、北茨城じん肺、三菱細倉じん肺、トンネルじん肺、トンネルじん肺根絶訴訟、建設アスベスト訴訟などに取り組まれるとともに、三井金属神岡じん肺訴訟にも関わってこられた。

山下先生は、各訴訟の弁護団の中心メンバーとして訴訟活動に取り組みつつ、全国弁連幹事長として全国各地を飛び回って八面六臂の大活躍をされていたが、二〇一四（平成二六）年ころから体調を崩され、二〇一五（平成二七）年七月から私が全国弁連幹事長を引き継ぐことになった。本来ならば首都圏の弁護士が引き継ぐべきであると思うが、首都圏の弁護士は、現時点において最大の課題である建設アスベスト訴訟の中核を担っており、とてもその余力はない。

やむを得ず幹事長を引き受けはしたが、私の器ではとても山下先生のような役割は果たせない。それでもいいから、とりあえず次に引き継ぐまでと思っていた。そんな矢先、山下先生が急逝され、私は混迷を深めるばかりである。

山下先生が亡くなる間際まで起案していた建設アスベスト訴訟は、先生が亡くなられた後、ふたつの東京高裁判決が出され、ふたつの大阪高裁判決が出された。ここ数年で建設アスベストの帰趨が決するという時期に、その結末を見ずに命を落とされたことは残念であるに違いない。

しかし、いずれ人は死ぬものだし、その時期を自ら決めることもできない。

遺された我々は、山下先生から受けた様々な薫陶を胸に刻みながら、それぞれの持ち場でそれを生かしながらたたかい続けることをご霊前に誓うのみである。

山下先生を偲んで

弁護士　渡辺達生

私は、司法研修所四六期で今年（二〇一八年）弁護士二五年目をむかえます。何人も目標とする偉大な先輩弁護士がいらっしゃいますが、その一人が山下先生です。

修習生時代から、じん肺事件に興味を持ち、じん肺問題の修習生の勉強会に参加していましたし、弁護士登録後は、北海道石炭じん肺弁護団に加えていただきました。弁護団での私の役割の一つは行動要員で、東京でじん肺に関係する行動があるとよく参加していました。複数の争議団が一緒に行動し、それぞれの相手方の前で宣伝行動をするというものもありましたが、そのような行動にも、山下先生は参加されており、当時、北海道の新人弁護士で会った私にも親しく声をかけていただきました。その後も、じん肺関係の行動が多数ありましたが、山下先生といえば、そのような行動に率先して参加される、また、参加されている他の争議団を励まされるという姿勢が印象に残っています。

また、北海道石炭じん肺弁護団の合宿があると、必ず参加され、北海道弁護団の議論をじっくりとお聞きになる一方で、重要なここぞといった場面で、全国的な視点から重たい意見を言われていたことも印象に残っています。

また、筑豊じん肺の最高裁判決を受けて、北海道石炭じん肺訴訟の高裁判決をどのように獲るのかについて、北海道石炭じん肺弁護団の伊藤誠一弁護士と激論を続けており、東京でのトンネルじん肺弁護団の会議でお会いした際に、山下先生から、これだけは伊藤先生に伝えるようにと言われたことも思い出に残っています。細かい内容は忘れてしまいましたが、全国的なじん肺訴訟及び運動の観点から重要な意見を述べておられました。

トンネルじん肺訴訟が始まってからは、全国トンネルじん肺弁護団の一員として本当にお世話になりました。札幌の訴訟が、裁判官との関係が拗れたときにも適切なアドバイスをいただきました。やはり、この弁護団でも、山下先生は、弁護団の先頭に立ち、運動を進めるとともに、法廷では弁舌鋭い弁論を行い、準備書面についても率先して書かれていました。トンネルじん肺弁護団は、二〇年近くに及びますが、亡くなるまで先生のその姿勢は同じでした。

私は、多分、山下先生と最初にお会いした時と同じ程度の年齢とキャリアになってしまいました。山下先生を一つの目標に、山下先生のように、何時も運動の中心に身を置き、法廷活動・弁護団活動でも常に先頭に立ちたいという思いは持ってきましたが、山下先生に及ぶことなどできません。私も、まだしばらく弁護士を続けますが、少しでも山下先生に近づけるように、運動を励まし、労働者や社会的な弱者の権利を守る弁護士として、頑張っていきます。

山下先生、本当にありがとうございました。

山下登司夫先生との思い出

弁護士　小川杏子

一　山下先生との出会い

山下登司夫先生との出会いは二〇〇七年一一月、首都圏建設アスベスト訴訟の弁護団会議の場でした。

当時私は、その二ヶ月前に弁護士登録をしたばかり。まだわからないことだらけでしたが、修習生時代に、公害、薬害をはじめ理不尽かつ深刻な被害を受けている被害者を救済すべく奔走される先生方の活動を目の当たりにし、自分もそのような活動をしたいと考えていました。そのような折りに、首都圏建設アスベスト訴訟の弁護団会議を見学させていただいたのです。当時、弁護団は、翌年五月の提訴に向けて準備をしている段階でした。

会議当日は、とりあえず見学だけのつもりだった私に、「厚労省班で良いよね」と山下先生。当時は、偉大な先生にお声をかけていただいた認識もない私でしたが、穏やかながらも有無を言わせない雰囲気のお誘いに、私は弁護団に加入し、国の責任について検討するチームで先生とご一緒させていただくことになったのです。些細なきっかけでしたが、以降、一〇年間にわたり山下先生とともに活動させていただいた経験は、私にとって、何ものにも代え難い貴重な財産となりました。

二　山下先生と活動を共にして

これまで諸先輩方と事件を共にし、事件に向かう姿勢から多くを学ばせていただきましたが、その中でも山下先生は特別です。私が申し上げるのもおこがましいですが、俯瞰的な視点と緻密な分析力、徹底的な調査、被害の実相に迫り、妥協を許さずとことん追及する姿勢、まさに「職人」という言葉がそのまま当てはまります。もちろん、弁護士であれば当然あるべき姿勢ですが、何時でも如何なる場合も、常にその姿勢を貫くことがそう簡単でないことは、日々の業務を通じて実感するところです。

山下先生は、新人弁護士であった私の起案に真剣に向き合ってご意見をくださいました。何度も修正が必要となり、書面提出の締め切りぎりぎりになることも少なくありませんでしたが、先生は、最後の最後まで自ら手を加えず、あえて私自身に完成稿まで仕上げるよう求めました。おそらく、先生が手を入れてくださったほうが、先生ご自身にとっても時間的・労力的にどれだけ楽であったかわかりません。それでも、最後の最後までとことん付き合ってくださったことは、私にとって貴重な経験であり、感謝の言葉しかありません。

山下先生からのご指摘を通じて、常に被害に向き合う、法の趣旨から考えるという視点がいかに重要であるかを学びました。アスベスト訴訟に限らず、日々の業務においても、この視点に立ち返って考えることの大切さを実感しています。

三　事件活動を離れた山下先生の素顔

私が接する山下先生は、「職人」としての顔がほとんどでした。それでも会議や打合せの合間に食事をご一緒する機会等に、頬をほころばせてお孫さんのお話をされる様子など、（失礼を承知で）〝普通のおじいちゃん〟の顔をのぞかせることもありました。

また、先生の古稀のお祝いに、弁護団から「建設アスベスト弁護団」のラベル入りのお酒とぐい飲みをお贈りしたことがありました。議論をしているときの鋭い表情とはうって変わって、その時の山下先生の嬉しさと照れの入り交じった表情は、今でも忘れることができません。

さらに、とても意外だったことは、お料理がとてもお得意だということです。これも失礼な話なのですが、勝手な印象で、仕事一筋で台所に立たれることなどないのであろうと想像していました。しかし、ひょんなことから家庭のお話になったときに、「僕はね、料理はけっこうやるんだよ」とのお話に、興味津々でうかがうと、お料理が得意で魚も簡単にさばいてしまうとのことでした。曲がりなりにも主婦を三年間やっている私ですが、お料理の腕前も、とても先生には叶いそうもありません。

一点、心残りに思うことがあります。山下先生は、昔（若手・中堅弁護士時代）のお話をほとんどされませんでした。常々、先生が新人弁護士だった時代のお話、先生の活動の原点、どのようなご経験を経て現在に至ったのかなど、いつかじっくりお聞きしたいと思っていましたが、それが叶わないことになり、とても残念でなりません。

四　山下先生との最後の活動の思い出

二〇一七年四月末、首都圏建設アスベスト第二陣訴訟の期日で、山下先生と共に、作業実態に関する原告本人尋問を担当しました。中野直樹先生、長谷川悠美先生にも検討メンバーとして加わっていただき、打合せを重ねました。

打合せの際、山下先生がご冗談で、「これがもう最後の尋問だから」と仰ったのに対し、「いやいや、まだまだでしょう」とその場にいた皆で笑い合ったことが思い出されます。まさか、僅か三ヶ月後にその言葉が現実のものになろうとは、当時は思いもよりませんでした。

私事ですが、当時、新しい命を授かったことがわかりました。これから尋問の本格的な打合せに入るという時点で思うように準備ができず、申し訳ない思いで山下先生にお伝えしたのですが、先生はとても温かい言葉をかけてくださいました。準備を一部お任せすることもあり、後から思うと、先生も諸々大変な中でご負担をおかけしてしまったのではないだろうか…と思わずにはいられません。

山下先生がご逝去されたのは、この尋問を踏まえた準備書面を作成している最中でした。その一週間ほど前にもお目にかかり、打合せをしたばかりでした。急逝のお知らせを受け、しばらくは呆然とし、尋問調書を読むのも複雑な想いでしたが、そこには確かに、生き生きとテンポ良く尋問をしている先生の姿が刻まれていました。山下先生の最後の尋問をしっかりと成果物に、そんな想いで書面を完成させました。

これが最後の尋問――。山下先生のお言葉が現実のものとなってしまいましたが、最後の法廷で、先生と共に尋問を担当させていただいたことは、生涯忘れることのない思い出です。

五　最後に

山下先生、一〇年間本当にありがとうございました。先生との活動を通じて得た経験、学んだことを常に心に留め、今後の活動に取り組む所存です。

これまで本当にお疲れ様でした。どうぞ安らかにお眠りください。

偉大なる先達・山下登司夫先生へ

建設アスベスト訴訟神奈川弁護団・弁護士
田渕大輔

1　私が山下先生にお世話になったのは、建設アスベスト訴訟の闘いを通じてのことです。

建設アスベスト訴訟は、国と建材製造企業を被告として、全国六つの都道府県で闘われており、これまでに七つの地裁判決と四つの高裁判決が言い渡されています。その中で、神奈川一陣訴訟は、二〇一二年五月二五日に横浜地裁において判決が言い渡されたのですが、国及び企業の双方に負けるという全面敗訴の判決でした。

しかし、その後に言い渡された各地の判決では、全て国の責任が認められ、二〇一七年一〇月二七日に言い渡された神奈川一陣訴訟の東京高裁判決も、横浜地裁の判決を見直し、国及び企業双方の責任を認めるものとなりました。

控訴審で逆転勝利を勝ち取れたこと、特に全国で唯一、国の責任を否定した横浜地裁判決を覆すことができたのは、偏に山下先生のお力があればこそのことでした。

そのため、本来であれば、真っ先に山下先生に御礼と感謝を申し上げたかったのですが、判決の言渡を迎えることなく山下先生が亡くなられたため、それが叶わずにいました。

その代わりになればと思い、今回、この文章を書かせていただいた次第です。

2　山下先生に初めてお目にかかったのは、建設アスベスト訴訟を提訴した二〇〇八年のことだったと思います。ただ、その存在を強く意識するようになったのは、神奈川一陣訴訟において、横浜地裁で全面敗訴の判決を受けた後のことでした。

建設アスベスト訴訟は、建材に使用された石綿に、建築現場での作業を通じて非常に多くの建築作業従事者が曝露し、肺がんや中皮腫等の重篤な病を発症したことについて、国と建材製造企業に損害賠償を求めている訴訟です。提訴時において、既に多くの方が亡くなられていましたが、提訴後も次々と原告が亡くなり、生存しておられる原告も明日をも知れない状態で裁判を闘うという、本当に凄絶な訴訟です。

そうであるが故に、絶対に負けられない訴訟でした。また、石綿の危険性は古くから知られていたにもかかわらず、国は十分な対策を取ってこなかったのですから、今から考えると本当に情けない話ですが、容易に負けることはないとも考えていました。

そのため、神奈川一陣訴訟で全面敗訴の判決を受けた時は、この困難な状況から、どのように巻き返していくのか、我々神奈川の弁護団だけでは、展望を切り開くことができずにいました。

そのような、まさに弁護団全体が意気消沈している中で、山下先生は的確に敗因を分析し、東京高裁で逆転勝利するために何が必要なのかを力強く語って下さいました。山下先生の言葉には強い説得力があり、その分析の的確さは、横浜地裁での我々の訴訟遂行に欠けていたものでした。

山下先生の言葉は正鵠を射るものであるが故に、神奈川弁護団の足らざる点を浮き彫りにされ、耳に痛いこともありました。しかし、山下先生の力強い檄は、全面敗訴の判決を受けて、動揺していた神奈川の弁護団を引き締め、控訴審での闘いへと強く背中を押していただくものでした。

東京高裁での闘いは五年余りにわたって続きましたが、判決の言渡を受けた今から振り返ると、横浜地裁での敗因、控訴審での主張・立証、そして、その後の逆転勝利は、全て山下先生が分析されたとおりになりました。その慧眼に対しては、心底、敬服しましたとの言葉しか思い浮かびません。

3　山下先生は、七〇歳を超えられてなお、自ら数十頁にも及ぶ起案を行い、若手が書いた書面にも目を通され、的確な指摘を行って下さいました。そのエネルギーは底知れぬものでした。

会議の席で鋭い指摘を繰り返す山下先生には、近寄り難さを感じることもあり、畏怖すべき存在でもありました。ただ、そのような山下先生の厳しさは、優しさの裏返しだったと感じています。

建設アスベスト訴訟では、多くの建築作業従事者が、何の落ち度も無いにもかかわらず、建築作業を通じて曝露した石綿粉じんによって、命を奪われ、体を蝕まれています。国の誤った政策と企業の金儲けのために、多くの人の幸せが奪われたのです。現に病に苦しんでいる原告、一家の大黒柱を失い、精神的にも経済的にも苦しんでいる遺族、多くの人の悲しみや絶望がそこにはありました。

それだけに、絶対に勝たなくてはいけない、こんな不条理、不正義を許してはならない、その思いが、山下先生のエネルギー源だったのではないかと思っています。

4　山下先生には、圧倒的な存在感がありましたから、まさか、建設アスベスト訴訟の解決を見ずに亡くなられるとは、夢にも思いませんでした。ご本人も、さぞかし無念のことだったと思います。

今となっては、山下先生から、いろいろとお話を伺ってみたかったという後悔が残ります。また、神奈川一陣訴訟の東京高裁での勝利に、他の誰よりも力を尽くされた山下先生に、心からの御礼と感謝を申し上げたかったです。

そのような機会が失われてしまったことは、大変残念なことではありますが、山下先生の事件に取り組む姿勢からは、多くのことを学ばせていただきました。事件への情熱や被害者への共感といった熱い心を持ちながら、冷静かつ的確に分析を行う姿は、建設アスベスト訴訟のような集団訴訟に取り組む弁護士の、まさに鏡でした。

国の責任を裁判所に認めさせる上で、最も重要である国の規制権限行使のあり方について、過去の最高裁判例を分析された上で、「いいか、ここに喰らい付け。喰らい付いたら絶対に離すな。」と弁護団に檄を飛ばす姿は、まさに戦に臨む大将の姿そのものでした。

二一世紀になり、昭和という時代もすっかり遠くなりましたが、山下先生は、昭和の男を感じさせる弁護士でした。中途半端な優しさを見せるのではなく、自らの仕事に誇りを持ち、自分にも他人にも妥協を許さない。男は余計なことは口にせず、背中で語るものだなどという美学は、今の時代では古くさいのかもしれませんが、山下先生の背中は、私を含め、後輩弁護士たちに多くのことを教えて下さいました。

山下先生へのご恩返しができるとすれば、それは建設アスベスト訴訟において勝つこと以外にありません。裁判に勝って、理不尽な被害に苦しんでいる方たちを救済する制度を実現する、そのことが、山下先生への何よりの弔いであると思っています。

訴訟の勝利と最終的な解決を実現できた時、山下先生であれば、きっと一声かけて下さると思います。「なあ、俺の言った通りになっただろう。」と。

山下先生が我々に示して下さった勝利への道筋を現実のものとするために、これからも、建設アスベスト訴訟に全力で取り組んで参る所存です。

山下登司夫先生との想い出を振り返って

弁護士　森　孝博

弁護士一年目に、たまたま事務所の先輩である小林容子弁護士に誘われて、建設アスベスト訴訟の弁護団会議に参加したのが山下先生との出会いでした。それから約九年間、山下先生の四五年以上の弁護士人生からみると、その五分の一ほどの短い期間ですが、それでも議論も起案も、絶対に妥協せず、とことん追求する山下先生の背中を追いかけて、本当に多くのことを学ばせていただきました。その中で特に印象に残っている私の想い出をいくつか振り返ってみたいと思います。

一つ目は、建設アスベスト訴訟の原告寳田幸男さんの被害尋問（二〇一〇年九月）です。山下幹事長、佃事務局長という豪華メンバーの監督のもと、弁護士二年目の私が主尋問を担当することになり、尋問本番よりリハーサルの方がずっと緊張しました。リハーサルで寳田さんが答えに詰まった際、山下先生から「寳田さんでなく聞き方が悪い」と厳しいご指摘を受けたこともありましたが、全くもってそのとおりです。今も尋問準備の際には、この時のことを思い出して自分の作った尋問事項を見直すようにしています。

二つ目は、建設アスベスト訴訟の国側証人・東敏昭氏の反対尋問（二〇一一年二月）です。論文からブログまで徹底的に分析して準備する山下先生の仕事ぶりは正に「職人芸」で、対策会議後の酒の席でも、専門家証人への反対尋問の「秘訣」を教えていただき、駆け出しの弁護士にとってかけがえのない貴重な経験になりました。尋問本番も、どこかよそよそしい国指定代理人の主尋問に対し、東氏のブログまで読み込んで準備した山下先生の質問には、反対尋問なのに東氏も感銘を覚えたようで、尋問終了後、東氏が国指定代理人より山下先生と親しげそうだったのが強く印象に残っています。

三つ目は、起案です。納得の行く書面ができるまで議論と作業を重ねて、ときには終電がなくなってしまったこともありましたが、「あまり年寄りに仕事をさせるな」と言いつつ、いつも弁護団の誰よりも率先して起案をするのが山下先生でした。締め切り間際まで作業をして完成させた準備書面の清刷をじん肺弁連事務所に置いて電車で帰る途中、山下先生が「コピーを見返していたら、さらに手直ししたくなってきた。」と何気なくおっしゃったとき、その徹底ぶりに本当に驚かされました。建設アスベスト訴訟一陣地裁の最終準備書面では、私が総論の起案を一部担当することになり、山下先生から「建設アスベスト被害と加害の構造に法社会学のメスを入れる書面を」と発破をかけられ、大変なプレッシャーの中、締め切りギリギリまで何度も書面を書き直したのも鮮明に覚えています。書面提出後、「なかなかよく書けているのではないか」と声をかけてもらえたのは嬉しかったです。

四つ目は、石綿建材の製造禁止の追加主張（一九九五年時点の製造禁止の規制権限不行使）です。アスベスト被害防止のために早期の石綿建材の製造禁止が不可欠であったにもかかわらず、なかなか裁判所の「壁」を突破できない中、二〇一五年夏に山下先生から「一九九五年の違法性に焦点を当てた補充主張をする必要があるのではないか」との提案がありました。そこで、山下先生と私で半年ほど準備をして、二〇一六年一月に書面を提出したのですが、その一ヶ月後に大阪地裁で建設アスベストで初となる製造禁止の規制権限不行使を違法と断罪する判決が言い渡され、山下先生が笑いながら「ほれ、俺の言ったとおりだろ。」とおっしゃったのが忘れられません。

五つ目は、厳しい局面で原告団や弁護団を鼓舞しながら、道を切り拓いていく幹事長としての山下先生の姿です。大阪泉南アスベスト一陣高裁判決（二〇一一年八月）や建設アスベスト神奈川一陣横浜地裁判決（二〇一二年五月）など、耳を疑うような司法判断を前にして、原告団や弁護団が意気消沈しそうになるとき、判決の問題点や弱点を的確に分析して、たたかいの展望を示してくれたのは山下先生でした。また、建設アスベストのメーカー責任でも、東京一陣地裁判決を冷静に分析して、こちらの主張にも未だ足りない点があったのではないか、と問題提起をしてくれたのは山下先生でした。その後、大阪泉南アスベスト一陣高裁判決は最高裁で破棄差戻しとなりました。上記横浜地裁判決に続く東京一陣東京地裁判決では国に勝訴、京都地裁判決と神奈川二陣横浜地裁判決ではメーカーにも勝訴し、建設アスベスト神奈川一陣の控訴審である東京高裁五民判決では国とメーカーに逆転勝訴することができました。東京一陣訴訟の東京高裁一〇民判決では一人親方等に対する国の責任も認められました。山下先生の蒔いてきた種が少しずつ芽吹き、全面解決への途が拓きつつあるように感じます。私たち弁護士が裁判官に代わって判決を言い渡すことはできませんが、それでも様々な創意工夫を尽くして裁判官を説得し信頼を得て、なんとしても被害救済につながる判決を勝ち取る、という「勝利への執念」こそ、山下先生が名幹事長たる所以で、私たち若手弁護士が見習わなければと強く感じます。

これら以外にも、厚労省前集会で担当した司会役について「君は屋外向きだな。」とお褒めの言葉（?）をいただいたり、トンネルじん肺東北ブロック訴訟の期日後に、仙台駅で新幹線が来るまでの空き時間にビールを飲みながら、仙台修習時代のこと、百里基地訴訟のこと等、普段なかなか聞くことのない山下先生の新人・若手時代のお話を聞いたり、様々な想い出がよみがえってきます。

二〇一六年六月には、トンネルじん肺東京訴訟原告の陳述書作りが佳境を迎えていたのにもかかわらず、私が風邪をこじらせて肺炎になってしまったため、私の担当部分も山下先生にご負担をお願いすることになって大変なご迷惑をおかけしたのですが、まさかその一年後に山下先生とお別れの時を迎えることになるとは夢にも思いませんでした。一年が経った今でも信じられない思いです。山下先生も、ご自身の弁護士人生の集大成と位置付けたトンネルじん肺訴訟と建設アスベスト訴訟の解決を見ることなく旅立たれたことは心残りであると思いますし、私の起案には「まだ甘い」と歯がゆい思いをされているかもしれません。また、山下先生の弁護士キャリアにも満たない歳の後輩であるにもかかわらず、色々と目をかけて鍛えていただいたのに、きちんとお礼を伝えることもできないままで申し訳ありませんが、山下先生の技と心を受け継いで、トンネルじん肺と建設アスベストの両訴訟の解決に尽力することが、せめてもの恩返しと考えています。

山下先生、ありがとうございました。

組合よりも〝組合的〟だった山下先生

全国トンネルじん肺根絶闘争本部長
佐藤陵一

山下登司夫先生の労働組合における足跡は私とも重なり、長いもので四〇年におよびます。建交労につながる建設一般、その前身の全日自労ですが、組合は新たな仲間を結集し、組織を発展させてきたその時々、いつも権利擁護が重要な課題でした。先生は全日自労の時代から、顧問弁護士として毎年、全国大会にあいさつに来られていました。代議員席からの私には、最初の一言が楽しみでした。「弁護士らしくない」と思ったことを覚えています。当時は、「非正規」などというハイカラな言葉はありません。「不安定雇用」と言っていましたが、組合は「非正規」の先がけのような各分野のたたかいに日々追われていました。低賃金・無権利と失業・半失業など、まさに「失業と貧乏」に反対するたたかいの連続でした。

こうした中で、山下先生を「ダンプの弁護士」として一躍有名にしたのが、砕石、合材、建設会社で働く白ナンバーダンプの運転手の権利闘争でした。「車持ち労働者」としての労働委員会判断や裁判など、労働者性を前進させる現在にもつながる成果でした。「白ナンバーは違法」ではなく、労働者として団結権が保障され、労災その他の社会保険への加入権があるとする勝利は、ダンプの仲間たちを勇気づけました。過積載の根絶、左折事故防止の視界改善車などマスコミも注目し、組合の社会的影響力を広げるものでした。

山下弁護士は会社の「スト破り」に体を張って抗議する先生でした。夜中に警察署に押しかける仲間とともに、弾圧を許さず、仲間の釈放要求の先頭にその姿がありました。

山下先生が急逝されるまで、私が直接的にお世話になってきたのがじん肺闘争です。初めて私がじん肺に関わったのは、青函トンネルの北海道側に立ち上がった「もぐらの職場」の函館支部吉岡分会を通じてでした。道南じん肺裁判からも四半世紀が経ちます。何度か、オルグに入りましたが、当時、私にはじん肺の知識はなく、じん肺が問題になったのは仲間たちの退職後、「三大職業病」が発症し始めてからでした。四国裁判が提訴され、「鉄建公団」を被告に山下先生の強烈な「指導」があり、道南じん肺裁判が始まったのでした。

トンネルじん肺裁判は、請求団裁判、根絶裁判と継続し、時の政府と政策合意書を交わす金字塔を打ち立てましたが、現在も第五陣がたたかわれています。これらの経緯等については他の方々に譲ります。

私はトンネルじん肺裁判における全国弁護団の幹事長、まさに扇の要だった山下登司夫先生の果たされた役割をいま一度、確認したいと思います。私の目に写ってきた山下先生は、いつも原告、家族に対して優しさいっぱいでした。「どうも、どうも」と先生が仲間たちの前に登場すると、まずは安心感が先に立ちました。話し方は決して〝法律的〟ではないのですが、裁判の争点やたたかいの意味がよくわかったのは、先生の「すごさ」だったと思います。トンネルじん肺裁判は、労働組合と原告・家族、弁護団との「三者協議」、全国弁護団と闘争本部役員の「全国合同会議」が定期的に行われ、その団結がたたかいの基礎にありました。たたかいの局面では当然のこととして、難しい議論も生まれます。こうした場面では山下先生の存在が大事でした。先生は、トンネル坑夫以上に現場を知っていました。そして「ハッ」とする指摘がありました。トンネルじん肺裁判は、原告から見れば「先生、お願いします」の裁判ではなく、自らが主体となり、じん肺の根絶をめざすたたかいの一環でした。先生はこうした視点を貫かれていたのだと思います。

労働組合にとってじん肺闘争は被害の救済にとどまらず、政策転換・制度創設の法廷外の大衆闘争、政治闘争が大きな関わりを持ちます。これは現在も同じです。組合よりも〝組合的〟だった山下登司夫弁護士ならどう考え、判断されるだろうか。その地歩に一度は立ち止まり、トンネルじん肺闘争を前進させていく決意です。

山下先生、全日自労以来、ほんとうにお世話になりました。安らかにお眠り下さい。

山下先生を偲んで

東京支援連事務局長・東京地評副議長
柴田和啓

突然の訃報に触れて

昨年（二〇一七年）の六月初めに行われたじん肺キャラバン実行委員会で、いつもと変わらない先生にお会いしたのが最後となりました。あまりにも突然のことに、信じられない思いでいたこと思い出します。

私は四〇年ほど前、建設一般全日自労（現建交労）東京都本部の専従になりました。先生は、組合本部の顧問弁護士でした。新米の専従者が未組織労働者からの困難な相談にあたると、本郷にあった先生の事務所を訪ね、アドバイスを受けていました。

いま思うと先生に持ちかけるような事案ではなかったように思います。事に望むに当たり確信を持ちたい一心でのことだったかと思います。忙しい時間を割いて丁寧に対応していただいたこと思い出します。

その後、一九九七年に東京地評の常任幹事となり、じん肺支援に加わり、九州や北海道、トンネル現場などの現地調査や裁判支援行動に同行をさせていただきました。じん肺加害企業や国に対する解決を求める要請の折に放たれる気迫ある一言一言に圧倒される思いでいたことなど思い出されます。

何よりも、そのことが切っ掛けとなり、全日自労の失対闘争や思川ダンプの解雇闘争時の忘れられない貴重で楽しい話を聞かせてもらいました。おおらかであり、繊細であり、大胆な先生の人柄を知る機会でしたし、私自身、掛け替えのない時間でもありました。

じん肺闘争支援行動にて知り感じたことを記し追悼文に替えさせていただきます。

石炭で思い出すこと

小学校低学年時代の教室の暖房は石炭ストーブでした。冬になると校庭の片隅に建てられていた石炭貯蔵庫から教室まで、毎朝決められた当番が黒光りする石炭を運んだこと。休み時間、貯蔵庫の中に積まれた石炭の上で遊んだこと。石炭の粉を付けて家に帰り母親に叱られたこと。家の風呂の燃料も当然石炭。秋田の父・母の実家に向かう時、トンネルの手前で一斉に汽車の窓を閉めたことなど、石炭と言えばそんな思い出があります。

そして、学校からも家庭からも石炭から石油に変わりました。巨大企業の誕生の影で多くの労働者・家族が犠牲になっていたことなど知る由もありませんでした。

炭鉱の当時と今を知るのは、支援連として閉山後の炭鉱を尋ね、当時の様子を語り聞くことからでした。

閉山で残されたもの

じん肺訴訟被告企業である三井、三菱、住友など独占資本は、明治以降、石炭産業を基盤に資本を肥大化させた企業ばかりです。そして、一九六〇年初頭の「原油の輸入自由化」により石炭から石油へとエネルギー政策の転換を進める政府と一体となり、国策である石炭産業の縮小を進め、九州や北海道を中心とした炭鉱を次々に閉山させました。一九九七年三月に日本最大の炭鉱であった三井三池炭鉱、二〇〇二年一月には日本最後の炭鉱である北海道太平洋炭鉱を閉山させ、豊富な埋蔵量を残し国内の炭鉱を閉じました。労働者の反撃は一九五九年一二月の三井鉱山が行った大量解雇に対し、当時の総評が中心となり、「総資本対総労働」と呼ばれ、死者まで出す大きな闘いが組まれました。

一九五五年以降、九二八の炭鉱が閉山し離職者は二〇万人を超えたと言われています。石炭産業の合理化は、閉山に向けながらも無理な採炭のノルマを課し、熱と炭塵の舞う過酷な坑道での労働を強い、閉山・首切りを繰り返しました。安全軽視は炭塵爆発、落盤やガス中毒による犠牲を強いました。また、じん肺被害を広げました。じん肺法のもと、石炭の増産を管理する通産省が安全衛生の管理責任を負う仕組みを持ったことから、安全衛生管理の指導を企業と一体で疎かにしてきました。

じん肺訴訟で、企業責任に留まらず国の責任が問われた理由です。

非人間的な扱いへの断罪

職を失う苦労のみならず、家族のため、将来のためにと過酷な労働環境に耐え働いてきた労働者の怒りは、企業も国も「じん肺」の恐ろしさを教えることなく、体調不良を訴えても会社の管理する病院からは、「炭鉱風邪」など偽りの病名をつけ、だまし、限界まで働かさせ、時には、じん肺罹患の事実を知らせず、重症化した労働者を使い捨てにしてきた現実にあります。

閉山になり、再就職先企業から「じん肺」であることを知らされ、働くことができなかったと訴える原告。定年後の第二の人生の楽しみを奪われるだけでなく、働き手を失った妻と子供たちの苦労。自ら命を絶つほど辛い闘病する仲間の姿に、いつか自身もと思う恐怖とのたたかい。残されたのは、家族共々、決して治ることのない「じん肺」との長く苦しい闘病生活と生活苦でした。とりわけ下請労働で働く労働者は、差別され、労働環境や処遇の格差は大きなものであったと言います。

原告から聞かされる話で共通したことは、古くから恐れられていた「よろけ」じん肺に罹らないためには「こんにゃくを食べればいい」などとだまされて働いたこと。「じん肺の恐ろしさを教育されていれば決してこれほどの被害にならなかった」と企業に対する怒りの声でした。

一九九七年三月に閉山された三井有明炭鉱を訪れた折、分裂させられた第一組合で闘ってきた原告から、組合差別の徹底ぶりの例として「坑道に入る鉱夫が第一組合か第二組合かはヘルメットの印で判るようにされていた」と聞き驚きもしました。

労働者の分断は、安全コストを最小限に抑える炭鉱資本の常套手段です。

北松じん肺・不当判決と東京支援連

炭鉱が閉山され、職を失ったじん肺に罹患した炭鉱労働者は、泣き寝入りすることなく、三井・三菱・住友・日鉄など主要な資本を相手に、訴訟に立ち上がりました。

一九七九年、長崎北松じん肺が提訴。その後、常磐じん肺、筑豊じん肺、伊王島じん肺、北海道石炭じん肺など次々に元炭鉱労働者がたたかいに立ち上がりました。さらに、炭鉱・鉱山に留まらず、トンネルじん肺、造船じん肺、建設アスベストなど、全国的にじん肺アスベスト訴訟が立ち上がり「なくせじん肺・アスベスト」へとたたかいが引き継がれ、企業のみならず国を相手とする訴訟が展開されています。そして、判決は、被告企業の責任はもとより、粉じん防止対策を怠った国の怠慢を断罪する判決が次々下されました。

たたかいは、じん肺の根絶を求め「あやまれ・つぐなえ・なくせ」「すべての労災職業病の根絶」をスローガンに全国を駆け巡り、今年で二九回が取り組まれました。

困難とされたじん肺救済と撲滅の闘いは、被害者である患者原告の声であり、不当な判決を乗り越えたたかい続けた原告と弁護団、そして、全国の支援組織のたたかいでもあります。同時に、訴訟によらない解決を求める取組みも進み始めています。

一九八九年三月三一日、長崎北松じん肺訴訟の福岡高裁・高石裁判長は、被害実態を無視し被害者を切り捨てる「不当判決」を下しました。東京で報告を待っていた弁護団と支援の仲間は、不当判決の一報を受け東京支援連が結成されました。

当時、九州の地で立ち上がった訴訟原告団・家族は、遠く離れた東京に要請に訪れ、組合を訪ね、握ったことのないマイクに戸惑いながら支援を訴えたと聞きます。

北松の仲間は「使い捨てられてたまるか」と自分らに被った肉体的・精神的苦痛、経済的損失を放置することは、他の労働者に同じ苦しみを与え続けることになる、との思いも込め、自分自身のこと家族や仲間のことを要請の折に訴えられたそうです。その訴えに応え、長崎北松じん肺判決の前年の八八年、千代田区公会堂で「じん肺の根絶と被害の早期救済を求める一〇〇〇人集会」が開催されました。そして、世論に訴える「なくせじん肺全国キャラバン」が一九九〇年からはじまり、今年で二九回を数えます。

一九九四年二月二二日、長崎北松じん肺最高裁判決で、福岡高裁・高石判決を「法令の解釈、適用を間違っており違法」と断罪し、高石判決を破棄し差し戻す判決が下され、一六年にわたるたたかいに勝利します。

たたかう支援の原動力

日鉄じん肺控訴審の最中の一九八六年八月、千代田区労協などが中心となり九州の現地調査が行われました。その後、幾度となく行われた現調は、原告を持たない東京支援の闘う力の源となりました。原告団・家族との交流が九州や北海道の炭鉱や造船、そしてトンネル工事現場などの現地調査に赴き、労働の実態を聞き交流を重ね、裁判の結審や判決日の傍聴参加。そして、勝利集会に参加し喜びを共にし、次なるたたかいのエネルギーとしてきました。人を人として扱わない企業・国に対する強い怒りを共有してきました。

三井記念病院を訪れた時の光景が忘れられません。病室に入るドアは厳重に管理され、病棟に向かう階段やドア、窓には鉄格子が設置されていました。病室のベッドにいる患者さんは重篤な方ばかり。肺が機能しなく、仰向けで寝ると、せきと痰が止まらないため、また石のように重い肺から逃れるためか、息苦しさからかベッドに上半身を半分起こすような姿勢で横たわっていました。酸素を吸入し、痰を吸いだすため喉を切開し管を付けられている人。栄養をあたえるため鼻に管を通されている人。痛み止めの点滴などなど、苦しみは想像を絶するものでした。

鉄格子は、苦しさから多くの患者が投身自殺したことから防止のためだと。

死の間際に自らの「肺を死後摘出し裁判で役立てるよう」遺言された日鉄じん肺原告であった大宮金三さんの肺は、法廷に提出されました。尋問に立った解剖医は「岩粉でコンクリートを塗ったみたいになっており、重さは人の三倍」と証言したと聞きました。そのときの福岡高裁・立石裁判長は「安物のビーフステーキのようだ」と遺族の前で言ったそうです。

コストのカットで奪われた人命

地中深い蒸し暑い粉じんの舞う坑道での作業にもかかわらず、じん肺の危険性を十分承知の上で、安全に対するコスト削減を徹底し、まともな粉じん対策・教育を怠り、安全配慮義務違反を常態化させ、罹らずにすんだじん肺に罹患させた被告企業に共通するものは、労働者を人として扱わない冷酷な資本の姿そのものです。

三井三池炭鉱跡地を尋ねた折に、地元の歴史家から語られた炭鉱の歴史は、衝撃を通り越す内容でした。囚人労働そして強制労働でつれられてきた中国人の扱いは特にひどく、牛馬のごとく扱い、じん肺に罹患し働けなくなれば、息あるうちに井戸に放り込んでいたことなど、心震える思いで非人道的な行為を続けた企業の歴史を聞き、「人を人たる扱いをしない」資本の本質を思い知らされもしました。

このように、現地調査では、自殺防止用の鉄格子に囲まれた病室で横たわる患者さんの姿から、改めてじん肺の残酷さを知り、患者原告を抱えながら必至に闘うご家族、何よりも命と引き替えてでもたたかい続ける決意を固められた患者原告との交流が貴重な時間と体験となりました。

被告企業を圧倒する要請行動

被告企業の本社が東京に集中しているため、全国の原告、弁護団と共にキャラバン行動はもとより、被告企業や国に対する解決を迫る要請行動はことあるごとに頻繁に行われました。

じん肺弁護団の要請時の迫力には感動する場面がいくつもありました。また、厚労省や経産省との要請行動では、最近は行いませんが、国会議員会館の会議室を埋め尽くす原告と弁護団、支援からの鋭い追求に、行政側から出席したメンバーが、たじろぐ場面もしばしばでした。特に、山下先生の追求は迫力のある道理ある追求であるだけに、行政側も回答に窮する場面がしばしばでした。

山下先生のこと

山下先生は、ここ数年は、ご家庭のことなどもあり、鈴木先生や井上先生へとバトンタッチされ、東京支援連の会議に参加することがなくなっていましたが、それまでは、会議の度に東京地評で開催される会議に参加され、訴訟報告や時々に取り組まれる要請行動に向け、意見を交わしてきました。会議後の懇親に最後まで付き合われていました。

一九九七年に東京地評の専従役員となった翌年の九八年、前任者の故永村さんより「じん肺闘争東京支援連」の事務局長を引き継ぎ、じん肺闘争にかかわるようになりました。初代事務局長が山本高行先生、二代目が永村さん、そして、私で三代目。永村さんから引き継ぐまでの半年間、支援連会議に参加していましたが、論達者な方々ばかりで、正直、困惑もしていました。ある時、山下先生からお願いがあると電話があり、地評に鈴木先生とお二人で来られました。困惑を悟った訳ではないと思いますが、永村さんの後任として、じん肺東京支援をお願いするとのことでした。

当然、東京地評の中での任務として、東京支援連を引き継ぐことは決まっていましたので、わざわざ、見えられたことに恐縮したことを覚えています。

「じん肺」そのものを余り知らないこともあり、キャラバンや要請行動、集会での戸惑いは大きなものがありました。そうした私の状況を知りながらも前に押し立ててもくれました。東京地評でここまでやれたことの一つに山下先生の力があったと思っています。つまらない労働相談に嫌な顔一つせず、アドバイスをくれた先生は、「じん肺支援」の諸行動に引き入れることで、資本の本質、労働者の生きざまを学ばせてくれたようにも思います。

先生と二人で話す機会はそれほどありませんでしたが、全日自労の幹部の方の入院先を見舞うからと同行を求められたときと全国センターの会議の後、たまには飲むかと誘われたとき、行動途中での会話など数えるほどでしたが、紙面に書けないいろいろな経験話を聞かせてもらいました。また、トンネルじん肺での国を相手とする訴訟について意見を聞かれたこともありました。東京土建との建設アスベスト訴訟を立ち上げる前段での打ち合わせなど、ご一緒させてもらいました。先生から話し出された「じん肺支援」とのかかわりについて結論を出さないまま話を終えてしまったこと、心残りでした。いつか、話の続きをと思っていましたが、その機会もなくなりました。

おわりに――「人として生きる」こと

二〇一二年の全国じん肺キャラバン集結集会に、長崎北松じん肺原告団の副団長であった谷村静野さんの娘の服部道子さんよりメッセージが寄せられました。稼ぎ手の父親が塵肺で入院した後、女手一つで中学を頭に四人のお子さんを育て上げられた母親への感謝を込めたものでした。一六年にわたる長い裁判闘争と時効により切り捨てられた母親たちの苦しみと悔しさを乗り越え、団結を守り通し勝利に導いた母親への誇りに満ちたものでした。同時に、ご自身が五〇歳で難病にかかり余命宣告を受ける中、『最後までじん肺訴訟で頑張った母の姿を思い浮かべ、私も最後まで一生懸命に生きた姿を我が子に見せつけようと思い』、貧しさゆえにかなわなかった通信制高校、関西大学、大学院博士課程へと進学。修士論文で「長崎北松じん肺訴訟の生の証――谷村静野の軌跡を中心に」を書き上げ、卒業されたことがのべられていました。

論題にした理由は、『田舎の片隅でひっそり暮らすじん肺患者さんやご家族が、やがては命をかけて闘う人となり、地裁、高裁、最高裁、差し戻し審まで闘った真の叫びを歴史として記録しておきたかった。あきらめず最後までやり遂げた父と母に報告したい。そう思いながら乗り越えてきた。苦しみのあとには、きっと楽が訪れます。』

「人として生きる」ための闘いにより鍛え上げられた人の強さを実感させられました。じん肺に罹患し絶望感に襲われていたとき、『じん肺訴訟に立ち上がることで生きる力がわいた』という言葉は多くの患者原告の方から聞く言葉です。東京支援連の仲間をはじめ、多くの支援する人々が励まされる言葉でもあります。

最後に、じん肺闘争の支援の一人に参加してきたことに感謝し先生への追悼と致します。ありがとうございました。安らかにお眠りください。

いつも励ましてくださり山下先生ありがとうございました

働くもののいのちと健康を守る東京センター副理事長
色部　祐

山下先生の訃報を聞いた時とても信じることができませんでした。あの人懐こい笑顔で「ヤァ　どうしている⁉」と声掛けて下さることがもうないなんてとても信じられません。しかしじん肺・アスベストに関わる様々な集会などに山下先生の姿は確かに見られなくなって、やはり先生は亡くなられたんだと自分に納得させるようになったのはつい最近のことです。悲しくかつ悔しさも同時にこみ上げてきます。

先生の果たされた功績は多くの方々が語ってくれることでしょう。従って私はこの追悼の文を、先生に大変お世話になり励まされてきたことを綴ることで先生への感謝の思いを捧げたいと思います。

一九九八年に結成された「働くもののいのちと健康を守る全国センター」に専従の事務局次長として関わって来た私は二〇一二年に定年を迎え、その後は二〇一四年に設立された「働くもののいのちと健康を守る東京センター」（以下、東京センター）へと移りました。東京社医研センター（名称当時）に間借りした後に大塚の東京労働会館の一画を借りることができるようになりました。折りしも山下先生と小野寺先生がそれぞれ独立した事務所を構えられる時期でした。事務机も備品も何もない私たちは山下先生から机三台、書棚二本、長机一台、ロッカー一本など事務所を運営するうえでの基本的備品の一切合切をいただきました。本当に助かりました。以来、今日まで一四年間経た今も事務備品は使わせていただいています。まさに山下先生と小野寺先生は東京センターの生みの親的存在です。

もう一つの印象は、私が地元大田区で三〇数年にわたってM石綿工場の元従業員のアスベスト被災の調査、被災者の掘り起こし、聞き取り、労災申請を行ってきたことに対する山下先生からの激励です。取り組み状況を報告するたびに適切な助言をいただいてきました。今なお、国に対する損賠裁判や被災者相談、東京都で先駆けてアスベスト試行調査を実施させる取り組みなど粘り強く取り組みを継続しています。継続は山下先生の励ましによるところが大です。先生ぜひ見守っていてください。

敬愛する山下登司夫先生とのお仕事

元山下登司夫法律事務所事務局
波田康子

一　山下先生の事務員として

山下先生とは、一九八一（昭和五六）年八月に入所した文京総合法律事務所（四年）、文京協同法律事務所（一六年）、四谷の山下登司夫法律事務所（一三年）の約三三年もお仕事をさせていただきました。

事務能力のない私を長く雇っていただき、二回も産休をとり、子育てをしながら仕事を続けるという私の目標も達成させていただき、深く感謝しています。

また、一般民事事件、労災、労働組合事件等、実に様々な事件に関わらせていただきました。つらい事件もありましたが、充実した、楽しい仕事人生でした。特に、トンネルじん肺、建設アスベスト事件は、直接、そばで関わることのできた労災職業事件で、先生もこの二つの事件を「最後の大仕事」と位置づけて尽力されていたので充実感がありました。あと二、三年すれば、両事件とも解決へ向けて形ができる段階まで来ていたので、先生もその場に立ち会う事ができず、さぞ無念だっただろうと思いますし、私も、先生と一緒に解決を喜び合うことができなくなったことが、何より残念で仕方がありません。

私が、文京協同へ移った一九八七（昭和六二）年頃は、じん肺闘争の大展開の時期で、じん肺弁連の幹事長として、常磐じん肺事件の副団長として、三菱細倉じん肺事件の団長として大忙しの日々で出張も多く、充実した四〇～五〇歳代を過ごされていました。私は、二人の子供の子育て真っ最中で、日々の仕事をこなすのが精一杯という状況で、先生のサポートが不十分で心苦しく思っていました。

一九九六（平成八）年秋に、トンネルじん肺ゼネコン訴訟を全国で起こすことが決まり、団長が小野寺利孝先生、事務局長が山下先生で、事務局事務所を文京協同が担うことになり、私に「事務局をやってくれ」と言われた時は、不安もありましたが、次男も来春小学生になるので保育園のお迎えもなくなり、少しは残業もできるので、思い切り仕事をしようと決意したのを今もよく覚えています。

最大二三地裁・支部にまで広がったゼネコン訴訟は、現在のようにメール、メーリングリスト、情報共有がない時代で、書面はワープロ、連絡は電話かＦＡＸ、書面は被告・弁護団分コピーして郵送か宅急便でした。全国単一弁護団として、二ヶ月に一度くらい開かれる「全国弁護団代表者会議」での議論と意思統一をとても大事にされ、それは二〇年間今も続いています。ゼネコン訴訟の時は、職歴確定の方法や被告ゼネコンの経営悪化による会社更生や民事再生への対応、東京地裁での初めての和解の前文に「謝罪」をどのように盛り込むのか等々白熱した議論がありました。

ゼネコン訴訟は、根絶訴訟に引き継がれ、現在五陣訴訟が進行中です。

「じん肺は自分たちで終わらせたい！」と「じん肺補償基金の創設」のために、全国から病気の体で上京しては、企業要請、国会議員周りを続ける原告さん、元原告さん、家族会の方たちが闘いの中で、元気に、たくましくなっていかれる姿には多くのことを学ばされています。

先生が亡くなる三時間くらい前（死亡推定時刻午後八時すぎ）まで、夏風邪で自宅療養中だったため、メール、FAX、電話を駆使して、裁判所との約束の期限を守るべく、被告への反論の書面を作成されていたのが、トンネルじん肺根絶第五陣訴訟の書面だったことは先生の弁護士としての姿を象徴していると思いました。

また、先生が亡くなられた時期は、建設アスベスト第一陣訴訟の東京高裁第一〇民事部の結審へ向けた最終準備書面の準備が始まる頃で、弁護団の先生方に緊張が走ったのを感じました。今年の三月の判決の日は、事務局長の佃先生の胸ポケットに先生のご遺影のミニチュア版を入れてもらって、判決を聞いていただきました。先生がよく「あの大段（裁判長）が…」とおっしゃっていた大段裁判長が、一人親方・個人事業主を救済するすばらしい判決を書かれたことを先生は何とおっしゃっただろう…ぜひ聞いてみたかったです。

二　山下先生の仕事ぶりですごいところ

事務所の中から見た先生の仕事ぶりについて、私がすごいなと感じてきたことを列記してみたいと思います。

①　資料収集、事前準備等

・トンネルじん肺ゼネコン訴訟が始まると、神田の古本屋へ行って、鹿島建設、熊谷組等大手ゼネコンの社史を二〇冊位買って来られました。まずは敵を知るということでしょうか。今も弁連の事務所の棚に並んでいます。

・同じくトンネルじん肺で、防じんマスクの専門業者「興研」へ行かれ、多分、カタログをもらって、写真を書証に使うつもりだったと思いますが、本物の防じんマスク（伝声付き、笛付き）をいくつか買ってこられました。東京地裁の本人尋問の時に、法廷で笛付きマスクをご自分でピッピッと実演され、私が初めて入った法廷が劇場化して、びっくりしました。

・三菱細倉じん肺事件の時には「『三菱金属鉱業（現三菱マテリアル）』の有価証券報告書を全部コピーしてきてくれ」といわれ、国会図書館に一日か二日通いました。その当時は、冊子のファイルではなく、リールになっていました。

・何かの論文の（注）の論文を見つけると、「コピーしてきてくれ」と言われ、国会図書館、都立中央図書館、厚労省図書館、東弁図書館へは何度も行きました。

② 裁判官に被害の実相や被害の起こる背景等をリアルに理解してもらうアイディアを産み出す達人

・トンネルじん肺ゼネコン訴訟の準備書面の中に、あまり上手ではない手書きのズリ出しやトロッコの絵が描かれていて、「おれが描いたんだよ」と自慢げにおっしゃっていたことがありました。準備書面に絵や写真、図などを組み入れることは、早くから取り組まれていました。

・同じくゼネコン訴訟では、二〇年位前になりますが、ゼネコン等が発刊しているトンネル建設現場のビデオを何本も組み合わせて、「トンネル工法」というビデオを日本電波ニュース社で作り、書証にしました。裁判官にトンネル掘削現場を知ってもらうために、裁判が始まると、第二回か第三回の法廷で必ず上映することを全国各地の裁判所で実施してきました。

・建設アスベスト訴訟では、「書証は出すだけじゃあダメなんだよー」と出した文献の中のデータや表を組み合わせて、表やグラフを作って、準備書面の中に組み入れて、数字やデータでリアルに裁判官へ実態を理解してもらうことに苦心されていました。

③ 準備書面作成時のこだわり

・修習二三期の四〇年の同期会の時に、同期の先生に「まだ、準備書面書いてるのか」って言われちゃったよ、とか、建設アスベスト訴訟が始まって間がない頃、若い先生に「先生は準備書面を書くのがお好きなんですね」って、言われちゃったよーと何かうれしそうに話されたことがありました。

・弁護団で決めた期限のギリギリまで粘って書かれること、強調したいことは、繰り返し書面の中に書かれるのが特徴でした。

・建設アスベスト訴訟では、総論を書かれることが多く、頁数はあまり多くないのですが、今まで出した書面や書証の引用が多く、内容が凝縮されているので、校正の時は、準備書面のファイルや書証のファイルを並べて照合しながら校正したものです。

④ 働くものや原告さんへの温かい眼差し

陳述書作りなどで、だんだん弁護士と原告さんという壁がなくなり、事件を解決するために共に闘う仲間のような雰囲気になるのは、先生の長年培ってこられた働くものへの温かさがあるのかなーと思っています。

また、講演や原告団総会のレジュメ等で、必ず「法廷の中は私たち（弁護士）が頑張る、法廷の外は皆さん（原告さんや組合）が頑張る、共に頑張りましょう」という言葉で締めくくるのが、先生の闘いへの姿勢でした。

三　さいごに

山下先生、長い間お世話になりました。

こんなに、呆気なく先生とのお別れがくるとは思ってもいませんでした。

今、トンネルじん肺弁護団の事務局の仕事をさせていただいており、先生のそばで仕事をしているようでうれしく思っています。

どうぞ、安らかにお眠り下さい。そして、私たちを見守っていて下さい。

第三部

論考・弁論要旨（山下登司夫）

国のトンネルじん肺防止政策を転換させる闘い
――全国トンネルじん肺根絶訴訟

弁護士　山下登司夫

＊以下の文章は、「日本労働弁護団創立60周年記念号」（季刊・労働者の権利三一三号）に掲載された論文を転載したものです。

一　はじめに

筆者は、『日本労働弁護団の50年』（第3巻）に掲載した「全国トンネルじん肺訴訟の今日の到達点と展望」（六一七～六二三頁）において、トンネル建設工事の増大とトンネルじん肺の多発、及びトンネルじん肺訴訟の歩みを概観しながら、原告数が患者単位で一、〇五八名（第一陣～第五陣）という大集団に発展していった国を被告とする全国トンネルじん肺根絶訴訟（以下「根絶訴訟」という。）において、東京地裁（二〇〇六年七月七日）、熊本地裁（同年七月一三日）、仙台地裁（同年一〇月一二日）が連弾で言渡した原告側勝訴の判決（国の規制権限不行使の違法性を認定）の意義・特徴・問題点、並びにトンネルじん肺の根絶に向けた闘いについて論述した。

その後、徳島地裁（二〇〇七年三月二八日）、松山地裁（同年三月三〇日）がさらに連弾で上記三地裁判決と同様に、国の規制権限不行使の違法性を認定する原告側勝訴の判決を言い渡した。このような裁判闘争での勝利判決と政治をも巻き込んだ大きな運動が展開されるなかで、行政の「裁量権」を盾にトンネルじん肺の防止政策の転換を頑迷に拒否し続けてきた国（厚労省、国交省）が、ついに政策を転換することを決意し、二〇〇七年六月一八日、じん肺防止に関する規制官庁の厚労大臣及びトンネル建設工事の事業実施官庁の国交大臣、農水大臣、防衛施設庁長官と根絶訴訟原告団・弁護団との間で、「全国トンネル防止対策に関する合意書」（以下「合意書」という。）の調印がなされた。また、「合意書」の調印に先立って行われた官邸での会談で、安倍総理大臣（当時）は、原告らに対し、「じん肺防止対策を進め、じん肺の起こらない日本にしていきたいと決意している。」（同日付け「読売」夕刊）と述べ、じん肺防止対策を講じることを約束した。このような闘いの成果が認められ、根絶訴訟弁護団は、二〇〇七年一一月一〇日「第九回日本労働弁護団賞」を受賞する栄誉に輝いた。この顕彰は弁護団宛ではあるが、弁護団としては、原告団とこの闘いを支えている家族会、全日本建設交運一般労働組合（建交労）などに対する顕彰と受け止めている。

本稿においては、「日本労働弁護団の五〇年」での論述を前提に、①「合意書」の意義・内容、②「合意書」で国が約束した事項等についての実施状況を巡る問題点、③トンネルじん肺基金の創設を目指した闘いについて述べてみたい。

二　「合意書」の内容と意義

1　国は、「合意書」において、⑴原告じん肺患者や遺族に心からの弔意とお見舞いを表明するとともに、⑵根絶訴訟を真摯に受けとめ、トンネル建設工事におけるじん肺防止対策を強化するための措置として、①粉じん障害防止規則（以下「粉じん則」という。）を改正し、(a)掘さく作業等における換気等の措置、(b)粉じん発生源対策及び換気対策の効果を確認するための粉じん濃度測定、(c)湿式さく岩機と防じんマスクの重畳的使用、(d)多量の粉じんが発生するコンクリート吹付け作業等について電動ファン付マスクの使用、(e)発破退避時間の確保、を本年度（注：二〇〇七年度。以下同じ。）中に事業者に義務付けること、②切羽付近における粉じん濃度測定が的確・安全にできるように本年度中に調査、研究を開始し、その成果を粉じん則の改正に結びつけること、及び送気マスク（エアラインマスク）の実施に向けて本年度中に検討を開始すること、③トンネル建設工事の長時間労働を改善するために、労働基準法三二条を踏まえ、土木工事積算基準（土木工事標準歩掛）を本年度中に見直しをすること、⑶トンネル建設工事におけるじん肺対策について原告の意見を聞く場を設けること、を約束した。

2　この「合意書」の締結は、国がこれまでのトンネルじん肺紡止政策の転換を決断したものであり、トンネルじん肺の根絶へ向けて大きく一歩を踏み出す道筋をつけるものとして、高く評価をすることができる。とくに、厚労省が、以下に述べるそれまでの「ガイドライン」という名の通達ではなく、粉じん則を改正し（二〇〇八年三月施行）、これまで法的規制がなされてこなかった事項について、本年度中に事業者に義務付けることを表明した意義は極めて大きいといえる。それとともに、規制官庁の厚労大臣が「合意書」への署名を行っただけでなく、トンネル建設工事の事業実施官庁である国交省、農水省、防衛施設庁の大臣・長官が署名を連ねたことの意義は大きい。

つまり、トンネルじん肺の根絶は、規制法規だけでなく、その経済的裏付けとも云うべき「積算基準」の変更も相俟って実現するものといえるからである。

原告団・弁護団と建交労は、国が原告たちの要求を基本的に受け入れたことで、国に対する請求を放棄することを約束し、東京高裁など全国四高裁（五事件）、東京地裁など全国一〇地裁に係属していた国を被告とする根絶訴訟を和解で解決することを決断した。そして、二〇〇七年六月二〇日～七月二〇日にかけて全国各地の裁判所で順次和解が成立し、国を被告とする根絶訴訟は原告側勝利で解決した。この国の抜本的な政策転換を勝ち取れたのは、原告たちとその家族が団結し、トンネルじん肺の闘いを組合の二大闘争の一つに位置付けている建交労とともに不退転の決意で国のトンネルじん肺防止の政策の転換を求める運動に取り組み、大きな世論を構築するとともに、法廷内外の運動を結合させた闘いを展開していった成果によるものである。

ところで、「合意書」の締結は、あくまでもトンネルじん肺根絶への出発点である。原告団・弁護団と建交労は、国に対し、国が「合意書」で実施を約束した事項の確実な履行を求めていくこと、また、調査・研究を開始することを約束した事項について、どのような調査・研究を行なうのかを監視していくことを決意し、新たな闘いに船出した。その意味で、国が「合意書」で設けることを約束した「トンネル建設工事におけるじん肺対策について原告の意見を聞く場」での意見交換は極めて重要である（これまでに二一回の意見交換が開催されている。）。さらに、意見交換とは別に、改正された新たな規制を踏まえ、現在施工されているトンネル建設工事のじん肺防止対策の実施状況を監視していく活動も重要である。この点に関し、長野県発注のトンネル建設工事において、原告団員一名と弁護団員二名が委員として参加した「粉じん技術検討委員会」の提言を踏まえた粉じん対策を実施することが発注条件とされるなど、一定の成果をあげている。

三　トンネル建設現場の切羽付近における粉じん濃度測定の義務付け

1　「合意書」に基づき改正された現行の粉じん則は、換気の実施の効果を確認するため、「ずい道等建設工事における粉じん対策に関するガイドライン」（二〇〇〇年一二月二六日。以下「ガイドライン」という。）に定められた粉じん濃度測定を実施することを定めた。しかし、このガイドラインの粉じん濃度測定は、あくまで換気の実施の効果を確認するための粉じん濃度測定であり、安衛法が予定しているじん肺防止のための作業環境測定とは異なるものである。しかも、ガイドラインの測定は、切羽から五〇ｍも後方での粉じん濃度測定であり、また、粉じん中の遊離けい酸含有量の測定を除外している。さらに、ガイドラインの粉じん濃度目標レベルは、厚労省の「作業環境評価基準」（管理濃度）とは全く異なる極めて緩やかな「三㎎／㎥」という基準（抑制濃度）が設定されている。仮に、三㎎／㎥未満であっても遊離けい酸含有率を考慮すれば、じん肺発症の危険性が高い粉じん濃度となる。例えば、遊離けい酸含有率が一〇％であれば（わが国の岩石には少なくとも一〇％以上の遊離けい酸が含有されている。）、厚労省の定める「管理濃度」（二〇〇九年九月二一日改訂）は「〇・二三㎎／㎥」（Ｅ＝三・〇／一・一九Ｑ＋一［Ｑは遊離けい酸含有率］）であり、この数値を超える粉じん濃度であれば、じん肺に罹患する危険性のある作業環境となる。

原告団・弁護団と建交労からの上記のような指摘を受け、国は「合意書」において、「切羽付近における粉じん濃度測定」が「的確かつ安全に測定できるように…本年度中に調査、研究を開始」、その「成果を…粉じん障害防止規則の改正に結びつける。」ことを約束した。

2　「合意書」で定めた国（厚労省）と原告団・弁護団と建交労の意見交換の場においては、トンネル建設労働者が掘さく作業に従事している切羽付近の粉じん濃度測定が最大の論点となっている。原告団・弁護団と建交労は、トンネル建設工事においても、国（経産省）が義務付けている金属鉱山、石炭鉱山と同様の方法での粉じん濃度測定や評価基準と改善措置を義務付けるべきであると強く主張し続けている。つまり、トンネル建設工事の掘さくと、金属鉱山、石炭鉱山の坑道掘進はまったく同一の作業であり、粉じん発生のメカニズムも同一である。この同一の作業に関し、一方で国（経産省）は、一九八八年一月二七日に金属鉱山等保安規則を、一九九一年三月三〇日には石炭鉱山保安規則をそれぞれ改正して、金属鉱山及び石炭鉱山の坑内作業場について粉じん濃度の測定を義務付けている。また、二〇〇五年三月一一日鉱山保安法施行規則の一部を改正して、金属鉱山及び石炭鉱山の坑内作業場について、粉じん濃度測定結果に基づく評価と改善措置を義務付け、さらに粉じん濃度の測定方法及び粉じん濃度等の測定結果に基づく作業環境評価基準（平成一七年経済産業省告示第六一号）を定めている。これに対し、トンネル建設工事においては、建設業労働災害防止協会（建災防）が、一九八六年一一月に、「地下工事における粉じん測定の指針」（建災防指針）を公表し、一部現場では建災防指針に基づく粉じん濃度測定が行われるようになり、また、厚労省が建災防に委託した調査（一九九七年及び一九九八年）においても、建災防指針による粉じん濃度測定が十分可能であるとの結果を公表している。それにも関わらず、厚労省はトンネル建設工事の粉じん濃度測定、及びその結果に基づく評価と改善措置を義務付けようとしない。この厚労省の対応は、「切羽付近の粉じん濃度測定」が「的確かつ安全に測定できるように…本年度中に調査、研究を開始し」、その成果を…粉じん障害防止規則の改正に結びつける。」ことを定めた「合意書」に明らかに反している。このような厚労省の対応に対し、原告団・弁護団と建交労は、「合意書」を守れと強く要請し続けた。その結果、さすがの国（厚労省）もやっと重い腰を上げ、「トンネル建設工事の切羽付近における作業環境等の改善のための技術的事項に関する検討会」（座長小山幸則立命館大学教授）を立ち上げ、二〇一六年一一月三〇日に第一回、二〇一七年三月二日に第二回、四月二八日に第三回の検討会が開催されている。この検討会には、建交労と弁護団（各一名）が推薦する粉じん濃度測定の専門家二名（学者と実務家）も委員として参加している。そして、委員以外の建交労や弁護団のメンバーも厚労省との事前打ち合わせに参加して意見を述べるとともに、検討会の傍聴を行っている。

原告団・弁護団と建交労は、検討会での議論を踏まえ、早急に粉じん則を改正させ、トンネル建設工事における切羽付近の粉じん濃度測定、及び測定結果に基づく評価と改善措置の義務付けにつなげていきたいと考えている。

四　恒常的な残業の是正の必要性

1　トンネル建設工事の坑内作業の実状においても二直二交替の勤務形態であり、少なくとも昼方・夜方ともに恒常的な残業を前提とする拘束一一時間、実働一〇時間となっている。このため、トンネル建設工事の坑内作業に従事する労働者は長時間粉じんに曝露する結果となっている。原告団・弁護団と建交労は、このような実態を容認している要因として、二直二交替制、各方の勤務時間は拘束一一時間、実働一〇時間とする発注者（国交省等）の「土木工事積算基準」にあることを指摘し、「合意書」の中で、「労働基準法三二条を踏まえ『土木工事積算基準』（土木工事標準歩掛）を本年度中に見直し、結論を得る」ことを約束させた。そして、その後の協議で、国（国交省等）は、「土木工事積算基準」の実働時間を一日八時間、週四〇時間（週五日）」に改定し、二〇〇八年一〇月から実施することとなった。したがって、トンネル建設工事の恒常的な残業を容認している大きな要因が改善され、各トンネル建設工事で確実に実施されることが期待された。しかし、各トンネル建設工事現場の現実は、三六協定の名の下に、「合意書」の締結以前と同様、各方の勤務時間は拘束一一時間、実働一〇時間という勤務実態となっている。

2　厚労省は、時間外労働はあくまで一時的、臨時的なものであり、時間外労働は必要最小限にとどめられるべきであるとして「三六協定の具体的事由は、できる限り具体的な事由を記載する」こととしている。ところが、トンネル建設工事現場の三六協定の「時間外労働をさせる必要のある具体的事由」を見ると、「工期の短縮」事由は抽象的であるとともに、どの現場にも当てはまるもので、このような事由では恒常的な残業を許容することになり、現実のトンネル建設工事において、一日二時間の恒常的な残業が常態化する要因となっている。

原告団・弁護団と建交労は、恒常的な残業を是正するために、国（厚労省）に対し、三六協定の具体的事由の記載を、例えば「事故等による復旧工事の必要がある場合」のような具体的事由を記載するように指導すべきであるとして、運動を強めているところである。

五　短期就労を繰り返すトンネル建設労働者の就労形態に即した健康管理制度の必要性

1　トンネル建設工事の元請企業は、掘さく等の作業に従事するトンネル建設労働者を直接雇用して、工事を施工することはない。元請企業は、トンネル建設工事ごとに、工事を構成する職種（例えば、掘さく、覆工等）の専門業者（下請業者）との間で下請負契約を締結し、自らは下請業者の統制・管理に当たるだけである。トンネル建設労働者は、トンネル建設工事ごとに下請業者と雇用契約を締結し、作業に従事するという関係にある。つまり、トンネル建設労働者と元請企業・下請業者の結合は、トンネル建設工事ごとになされ、当該工事が終了すると両者の結合が解かれ、次の工事で改めて結合がなされる関係にある。しかも、一つの結合期間は、通常半年〜一年半程度であり、元請・下請企業も工事ごとに異なっているのが大半である。

このように、トンネル建設労働者は、出稼ぎ労働者として短期就労を繰り返しながら、全体として長期間トンネル建設工事に従事している。一方、元請企業は、業界全体で下請業者を通して総体として短期就労を繰り返す、トンネル建設労働者を支配し、自らが請け負ったトンネル建設工事を完成させている。

2　じん肺防止対策としては、粉じん曝露防止とともに、労働者の健康管理が極めて重要である。改正じん肺法も、同法七～九条で、事業者に対し、粉じん作業労働者に対する就業時、定期、定期外、離職時のじん肺健康診断の実施を義務付け、同法一一条で当該労働者の受診義務を規定している。しかし、じん肺法の規定する健康管理は、終身雇用を前提とした制度であり、トンネル建設労働者のように、短期就労を繰り返し、しかも、工事ごとに元請・下請企業が基本的に異なるといった就労形態を想定していない。このため、トンネル建設労働者の健康管理が極めて不十分な状態になっている。

短期就労を繰り返す労働者、しかも、業界内部で各企業間の労働移動が常態となっているトンネル建設労働者の健康管理については、就労形態の特殊性に着目して、業界（事業者団体）として、一貫した健康管理制度を設けることが必要不可欠である。このことは、じん肺法の改正にあたっての審議でも指摘されているところである。つまり、厚労省は、一九七七年二月にじん肺審議会に提出した「じん肺法改正に関する労働省の考え方」のなかで、「建設業のように、業界内部における各企業間の労働移動が通常の雇用慣行となっている（労働者が一事業場に定着せず、かつ、事業そのものが有期性をもつ）業種における共同健康管理システムの創設については、今後継続して検討する（記録の共同保存等を含む）」という考え方を示し、じん肺審議会の「じん肺法の改正等に関する意見書（同年三月）も同様の意見を述べている。また、労働基準局長の諮問機関であるじん肺健康管理専門家会議の健康管理専門委員会が同年七月に「じん肺の健康管理に関する報告書―粉じん作業、健康管理推進について―」を提出しているが、この「報告書」も、「短期雇用労働者の健康管理対策」して短期就労を繰り返すトンネル建設労働者を支の項で、「ずい道建設工事従事労働者のように完成その就労形態の特殊性から、じん肺法に定める個々の事業者責任に立脚した一貫した健康管理対策の実効を上げるのが困難な場合が少なくない。これらについては、現に事業場に雇用されている労働者に着目した健康管理対策にとどまらず、その就労形態に着目した一貫した健康管理対策を講ずることが必要であり、事業者団体等を通じた健康管理対策の。確立を考慮する必要がある。」と提言している。

3　しかし、改正された現行じん肺法では、トンネル建設労働者のように短期就労を繰り返す労働者の健康管理については、その就労形態に着目した一貫した健康管理制度は規定されていない。しかも、厚労省自らが、「業種における共同健康管理システムの創設」を検討することを明らかにしているにもかかわらず、今日に至るまでかかる検討がなされていない。このような状況では、トンネル建設労働者の健康管理がこれまでと同様に極めて不十分となることは明らかである。

原告団・弁護団と建交労は、じん肺法を改正し、短期雇用を繰り返す、しかも、業界内部で各企業間の労働移動が常態となっているトンネル建設労働者の雇用形態の特殊性に即し、事業者団体としての健康管理制度を設けることが必要不可欠であるとして、運動を強めているところである。

六　トンネルじん肺基金の創設を目指した闘い

1　トンネル建設工事において、粉じん防止対策を徹底して、今後、じん肺患者を発生させないとが不可欠である。原告団・弁護団と建交労は、国を被告とする根絶訴訟の勝利判決（東京地裁等五地裁）を獲得し、これを契機に、国との間で「合意書」を締結した。これにより、粉じん則の改正によるじん肺予防対策の充実、積算基準改定によって粉じん作業時間の短縮を図ること等が合意された。しかし、上記したように「合意書」で国が約束した事項の実施状況は極めて不十分であり、トンネルじん肺の根絶の実現には今後相当の時間がかかり、その間にも多数のじん肺患者が発生することは不可避である。

ところで、元請企業を被告とした全国トンネルじん肺訴訟においては、当該労働者の職歴を確定し、関係元請企業が当該労働者の就労期間割合に応じて法的責任を前提とした和解金額を支払うという司法上のルールが確立している。したがって、今後、トンネル建設労働者が、元請企業にじん肺罹患を原因とした損害賠償請求訴訟を提起すれば、上記の確立した司法上のルールで解決することは明らかである。しかし、トンネル建設労働者が、元請企業を被告とする訴訟を提起し、和解で解決するには、費用と一定の時間がかかることも明らかである。二〇一二年五月に原告（患者単位）一五三名で全国一一地裁に一斉提訴された全国トンネルじん肺根絶第四陣訴訟は、既に提訴以降五年も経過しているにもかかわらず全面解決に至っていない。さらに、新たに二〇一六年三月に原告（患者単位）一一九名が全国七地裁に元請ゼネコンを被告として第五陣訴訟を提訴している。

原告団・弁護団と建交労は、確定している司法上のルールを踏まえ、費用と時間をかけずに簡易・迅速にトンネルじん肺患者の権利救済を図る制度として、トンネルじん肺基金制度（以下「基金制度」という。）の創設を提言している。

原告団・弁護団と建交労が提言する基金制度は、トンネル建設工事の元請企業が参加・拠出による基金制度である。その具体的内容は、次のとおりである。

①　目的

全てのトンネル建設労働者を継続的かつ一元的に就労管理をすることを通じて、健康管理、じん肺教育履修管理等を実施し、じん肺の罹患を防止するとともに、不幸にしてじん肺に罹患した場合には簡易・迅速にじん肺患者が補償を受けられる制度の創設を目的とする。

②　短期就労を踏まえた継続的かつ一元的管理

元請企業・下請企業は、全国各地のトンネル建設現場で短期就労を繰り返すトンネル建設労働者の就労形態を踏まえて継続的かつ一元的に、粉じん曝露期間を把握する就労管理、検診等を把握する健康管理、じん肺教育の履修を把握する教育管理を実施するシステムを作る。そして、就労管理データをトンネルじん肺患者の補償のための職歴データとして活用する。

③ 救済対象

基金創設以降に、直近のじん肺管理区分の決定（合併症を含む）を受けた者とする。現役のトンネル建設労働者が管理二、管理三の非合併症の認定を受けた場合には、離職あるいは職種転換を条に一定の補償金を支払う。その後、当該元トンネル建設労働者が重症化した場合には、④の補償基準から上記一定の補償金の差額を受けることができることとする。

④ 補償の基準

公・労・使の委員によって構成された補償検討委員会が公正な補償基準を設定する。

2　多くの元請企業は、現時点では「原因者と負担者のかい離は受け入れられない」「発注者（国）も相応の負担をするべき」などとして否定的な対応に終始し、元請企業の業界団体である日建連（日本建設業協会連合会）も、原告らの要求する基金制度の創設は反対である旨の意見を表明している。これに対し、原告団・弁護団と建交労は、この基金制度について、超党派の議員立法による「トンネルじん肺基金」創設を求めるため、国会請願署名運動を展開し、世論の支持を拡げつつ国会議員の一層の理解と支持を強化するため、紹介議員を拡大する活動に取り組んできた。この活動を通して、自民党・公明党・民進党を中心として議員立法による国会提案の準備を進めている。共産党・社民党などの諸政党も、基金制度の創設によるトンネルじん肺患者の早期救済に賛同している。

わが国においては、戦後の復興期以降、とくに高度成長期から今日まで、国策として多数のトンネルが建設されてきた。また、「トンネル年報二〇一六」（一般社団法人日本トンネル技術協会）によれば、二〇一五年一二月現在において、六四八本のトンネル建設工事が施工されており、今後もリニア新幹線等の建設で多数のトンネルが掘さされることが予定されている。このようななかで、トンネル建設工事の掘さく等の作業に従事したトンネル建設労働者の中から療養を要する重症のじん肺患者が多数発生している。この事実は、元請企業のじん肺対策が極めて不十分というだけでなく、トンネル建設工事の発注者であり、かつ、じん肺防止対策に行政責任を負っている国が、その有する権限を適時かつ適切に行使してこなかったことが最大の要因となっている。国が、トンネル建設労働者のじん肺罹患、重症化を回避できなかった責任を自覚し、簡易・迅速にトンネルじん肺患者を救済するための基金制度の創設に努力することは当然のことであると考える。

原告団・弁護団と建交労は、何としてでも「基金制度」を創設させるために懸命の努力をしているところである。

泉南アスベスト訴訟最高裁判所弁論要旨

——最高裁判所第一小法廷平成二六年一〇月九日判決民集第六八巻八号七九九頁

弁護士　山下登司夫

＊以下の文章は、山下登司夫弁護士の担当部分です。泉南アスベスト弁護団からご提供を受けて掲載します。

第3　本件で規制権限不行使の違法性を判断する基本的な視点

1　筑豊じん肺訴訟最高裁判決を踏まえた判断を

(1)　本件では、筑豊じん肺訴訟の事案と同様に、労働安全衛生に関する行政分野における規制権限の行使の在り方が問われています。ご承知のように、筑豊じん肺訴訟最高裁判決（平成一六年四月二七日、民集五八巻四号一〇三二頁）は、規制権限の根拠法規である鉱山保安法は「鉱山労働者に対する危害の防止等をその目的」とし、「職場における労働者の安全と健康を確保すること等を目的とする労働安全衛生法の特別法としての性格を有する」ものであり、鉱業権者の「講ずべき具体的な保安措置を…省令に包括的に委任した趣旨は、規定すべき鉱業権者が講ずべき保安措置の内容が、多岐にわたる専門的、技術的事項であること、また、その内容を、できる限り速やかに、技術の進歩や最新の医学的知見等に適合したものに改正をしていくためには、これを主務大臣にゆだねるのが適当であるとされたことによるもの」であり、「同法の目的、上記各規定の趣旨にかんがみると…同法に基づく保安規制権限、特に同法三〇条の規定に基づく省令制定権限は、鉱山労働者の労働環境を整備し、その生命、身体に対する危害を防止し、その健康を確保することをその主要な目的として、できる限り速やかに、技術の進歩や最新の医学的知見等に適合したものに改正すべく、適時にかつ適切に行使されるべきものである」と判示しています。そして、この最高裁判決後、労働関係法令に基づく規制権限不行使の違法性が争われた、①全国トンネルじん肺根絶訴訟の東京地裁判決（平成一八年七月七日、判例時報一九四〇号三頁）を含む五地裁の判決、②首都圏建設アスベスト訴訟の東京地裁判決（平成二四年一二月五日、判例時報二一八三号一九四頁）、③本件に関する一陣・二陣訴訟の各大阪地裁判決及び二陣訴訟大阪高裁判決は、いずれもこの最高裁判決を踏襲し、同様の判断を示しています。

(2)　ところで、行政庁の規制権限不行使の違法性の判断に関して、わが国の裁判所の対応は、いわゆる「行政庁の第一次的判断基準の尊重」という考え方の下に、「著しく消極的」といっても過言でない状況が残念ながら永年続いてきました。筑豊じん肺訴訟でも、一審判決（福岡地裁飯塚支部、平成七年七月二〇日、判例時報一五四三号三頁）も、行政庁の規制権限不行使の「不合理」性を認めながら「著しく不合理とまではいえない」とし、責任を否定しました。このような「司法消極主義」を乗り越え、司法が行政と対等の立場に一歩近づき、被害者救済に道を開いたのが筑豊じん肺訴訟最高裁判決です。筑豊じん肺訴訟の最高裁審理で裁判長を務められた藤田宙靖元最高裁判事は、その著書である「最高裁回想録　学者判事の七年半」（資料一）のなかで、「少なくともここ一〇年程の間において、最高裁が『弱者救済』の方向において大胆なステップを踏み出したケースは…いくつも存在する」と述べられたうえで、自らが関与した筑豊じん肺訴訟を取り上げ、「行政庁が、法律によって与えられた規制権限を適切に行使しないという事態（公権力の不行使）に対して国民がこれを違法と主張して争うことは、抗告訴訟としても、国家賠償請求訴訟においても、従来、甚だ困難であった」が、行政事件訴訟法の改正をめぐる「理論的状況の下で、第三小法廷の右判決（注：筑豊じん肺訴訟最高裁判決）は…行政庁の規制権限の不行使につき、個別的規制権限の不行使に止まらず、規制対象が一般的である行政立法の不作為についてまでその違法を認め、賠償請求を認める例を開いたのである。そしてこのような判断は、その半年後、第二小法廷の、いわゆる『水俣病拡大防止規制事件判決』（注：平成一六年一〇月一五日、民集五八巻七号一八〇二頁）へと引き継がれることとなった」、「法理論的には…別様の考え方もあり得る」が、「それにも拘わらず、第三小法廷がそのような道を選ばなかったのは、原告らの置かれた立場についての十分な洞察に基づく、事案に即した適正な紛争解決への志向からであることは明らかであろう」（一〇〇～一〇四頁）と述べられています。ところが、一陣高裁判決は、筑豊じん肺訴訟最高裁判決、その後の同種事案の下級審判決の流れに逆行し、行政庁の第一次的判断基準を尊重するというもので、その誤りは必ずや正さなければなりません。詳しくは、本弁論要旨の第四で述べることとします。

(3)　本弁論要旨の第二で、本件におけるアスベスト被害の実相とかかる被害をもたらした加害構造を端的に述べました。本件において、行政庁の規制権限不行使の違法性を判断する前提として求められるのは、この被害の実相とかかる被害をもたらした加害の構造を踏まえ、被災者原告らの「置かれた立場についての十分な洞察に基づく、事案に即した適正な紛争解決への志向」です。裁判官の皆様におかれては、この「志向」を踏まえて適切な判断をされることを切に要望いたします。

2　憲法の基本的価値の実現（基本的人権の擁護）が求められている

(1)　憲法一三条は、「生命、自由及び幸福追求に対する国民の権利」を保障し、憲法二五条一項は、「すべての国民は、健康で文化的な最低限度の生活を営む権利を有する」と規定し、国民の生命・健康が憲法秩序の中で最大限に尊重されなければならない権利（基本的人権）であることを明らかにしています。労働者も国民である以上、生命が確保され、健康で文化的な最低限度の生活を営む権利（基本的人権）が憲法により保障されています（憲法一一条）。ところで、産業革命以降の歴史は、労働者と使用者との間の法律関係を契約自由の原則に委ねることが、労働者の生存権そのものを脅かすほどの不公正な結果をもたらすことが明らかとなってきました。このような現実から、国際的に、労働条件においては契約自由の原則を修正しなければならないという運動が展開されてきました。憲法二七条二項が、「勤労条件に関する基準は、法律で定める」と労働条件法定保障を定めるのも、このような背景に基づくものです。このことから明らかなように、憲法二七条二項が規定するところの基準を定める「法律」は、憲法の基本価値（基本的人権）の実現にかなったものでなければならないことは当然のことです。憲法二七条二項の具体化として制定された旧労基法一条一項は、「労働条件は、労働者が人たるに値する生活を営むための必要を充たすものでなければならない」と規定し、安衛法一条は、「職場における労働者の安全と健康を確保するとともに、快適な作業環境（その後「職場環境」に改正）の形成を促進することを目的とする」と規定し、このことを明確にしています。本件における規制権限の根拠法規は、旧労基法、安衛法です。したがって、旧労基法、安衛法に基づく規制権限は、労働者が人たるに値する生活を営むための必要を充たすため、労働環境を整備し、労働者の生命、身体に対する危害を防止し、その健康を確保するため、「できる限り速やかに、技術の進歩や最新の医学的知見等に適合したものに改正すべく、適時にかつ適切に行使されるべき」ことが強く求められるということです。しかも、本件で問題となっているアスベスト関連疾患は、不可逆性、進行性の極めて予後の悪い重篤な疾病（職業病）であり、被害法益が極めて重大であり、規制権限を適時にかつ適切に行使し、労働者の生命・健康を確保することが、より強く求められている事案です。

(2)　生命・健康は最も尊重されるべき法益であり、旧労基法、安衛法も職場における労働者の生命・健康を確保することを直接の目的としています。これが、本件で規制権限不行使の違法性を判断する出発点です。民主主義社会において、とりわけ、人権救済の砦であり、立法や行政に対するチェック機能が制度上期待されている司法において、生命・健康を産業社会の発展や工業製品の社会的必要性の劣後におく判断をすることは許されません。

ところが、一陣高裁判決は、工業技術の発展、産業社会の発展、工業製品の社会的必要性及び工業的有用性を規制権限不行使の違法性判断の要素に取り込み、行政庁に広範な裁量を認めています。つまり、一陣高裁判決は、旧労基法、安衛法に基づく規制権限の行使は、労働者の生命、健康を確保するため、適時にかつ適切に行使し、憲法の基本的価値を実現するとい大原則に反するもので、憲法一三条、二五条一項、二七条二項の解釈を誤ったものといわなければなりません。

(3)　この点に関し、泉徳治元最高裁判事は、その著書である「私の最高裁判所論――憲法の求める司法の役割」（資料二）のなかで、「最高裁は…国民主権による民主主義体制の確立と国民の基本的人権の擁護を柱とした憲法秩序を守る役割を担っている。三権分立の原則の下で、立法府、行政府がそれぞれに裁量権を有しているが、その裁量権の許容幅は、裁量権の行使により国民が制約を受ける権利・自由の性質によって異なるべきである。裁判所は…立法府、行政府の判断を尊重し、裁量権の幅を広く認めて、裁量権行使の合憲性を緩やかに判断すべき場合と、国民の基本的な権利・自由を擁護するため、裁量権の幅を絞って、裁量権行使の合憲性を厳格に審査すべき場合がある。この二つの場面を区別することなく、裁判所が一歩下がって立法府、行政府の裁量を尊重してばかりいては…国民の権利・自由を守るべき『司法の役割』が果たせない。」、「裁判所は、憲法で保障された基本的人権を擁護すべき役割を担っている。裁判所は、憲法の規定の趣旨を掘り下げて、可能な限り基本的人権の保障を実効性のあるものにしなければならない。」（一五二～一五三頁）と述べられるとともに、「『合理性』という概念は抽象的かつ広範であるから、ただ単に『合理性』の有無を審査するというだけにとどまる限りは、結局は国会・政府に広範な裁量権を認める結果となる。裁量権の行使により、国民に加えられる法的規制や法的取扱いの区別は、その内容・性格によって憲法的評価を異にし、それに伴い裁量権行使の合憲性審査の寛厳も当然に変わってくるのであり、当該事件でどのような審査基準を採用するかをまず問題としなければならない。」「裁判所は、国民によって選任されたものではないことを理由として謙抑的であることに努め、国会・政府に広範な裁量権を認めてばかりいては、憲法によって課せられた責務を果たすことにはならない。」（一五七〜一五八頁）と述べらています。

泉元最高裁判事の上記指摘は、違憲立法審査権に関するものですが、この指摘を借りれば、旧労基法、安衛法に基づく規制権限は、国民（労働者）の生命、健康という憲法秩序の中で最大限に尊重されなければならない権利（基本的人権）を確保することを直接の目的としているのですから、本件は、行政庁の「裁量の幅を絞って」規制権限不行使の違法性を判断する場面であり、憲法で保障された基本的人権を擁護すべき司法の役割を果たすことが強く求められているということです。

裁判官の皆様におかれては、上記の視点で、本件の規制権限不行使の違法性を適切に判断されることを切に要望します。

札幌地裁		炭鉱	2007.4.20他
札幌地裁		炭鉱	2007.4.20他
札幌地裁		炭鉱	2007.4.20他
札幌地裁		炭鉱	2007.4.20他
札幌地裁		炭鉱	2007.7.24他
札幌地裁		炭鉱	2007.7.24他
札幌地裁		炭鉱	2007.7.24他
札幌地裁		炭鉱	2007.7.24他
札幌地裁		炭鉱	2007.7.24他
札幌地裁		炭鉱	2007.7.24他
札幌地裁		炭鉱	2007.7.24他
札幌地裁		炭鉱	2007.7.24他
札幌地裁		炭鉱	2007.7.24他
札幌地裁		炭鉱	2007.7.24他
札幌地裁		炭鉱	2007.7.24他
札幌地裁		炭鉱	2011.3.17他
札幌地裁		炭鉱	2011.3.17他
札幌地裁		炭鉱	2011.3.17他
札幌地裁		炭鉱	2011.3.17他
札幌地裁		炭鉱	2011.3.17他
札幌地裁		炭鉱	2011.3.17他
札幌地裁		炭鉱	2011.3.17他
福岡地裁		築炉製造	2014.1.10
最高裁		石綿製造	2006.5.26他
最高裁		造船	2008.4.4
さいたま地裁		製造工場	2012.11.28
福井地裁		トンネル	
松山地裁		トンネル	2012.5.17
最高裁		炭鉱	
最高裁		鉱山	2009.5.28
山口地裁		製造工場	2016.12.22

133	新・北海道石炭第2陣	国	4	2012.6.15
134	新・北海道石炭第2陣	国	4	2012.10.9
135	新・北海道石炭第2陣	国	2	2013.1.18
136	新・北海道石炭第2陣	国	1	2013.7.2
137	新・北海道石炭第3陣	国	13	2011.1.28
138	新・北海道石炭第3陣	国	6	2011.5.20
139	新・北海道石炭第3陣	国	102	2011.11.11
140	新・北海道石炭第3陣	国	12	2012.2.24
141	新・北海道石炭第3陣	国	5	2012.6.15
142	新・北海道石炭第3陣	国	19	2012.10.9
143	新・北海道石炭第3陣	国	7	2013.1.18
144	新・北海道石炭第3陣	国	3	2013.7.2
145	新・北海道石炭第3陣	国	2	2013.10.25
146	新・北海道石炭第3陣	国	2	2014.2.21
147	新・北海道石炭第3陣	国	1	2014.5.23
148	新・北海道石炭第4陣	国	33	2012.10.9
149	新・北海道石炭第4陣	国	9	2013.1.18
150	新・北海道石炭第4陣	国	2	2013.3.13
151	新・北海道石炭第4陣	国	18	2013.7.2
152	新・北海道石炭第4陣	国	16	2013.10.25
153	新・北海道石炭第4陣	国	18	2014.2.21
154	新・北海道石炭第4陣	国	9	2014.5.23
155	築炉じん肺	ヤマサキ	2	2015.2.2
156	大阪泉南アスベスト国賠訴訟1陣、2陣	国	59	2014.10.9
157	三菱下関造船所じん肺	三菱重工	4	2015.10.29
158	曙ブレーキじん肺訴訟	曙ブレーキ	14(10)	2015.12.25
159	トンネル根絶3陣	ゼネコン	3	
160	トンネル根絶4陣	ゼネコン	25	2017.1.20
161	西日本石炭じん肺	日鉄鉱業	1	2017.2.16
162	三井金属神岡鉱山じん肺第1陣	三井金属	24	2017.3.15
163	鳥栖アスベスト訴訟	国	14	2017.7.16

横浜地裁 横須賀支部		造船	2008.7.11
東京地裁		トンネル	2008.11.27
最高裁	43,054,300	炭鉱	39960
福岡地裁	139,363,860	炭鉱	①2010.4.21（1陣） ②2010.9.8（2陣） ③2010.12.9（3陣）
最高裁	32,233,333	炭鉱	2010.4.21
福岡地裁	54,266,660	炭鉱	2011.7.25
最高裁	36,300,000	炭鉱	2011.7.25
福岡地裁	39,599,988	炭鉱	2012.4.27
最高裁	28,600,000	炭鉱	2012.4.27
福岡地裁	84800000	炭鉱	2012.11.30
さいたま地裁		製造	2009.4.13
金沢地裁		トンネル	2008.11.27/ 2009.11.26
岐阜地裁		トンネル	2012.5.17
仙台地裁		トンネル	2008.11.27/ 2009.11.26
宮崎地裁		トンネル	2008.11.27/ 2009.11.26
新潟地裁		トンネル	2008.11.27/ 2009.11.26
熊本地裁		トンネル	2008.11.27/ 2009.11.26
新潟地裁		トンネル	2012.5.17
札幌地裁		トンネル	2008.11.27/ 2009.11.26
仙台地裁		トンネル	2012.5.17
長野地裁		トンネル	2012.5.17
東京地裁		トンネル	2012.5.17
札幌地裁		炭鉱	2007.4.20他
札幌地裁		炭鉱	2007.4.20他
札幌地裁		炭鉱	2007.4.20他
札幌地裁		炭鉱	2007.4.20他

108	第3次住友（下請け労働者）アスベスト訴訟	住友重機	5 (5)	2010.3.29（和解）
109	トンネル根絶訴訟3陣	ゼネコン	15 (15)	2011.5.27（和解）
110	西日本石炭じん肺2次	日鉄鉱業	4	2012.3.1
111	西日本石炭じん肺3次	国	26	2011.2.9～2013.7.8
112	西日本石炭じん肺3次	日鉄鉱業	3	2013.2.26
113	西日本石炭じん肺4次	国	11	2012.1.23～2012.12.20
114	西日本石炭じん肺4次	日鉄鉱業	3	2013.11.5
115	西日本石炭じん肺5次	日鉄鉱業	7	2013.7.17～2014.2.3
116	西日本石炭じん肺5次	日鉄鉱業	1	2014.6.24
117	西日本石炭じん肺6次	日鉄鉱業	14	2013.4.26～2014.11.20
117	タテノタングステンカーバイトじん肺	タテノ	1	2011.12.28
118	トンネル根絶3陣	ゼネコン	19	2011.12.27
119	トンネル根絶4陣	ゼネコン	1	2012.2.21
120	トンネル根絶3陣	ゼネコン	39	2012.2.28
121	トンネル根絶3陣	ゼネコン	15	2012.3.5
122	トンネル根絶3陣	ゼネコン	35	2012.5.18
123	トンネル根絶3陣	ゼネコン	29	2012.10.2
124	トンネル根絶4陣	ゼネコン	15	2014.3.28
125	トンネル根絶3陣	ゼネコン	44	2014.6.10
126	トンネル根絶4陣	ゼネコン	17	2014.6.18
127	トンネル根絶4陣	ゼネコン	4	2014.7.4
128	トンネル根絶4陣	ゼネコン	14	2014.9.11
129	新・北海道石炭第2陣	国	13	2011.1.28
130	新・北海道石炭第2陣	国	4	2011.5.20
131	新・北海道石炭第2陣	国	4	2011.11.11
132	新・北海道石炭第2陣	国	3	2012.2.24

札幌地裁	210,000,000	金属鉱山	2002.8.8
福岡高裁 福岡地裁 提訴外	3,010,440,000	炭鉱	2002.3.4
熊本地裁	18,000,000	炭鉱	2005.4.27
福岡地裁	144,000,000		
福岡地裁	93,000,000		
熊本地裁			
福岡地裁	230,740,000		
福岡地裁	150,000,000		
熊本地裁	133,350,000		
札幌地裁	1,800,000,000	炭鉱	2008.2.8
横浜地裁 横須賀支部	213,400,000	造船	2003.7.8
仙台地裁 他9支部		トンネル	2003.4.21
東京高裁 他3高裁 仙台地裁 他9地裁	取り下げ		2002.11.22
水戸地裁	288,000,000	炭鉱	2006.4.12
仙台地裁 東京地裁 東京地裁 仙台地裁 東京地裁 東京地裁	480,000,000 285,000,000 351,000,000 517,700,000 213,030,000	トンネル	2006.4.21
福岡高裁	560,000,000	造船	2003.12.20
最高裁	270,570,000	炭鉱	2005.4.27
高松地裁	470,000,000	石綿セメント管製造・家族・近隣曝露	2006.10.24
札幌地裁	101,190,000	炭鉱	
最高裁	24,550,000	炭鉱	2007.7.18

95	豊羽鉱山じん肺	豊羽鉱山・日鉱金属 新日鉱ホールディングス	16(17)	2005.12.28（和解）
96	三井松島じん肺	三井松島産業・松島炭鉱	264(209)	2006.3.20（和解） 【長崎裁判判決】 2005.12.13
97	西日本石炭じん肺	国	3(3)	2006.3.31（和解）
			34(19)	2006.4.19（和解）
			30	2006.5.22（和解）
			5	2006.10.4（和解）
			56(38)	2006.10.25（和解）
			43(56)	2007.8.9（和解）
			24	2007.10.23（和解）
98	新北海道石炭じん肺	新北海道石炭じん肺	146	2006.7.21 2008.2.8（和解）
99	住友重機石綿じん肺 第2訴訟	住友重機石綿 じん肺第2訴訟	14(12)	2006.11.1（和解）
100	トンネル根絶訴訟	ゼネコン	713	2004.5.17（和解）
		国	969 (964)	2007.6.20（和解）
101	東日本石炭じん肺	国	103(53)	2008.1.24（和解）
102	トンネル根絶訴訟2陣	ゼネコン	35(35) 20(20) 26(26) 3(3) 37(37) 15(15)	2008.7.14 2008.9.17 2008.10.23 2008.10.27 2008.12.3 2009.2.12（和解）
103	三菱長崎造船じん肺 第2陣訴訟	三菱重工	55(38)	2009.2.20（2審確定）
104	西日本石炭じん肺	日鉄鉱業	34(13)	2009.4.28 上告不受理・棄却
105	リゾートソリューション アスベストじん肺	リゾートソリューション (株)	61(33)	2009.9.14　1審判決 2009.9.28　1審確定
106	新・北海道石炭じん肺 第3陣訴訟	国	15(15)	2010.3.26（1審判決） 2010.4.9（1審確定）
107	西日本石炭じん肺 第2陣訴訟	日鉄鉱業	2 (2)	2010.6.17 上告不受理・棄却

最高裁 横浜地裁 横須賀支部 東京高裁	231,000,000	造船	1999.7.7
札幌地裁	160,000,000	炭鉱	1998.2.27
札幌地裁	1,230,000,000	炭鉱	1998.2.27
東京高裁 浦和地裁 熊谷支部 最高裁	272,800,000	金属鉱山	1992.10.12
東京高裁 浦和地裁 熊谷支部 最高裁			
さいたま地裁 熊谷支部			
最高裁 福岡地裁・ 飯塚支部 福岡高裁	565,590,000	炭鉱	1985.12.26
最高裁 盛岡地裁 仙台高裁	178,910,000	金属鉱山	1987.12.10
	27,550,000	金属鉱山	1990.2.15
横浜地裁 横須賀支部	350,000,000	造船	2002.5.30
札幌高裁 札幌地裁	518,000,000	炭鉱	1986.10.20
最高裁 長崎地裁 福岡高裁	290,000,000	炭鉱	2000.7.4
横浜地裁 横須賀支部	218,830,000	造船	2003.7.7
最高裁 札幌高裁 札幌地裁	247,500,000	炭鉱	1986.10.20

83	米海軍横須賀基地 石綿じん肺第1陣	国	10	2004.4.8 最高裁不受理決定 【1審判決】2002.10.7 【控訴審判決】 2003.5.27
84	北海道石炭じん肺3陣	三井建設	31	2002.12.9（和解）
85	北海道石炭じん肺3陣	住友石炭	91	2002.12.25（和解）
86	秩父じん肺	ニッチツ（株）	14	2003.7.28（和解） 【1審判決】1999.4.27 【控訴審判決】 2001.10.23
		菱光石炭・ 太平洋セメント・ 武甲鉱山	3	2003.9.22（和解） 【1審判決】1999.4.27 【控訴審判決】 2001.10.23
		新鉱工業	1	2003.9.29（和解）
87	筑豊じん肺	日鉄鉱業・国	60	2001.4.27（上告棄却） 【1審判決】1995.7.20 【控訴審判決】 2001.7.19
88	釜石鉱山じん肺	日鉄鉱業	11（11）	2004.6.8 上告不受理・棄却 【1審判決】2001.3.30
89	ラサ工業・大峰鉱山 じん肺	ラサ工業・日鉄鉱業	3（3）	【控訴審判決】 2003.1.20
90	米海軍横須賀基地 石綿じん肺第2陣	国	22	2004.11.1（和解）
91	北海道石炭じん肺	国	70（70）	2004.12.15（和解） 【1審判決】1999.5.28
92	日鉄鉱業じん肺 全国訴訟2次	日鉄鉱業	13（13）	2005.2.22上告不受理 【1審判決】1999.12.25 【控訴審判決】 2004.7.12
93	米海軍横須賀基地 石綿じん肺第3陣	国	15（15）	2005.5.30（和解）
94	北海道石炭じん肺 第1陣・2陣	国	9（9）	2005.7.14 上告不受理決定 【1審判決】1999.5.28 【控訴審判決】 2004.12.15

宮崎地裁			1998.4.21
新潟地裁			1997.12.10
金沢地裁			1997.10.8
佐賀地裁			1999.5.19
大分地裁			
松山地裁			
横浜地裁			
札幌地裁			
鹿児島地裁			
福井地裁			
松江地裁			
岐阜地裁			
		石灰石工場	1996.2.20
福岡地裁	115,000,000	炭坑	1998.1.29
最高裁	251,000,000	炭坑	1996.12.25
長崎地裁	128,000,000	造船	1998.12.25
	1,280,000,000	炭鉱	1985.12.26
札幌高裁 札幌地裁		炭鉱	1986.10.20/ 1998.2.27
福岡地裁		炭鉱	1993.12.1/ 1998.1.28
		炭鉱	2002.3.4

		鹿島建設ほか28社	15(15) 2(2) 2(2)	2001.5.28 2001.10.5 2001.12.14
		大成建設ほか32社	9(9) 17(17)	2001.5.31 2002.1.17
		鹿島建設ほか20社	15(15)	2001.5.31(和解)
		鹿島建設ほか30社	12(9)	2001.7.10(和解)
		大成建設ほか	11(9)	2001.7.17(和解)
		大成建設ほか	69(54)	2001.7.25(和解)
		鹿島建設ほか	9(7)	2001.7.25(和解)
		鹿島建設ほか	32(24) 25(25)	2001.8.31 2002.1.24
		鹿島建設ほか29社	22(16)	2001.9.17(和解)
		鹿島建設ほか28社	21(15) 13(7)	2001.9.19 2002.1.23
			25(18)	2001.10.24
			11(11) 3(3)	2001.12.19 2002.1.31
78	大野じん肺	三峰石炭	4(1)	2000.9.29(和解)
79	三池じん肺第2陣	三井建設	20(12)	2001.5.2(和解)
80	日鉄鉱業じん肺 全国訴訟	日鉄鉱業	24(15)	2001.5.14(上告不受理) 【1審判決】1998.11.25 【控訴審判決】 2000.7.28
81	三菱長崎造船じん肺 訴訟	三菱重工(株)	102(77)	2002.6.7(和解)
82	筑豊じん肺	三井鉱山・三井石炭	67	2002.8.1(和解) 【1審判決】1995.7.20 【控訴審判決】 2001.7.19
	北海道石炭じん肺 1・2陣3陣	三井鉱山・三井石炭	190	2002.8.2(和解) 【1審判決】1999.5.28
	三池じん肺 第1陣・第2陣	三井鉱山・三井石炭	62(38) 123(113)	2002.8.1(和解) 【1審判決】2001.12.18
	三井松島じん肺	三井鉱山・三井石炭	3	2002.8.1(和解)

水戸地裁	354,230,000	炭鉱	1993.5.26
徳島地裁	685,000,000	ずい道工事	1989.3.27
松山地裁	193,000,000	ずい道工事	1989.3.27
仙台高裁	1,639,370,000	金属鉱山	1992.5.19
高知地裁	42,660,000	ずい道工事	1992.5.19
福岡高裁	247,000,000	炭鉱	1985.12.26
横浜地裁 横須賀支部	104,000,000	造船	1988.7.14
福岡高裁	744,000,000	炭鉱	1985.12.26
札幌地裁	270,000,000	炭鉱	1986.10.20
札幌地裁	182,000,000	炭鉱	1986.10.20
函館地裁	498,000,000	ずい道工事ほか	1990.12
福岡高裁	196,369,232	炭鉱	1985.12.26
札幌地裁	101,580,000	炭鉱	1986.10.20
浦和地裁 熊谷支部	6,924,000	金属鉱山	1993.105
最高裁	456,000,000	炭鉱	1985.12.26
仙台地裁	103,000,000	トンネル工事	1997.5.19
仙台地裁	153,000,000	トンネル工事	1997.5.19
東京地裁		トンネル工事	1997.5.19
長野地裁			1997.12.10
徳島地裁			1997.5.19
仙台地裁			1997.5.19
前橋地裁			1997.12.10
熊本地裁			1997.10.8
広島地裁			1997.12.10

62	常磐炭田北茨城じん肺 （第3陣）	常磐興産	91（85）	1996.3.12（和解）
63	四国（徳島）じん肺	鹿島建設ほか37社	45（45）	1996.3.27（和解）
64	四国（愛媛）じん肺	鹿島建設ほか23社	15（15）	1996.7.10（和解）
65	三菱マテリアル 細倉じん肺	三菱マテリアル 熊谷組　ほか	107（107）	1996.10.15（和解）
66	四国（高知）じん肺 （2次）	鹿島建設ほか18社	3（3）	1996.11.5（和解）
67	筑豊じん肺	古河機械金属	43（14）	1997.2.27（和解）
68	横須賀石綿じん肺	住友重機機械工業	8（8）	1997.3.31（和解）
69	筑豊じん肺	三菱マテリアル	138（36）	1997.4.25（和解）
70	北海道石炭じん肺	三菱マテリアル	44（18）	1997.4.25（和解）
71	北海道石炭じん肺	三井建設	47（24）	1997.12.18（和解）
72	道南地方じん肺	建設公団ほか44社	32（32）	1998.1.30（和解）
73	筑豊じん肺	住友石炭鉱業	26（9）	1998.2.6（和解）
74	北海道石炭じん肺	北海道石炭鉱業		1998.7.22（和解）
75	秩父じん肺	山口組・磯田建設	2（2）	1998.11.10（和解）
76	伊王島じん肺	日鉄鉱業	32（22）	1999.4.22（上告棄却） 【1審判決】1994.12.13 【控訴審判決】 1996.7.31
77	全国トンネルじん肺	建設公団	8	1999.7.12（和解）
			13	1999.7.29（和解）
		鹿島建設ほか30社	26（26）	2001.2.15（和解）
		鹿島建設ほか17社	10（10） 18（18）	2001.3.2 2002.1.21
		大成建設ほか36社	23（23） 37（37）	2001.3.5 2001.10.5
		鹿島建設ほか25社	28（25） 13（13） 37（37） 25（25）	2001.3.12 2001.10.15 2001.12.17 2002.1.21
		大成建設ほか11社	34（19）	2001.3.16（和解）
		鹿島建設ほか32社	17（14） 15（12）	2001.4.20（和解） 7.9
		鹿島建設ほか32社	25（19）	2001.5.16（和解）

福島地裁 いわき支部	915,110,000	炭鉱	1988.11.29
名古屋地裁	7,000,000	窯業	1988.12
水戸地裁	350,590,000	炭鉱	1990.2.26
大阪地裁 大阪高裁	40,330,000	ずい道工事	1985.12.28
大阪地裁	32,000,000	ずい道工事	1986.12.5
水戸地裁	238,000,000	炭鉱	1992.2.19
盛岡地裁	32,000,000	ずい道工事	1988.4.19
東京地裁 東京高裁 最高裁	77,460,000	採石場さく石作業	1982.4.21
佐賀地裁	13,000,000	ずい道工事	1990.10.24
福島地裁 いわき支部	104,080,000	炭鉱	1992.2.18
神戸地裁 姫路支部	31,500,000	ずい道工事	1988.6.13
名古屋地裁	17,000,000	窯業	1988.8.2
函館地裁	41,000,000	ずい道工事	1990.12
盛岡地裁	16,000,000	ずい道工事	1989.1.12
千葉地裁 東京高裁	30,000,000	ずい道工事 炭鉱坑道掘削	1988.12.1
大分地裁	30,000,000以上	ずい道工事	1989.2.2
①長崎地裁 佐世保支部 ②福岡高裁 ③最高裁 ④福岡高裁	724,959,873	炭鉱	1979.11.1
仙台高裁	30,000,000	金属鉱山	1992.5.19
高知地裁	152,000,000	ずい道工事	1989.3.27
福島地裁 いわき支部	783,570,000	炭鉱	1992.10.9

42	常磐じん肺第2陣	常磐興産	93(64)	1992.9.9(和解)
43	小柴じん肺	瀬戸窯業原料	1	1992.12.24(和解)
44	常磐炭田 北茨城じん肺第1陣	常磐興産	37(29)	1993.3.24(和解)
45	大阪高見じん肺	大林組	1	1993.4.30(和解) 【1審判決】1993.3.29
46	大阪西森じん肺	鉄建建設・間組	1	1994.2.8(和解)
47	常磐炭田 北茨城じん肺2陣	常磐興産	23(23)	1994.2.9(和解)
48	岩手トンネルじん肺	佐藤工業ほか1社	2(2)	1994.3.10(和解)
49	東京松尾じん肺	日鉄鉱業・菅原工業	3(3)	1994.3.22(上告棄却) 【1審判決】1990.3.27 【2審判決】1992.7.17
50	多久じん肺	飛島建設ほか8社	1	1994.3.31(和解)
51	常磐じん肺 第3陣1次	常磐興産	10(10)	1994.4.13(和解)
52	大阪片岡じん肺	鉄建建設・熊谷組 播磨耐火レンガ	1	1994.5.18(和解)
53	小出じん肺	愛知東陶	1	1994.6.16(和解)
54	道南地方じん肺 (中外分)	中外鉱業	2(2)	1994.11.11(和解)
55	岩手トンネルじん肺 (小平沢)	鹿島建設ほか7社	1	1994.11.21(和解)
56	千葉佐藤じん肺	前田建設・青木建設・ 住友石炭鉱業・ 三井石炭鉱業	1	1994.12.19(和解) 【1審判決】1993.8.9
57	大分じん肺	大林組	1	1995.3.22(和解)
58	長崎北松じん肺	日鉄鉱業	180(63)	1955.9.8(差戻審判決) 【1審判決】1985.3.25 【控訴審判決】 1989.3.31 【上告審判決】 1994.2.22
59	三菱マテリアル細倉 じん肺	熊谷組	6(6)	1995.12.1(和解)
60	四国(高知)じん肺1次	西松建設ほか22社	9(9)	1996.3.11(和解)
61	常磐じん肺 (第3陣2次・3次)	常磐興産	193(178)	1996.3.12(和解)

大阪地裁 堺支部	20,000,000	ずい道工事	1981.5.12
前橋地裁	25,000,000	ずい道工事	1984.11.9
千葉地裁	15,400,000	金属鉱山	1983.7.22
静岡地裁 浜松支部 東京高裁	357,000,000	金属鉱山	1978.12.11
東京地裁	38,000,000	石綿じん肺	
東京地裁	14,600,000	金属鉱山	1985.5.5
秋田地裁 大館支部	10,000,000	ずい道工事	1986.4.4
大分地裁		ずい道工事	1985.4.24
東京地裁	22,500,000	炭鉱	1984.10.23
名古屋地裁	5,500,000	窯業	1988.5
東京地裁	15,500,000	採石作業	1984.2.10
名古屋地裁	8,000,000	鉱物輸送	1983.6.18
名古屋地裁	22,000,000	ずい道工事	1987.9.30
東京地裁	20,000,000	ずい道工事	1983.6.5
鳥取地裁 広島高裁 松江支部	35,000,000	ずい道工事	1983.5.11
福岡地裁 小倉支部	6,000,000	鉱業所のさく岩作業	1981.12.1
名古屋地裁	21,000,000	ずい道工事	1988.7.19
大津地裁 大阪地裁	25,919,924 27,078,651	ずい道工事	1978.3.31
秋田地裁		金属研磨	1985.8
福島地裁 いわき支部 仙台高裁	420,000,000	炭鉱	1985.9.17
札幌地裁	1,810,000,000	採鉱作業	1980.9.7

21	大阪末永じん肺	熊谷組	1	1988.7.11（和解）
22	群馬仲川じん肺	熊谷組	1	1988.7.18（和解）
23	千葉芳賀じん肺	中外鉱業 住友金属鉱山	1	中外1988.9.19 住友1988.12.27（和解）
24	遠州じん肺（古河分）	古河鉱業 （現古河機械金属）	64 12患者・ 11遺族	1989.2.10（和解） 【1審判決】1986.6.30
25	菊池じん肺	重本電気工芸	1	1988.2.20（和解）
26	長嵐じん肺	住友金属鉱山	1	1989.6.5（和解）
27	秋田じん肺（田沢）	熊谷組・丸栄大和建設 鉄建建設・稲村工務店 飛鳥建設	1	1989（和解）
28	金山じん肺	大豊建設・奥村組	1	1989.4.22（和解）
29	井田じん肺	常磐興産（旧常磐炭礦）	1	1989.10.16（和解）
30	今場じん肺	大和窯業	1	1989.10.24（和解）
31	伊藤じん肺	日鉄鉱業・時田組 日本滑石製錬・飛鳥建設	1	1989.11.17（和解）
32	安部じん肺	日本通運	1	1989.11.22（和解）
33	関口じん肺	西松建設・吉田建設	1	1989.12.12（和解）
34	渡辺じん肺	古河鉱業・飛鳥建設・ 日本セメント・ 日の出通運	1	1989.12.15（和解）
35	竹本じん肺	間組・木部建設	1	1989.12.27（和解） 【1審判決】1987.7.30
36	小川じん肺	三菱金属	1	1990.3.3（和解）
37	山口じん肺	西松建設・前田建設 光田建設	1	1990.5.21（和解）
38	京滋じん肺	間組	4（2）	1991.5.14（和解） 【1審判決】1987.4.27
39	秋田じん肺	東北製鋼・日本鋳造	1	1991.4.7（和解）
40	常磐じん肺第1陣	常磐興産	75（24）	1992.1.24（和解） 【1審判決】1990.2.28
41	北海道金属じん肺	住友金属鉱山・日本工業、 三菱マテリアル・等11社	271（121）	1992.7.27（和解）

裁判所	解決額	業種	提訴日
京都地裁	2,933,614	窯業	1972.10.25
大阪地裁 大阪高裁	1,128,413	溶接工	1976.7.31
東京地裁	鈴鹿功　52,000,000 亡菊池稔の遺族　28,190,000	石綿吹付け作業	1978.8.13
大阪地裁 大阪高裁	1,000,000	製缶工	1975.12
神戸地裁 尼崎支部 大阪地裁	75,700,000	タール・ピッチ製造	1974.10.24
京都地裁	21,964,048	窯業	1977.12.2
前橋地裁	25,100,000	タルク・ペントナイト製造	1981.10.31
東京地裁	17,500,000	ずい道工事	1982.3.30
名古屋地裁 名古屋地裁	6,000,000 11,150,000	窯業	1981.10.20
横浜地裁	7,000,000	溶接工	1983.4.12
宇都宮地裁	260,000,000	タルク・ペントナイト製造	1980.4.9/ 1980.11.11
東京地裁	17,500,000	ずい道工事	1981.9.26
前橋地裁 東京高裁	15,000,000	鉱石（硫黄）かす処理作業	1980.5.8
前橋地裁 東京高裁	25,450,000	ずい道工事	19980.12.23
長野地裁	180,000,000	石綿製造	1977.10.12
福島地裁 郡山支部 仙台高裁	44,320,000	マンガン鉱石ケイ石作業及び電気炉作業	1980.4.28
東京地裁	28,000,000	ずい道工事	1981.3.29
東京地裁	25,000,000	ずい道工事	1982.2.10
東京高裁	24,000,000	ずい道工事	1978.12.11
東京高裁	24,000,000	ずい道工事	1978.12.11

既に解決した主要じん肺事件一覧（2017年9月20日現在）

	事件名	被告	原告数	解決日
1	森田じん肺	共立窯業	1	1975.12.23（1審確定）
2	清水じん肺	大阪日論工業日立造船	1	1978.7.21（2審確定） 【1審判決】1977.9.16
3	鈴鹿じん肺	日本アスベスト トムレックス工事	7	1980.3.6（和解）
4	大岩じん肺 （佐野安船渠事件）	佐野安船渠	1	1980.4.14（和解）
5	昭和電極じん肺	昭和電極	15	1981.7.1（和解） 【1審判決】1979.10.25
6	東前じん肺	日本陶科	1	1983.10.14（1審確定）
7	島田じん肺	豊順鉱業	1	1983.12.20（和解）
8	渡辺じん肺	熊谷組	1	1984.5.21
9	愛知窯業じん肺	品川白煉瓦 藤井窯業原料 マルエス窯業原料	2	1984.5.29（和解） 1985.2.7（和解）
10	宮下じん肺	東京プレス工業	1	1985.9.19（和解）
11	クニミネじん肺	クニミネじん肺	1次　1 2次　33	1985.10.23（和解）
12	山口じん肺	熊谷組	1	1986.6.6（訴え取下）
13	松永じん肺	東レ 帝国硫黄工業	1	1986.7.9（和解） 【1審判決】1985.11.12
14	嶋方じん肺	前田建設工業	1	1986.6.25（和解） 【1審判決】1985.11.12
15	長野石綿じん肺	平和石綿 朝日石綿 国	24	1986.7.10 （控訴取下和解） 【1審判決】1986.6.27
16	郡山じん肺	日本電工	7	1987.7.10（和解） 【1審判決】1984.7.19
17	廣野じん肺	飛鳥建設	1	1987.7.24（和解）
18	牧野じん肺	間組	1	1988.5.10（和解）
19	遠州じん肺（川口）	飛鳥建設	1	1988.5.14（和解）
20	遠州じん肺（植杉）	間組	1	1988.5.14（和解）

92	関西建設アスベスト訴訟（大阪）	国・建材企業42社	2016.1.22	大阪地裁
93	関西建設アスベスト訴訟（京都）	国・建材企業32社	2016.1.29	京都地裁
94	西日本石炭じん肺（田川事件）	日鉄鉱業	2016.2.23	福岡地裁
95	三井金属神岡鉱山じん肺訴訟第2陣	三井金属鉱業	2017.3.15	最高裁
96	首都圏建設アスベスト訴訟（神奈川2陣）	国・建材企業43社	2017.10.24	横浜地裁
97	首都圏建設アスベスト訴訟（神奈川1陣）	国・建材企業43社	2017.10.27	東京高裁５民
98	首都圏建設アスベスト訴訟（東京1陣）	国・建材企業42社	2018.3.14	東京高裁10民
99	関西建設アスベスト訴訟（京都）	国・建材企業14社	2018.8.31	大阪高裁４民
100	関西建設アスベスト訴訟（大阪）	国・建材企業22社	2018.9.20	大阪高裁３民

64	新・北海道石炭じん肺第3陣訴訟	国	2010.3.26	札幌地裁
65	西日本石炭じん肺第3陣訴訟	日鉄鉱業	2010.5.19	福岡地裁
66	大阪泉南アスベストじん肺	国	2010.5.19	大阪地裁
67	西日本石炭じん肺第2陣訴訟（62の上告審）	日鉄鉱業	2010.6.17	最高裁
68	西日本石炭じん肺第3陣訴訟（64の控訴審）	日鉄鉱業	2011.1.31	福岡高裁
69	西日本石炭じん肺2次（第2グループ）	日鉄鉱業	2012.3.1	最高裁
70	西日本石炭じん肺3次	日鉄鉱業	2011.9.28	福岡地裁
71	同上	日鉄鉱業	2012.3.12	福岡高裁
72	同上	日鉄鉱業	2013.2.26	最高裁
73	西日本石炭じん肺4次	日鉄鉱業	2012.8.27	福岡地裁
74	同上	日鉄鉱業	2013.2.18	福岡高裁
75	同上	日鉄鉱業	2013.11.7	最高裁
76	西日本石炭じん肺5次	日鉄鉱業	2012.12.26	福岡地裁
77	同上	日鉄鉱業	2013.7.17	福岡高裁
78	同上	日鉄鉱業	2014.6.24	最高裁
79	大阪泉南アスベスト国賠1陣訴訟	国	2011.8.25	大阪高裁
80	大阪泉南アスベスト国賠2陣訴訟	国	2012.3.28	大阪地裁
81	同上	国	2013.12.25	大阪高裁
82	首都圏建設アスベスト訴訟（東京）	国・建材企業42社	2012.12.5	東京地裁
83	首都圏建設アスベスト訴訟（神奈川）	国・建材企業43社	2012.5.25	横浜地裁
84	三井金属神岡じん肺訴訟	三井金属鉱業	2014.6.27	岐阜地裁
85	三菱下関造船所じん肺訴訟	三菱重工	2011.6.27	山口地裁下関支部
86	三菱下関造船所じん肺訴訟	三菱重工	2014.9.24	広島高裁
87	大阪泉南アスベスト国賠1,2陣訴訟	国	2014.10.9	最高裁
88	九州建設アスベスト訴訟	国・建材企業42社	2014.11.7	福岡地裁
89	トンネルじん肺根絶訴訟	清水建設	2015.3.25	松山地裁
90	三菱下関造船所じん肺訴訟	三菱重工	2015.10.29	最高裁
91	三井金属神岡じん肺訴訟	三井金属鉱業	2016.1.21	名古屋高裁

45	米海軍横須賀石綿上告不受理決定（44の上告審）	国	2004.4.8	最高裁
46	筑豊じん肺（37の上告審）	日鉄鉱業・国	2004.4.27	最高裁
47	釜石鉱山じん肺上告不受理・棄却（42の上告審）	日鉄鉱業	2004.6.8	最高裁
48	ラサ工業・大峰鉱山じん肺判決上告不受理・棄却（43の上告審）	日鉄鉱業	2004.6.8	最高裁
49	日鉄じん肺全国訴訟2次訴訟（41の控訴審）	日鉄鉱業	2004.7.12	福岡高裁
50	北海道石炭じん肺（30の控訴審）	国	2004.12.15	札幌高裁
51	日鉄じん肺全国訴訟2次訴訟（48の上告審）不受理	日鉄鉱業	2005.2.22	最高裁
52	北海道石炭じん肺（50の上告審）不受理	国	2005.7.14	最高裁
53	三井松島じん肺	三井鉱山・三井石炭	2005.12.13	長崎地裁
54	トンネルじん肺根絶訴訟	国	2006.7.7	東京地裁
		国	2006.7.13	熊本地裁
		国	2006.10.12	仙台地裁
		国	2007.3.28	徳島地裁
		国	2007.3.30	松山地裁
55	住友重機石綿じん肺第2次訴訟	住友重機	2006.10.30	横浜地裁横須賀支部
56	三菱長船じん肺第2陣訴訟	三菱重工	2007.7.31	長崎地裁
57	西日本石炭じん肺	日鉄鉱業	2007.8.1	福岡地裁
58	西日本石炭じん肺（57の控訴審）	日鉄鉱業	2008.3.17	福岡高裁
59	西日本石炭じん肺第2陣訴訟	日鉄鉱業	2008.9.24	福岡地裁
60	三菱長船じん肺第2陣訴訟（56の控訴審）	三菱重工	2009.2.9	福岡高裁
61	西日本石炭じん肺第1陣訴訟（58の上告審）不受理	日鉄鉱業	2009.4.28	最高裁
62	西日本石炭じん肺第2陣訴訟（59の控訴審）	日鉄鉱業	2009.6.22	福岡高裁
63	リゾートソリューションアスベストじん肺	リゾートソリューション	2009.9.14	高松地裁

23	筑豊じん肺判決	古河鉱業・住友石炭鉱業・三井石炭鉱業・三菱マテリアル・日鉄鉱業・国	1995.7.20	福岡地裁飯塚支部
24	長崎北松じん肺判決（20の差戻審）	日鉄鉱業	1995.9.8	福岡高裁
25	三菱マテリアル細倉じん肺判決	三菱マテリアル 熊谷組　ほか	1996.3.22	仙台地裁
26	長崎伊王島じん肺判決（22の控訴審）	日鉄鉱業	1996.7.31	福岡高裁
27	日鉄じん肺全国訴訟判決	日鉄鉱業	1998.11.25	長崎地裁
28	長崎伊王島じん肺判決（26の上告審）	日鉄鉱業	1999.4.22	最高裁
29	秩父じん肺第１陣判決	ニッチツ・菱光石炭	1999.4.27	浦和地裁熊谷支部
30	北海道石炭じん肺判決	三井鉱山・三井石炭・国	1999.5.28	札幌地裁
31	日鉄じん肺全国訴訟判決（27の控訴審）	日鉄鉱業	2000.7.28	福岡高裁
32	秩父大野じん肺判決	三峰石炭	2000.9.13	浦和地裁
33	秩父じん肺第2陣判決	ニッチツ・菱光石炭	2001.3.19	浦和地裁熊谷支部
34	釜石鉱山じん肺判決	日鉄鉱業	2001.3.30	盛岡地裁
35	ラサ工業・大峰鉱山じん肺判決	日鉄鉱業	2001.3.30	盛岡地裁
36	日鉄じん肺全国訴訟１次上告不受理決定（31の上告審）	日鉄鉱業	2001.5.14	最高裁
37	筑豊じん肺判決（23の控訴審）	三井石炭鉱業・日鉄鉱業・国	2001.7.19	福岡高裁
38	秩父じん肺第１陣判決（29の控訴審）	ニッチツ・菱光石炭	2001.10.23	東京高裁
39	三池じん肺第１陣・２陣判決	三井鉱山・三井石炭	2001.12.18	福岡地裁
40	米海軍横須賀石綿じん肺１陣判決	国	2002.10.7	横浜地裁横須賀支部
41	日鉄じん肺全国訴訟２次訴訟判決	日鉄鉱業	2002.12.25	長崎地裁
42	釜石鉱山じん肺判決（34の控訴審）	日鉄鉱業	2003.1.20	仙台高裁
43	ラサ工業・大峰鉱山じん肺判決（35の控訴審）	日鉄鉱業	2003.1.20	仙台高裁
44	米海軍横須賀石綿	国	2003.5.27	東京高裁

主要なじん肺判決一覧（2018年9月27日現在）

	事件名	被告	判決	裁判所
1	共立陶業事件判決	共立窯業	1975.12.23	京都地裁
2	清水じん肺事件判決	大阪日論工業日立造船	1977.9.16	大阪地裁
3	清水じん肺事件判決	大阪日論工業日立造船	1978.7.21	大阪高裁
4	大岩じん肺事件判決	佐野安船渠	1979.4.23	大阪地裁
5	昭和電極じん肺判決	昭和電極	1979.10.25	神戸地裁尼崎支部
6	日本陶科じん肺判決	日本陶科	1983.10.14	京都地裁
7	郡山じん肺訴訟判決	日本電工	1984.7.19	福島地裁郡山支部
8	長崎北松じん肺訴訟判決	日鉄鉱業	1985.3.25	長崎地裁 佐世保支部
9	松永じん肺・嶋方じん肺判決	前田建設工業	1985.11.12	前橋地裁
10	長野じん肺訴訟判決	平和石綿・ 朝日石綿・国	1986.6.27	長野地裁
11	遠州じん肺訴訟判決	飛島建設・間組・古河 鉱業	1986.6.30	静岡地裁浜松支部
12	間組・嶋田事件判決	間組	1987.4.27	大津地裁
13	鳥取じん肺訴訟判決	間組・木部建設	1987.7.30	鳥取地裁
14	長崎じん肺訴訟判決 （8の控訴審）	日鉄鉱業	1989.3.31	福岡高裁
15	常磐じん肺第1陣訴訟判決	常磐興産	1990.2.28	福島地裁 いわき支部
16	東京松尾じん肺訴訟判決	日鉄鉱業	1990.3.27	東京地裁
17	東京松尾じん肺訴訟判決 （16の控訴審）	日鉄鉱業	1992.7.17	東京高裁
18	大阪高見じん肺訴訟判決	大林組	1993.3.29	大阪地裁
19	千葉佐藤じん肺訴訟判決	前田建設・青木建設・ 住友石炭鉱業・ 三井石炭鉱業	1993.8.9	千葉地裁
20	長崎じん肺訴訟判決 （14の上告審）	日鉄鉱業	1994.2.22	最高裁
21	東京松尾じん肺訴訟判決 （15の上告審）	日鉄鉱業	1994.3.22	最高裁
22	長崎伊王島じん肺判決	日鉄鉱業	1994.12.13	長崎地裁

㉑国と建材メーカーの法的責任を問う――首都圏建設アスベスト訴訟の現局面と今後の展開（特集 アスベスト被害 国の不作為責任を問う）
働くもののいのちと健康／働くもののいのちと健康を守る全国センター 編（通号 45）2010
㉒国と建材メーカーの法的責任を問う――首都圏建設アスベスト訴訟の現局面と今後の展開（特集 アスベスト被害者の救済と、飛散防止に向けて）
建設政策／建設政策研究所 編（135）2011-01
㉓講演 筑豊じん肺訴訟 最高裁判決の目線で：泉南国賠訴訟大阪高裁判決を斬る
働くもののいのちと健康／働くもののいのちと健康を守る全国センター 編（50）2012
㉔首都圏建設アスベスト訴訟 東京地裁判決の評価［2012.12.5］（特集 アスベスト訴訟の到達と課題）
建設労働のひろば／「建設労働のひろば」編集委員会 編（85）2013-01
㉕労働者の命・健康・尊厳を守る 謝れ、償え、なくせじん肺：長崎北松じん肺訴訟からアスベスト訴訟へ（創刊500号記念特集 憲法の危機に抗しつづけて；平和・民主主義・人権闘争のバトンを引き継いで）
法と民主主義（500・501）2015
㉖建設アスベスト訴訟の到達点と勝利にむけて（小特集 アスベスト問題）
働くもののいのちと健康／働くもののいのちと健康を守る全国センター 編（71）2017
㉗遺稿 国のトンネルじん肺防止政策を転換させる闘い：全国トンネルじん肺根絶訴訟 2007年日本労働弁護団賞受賞（日本労働弁護団創立60周年記念号；最近10年間の権利闘争の報告と問題提起）
季刊労働者の権利（323）（通号 extra issue）2017-10

⑪トンネルじん肺の根絶に向けた新たな闘い（特集 権利闘争の焦点）
季刊労働者の権利（通号 248）2003-01
⑫トンネルじん肺の根絶に向けた新たな闘い（特集 規制緩和下の労働安全問題）
建設政策／建設政策研究所 編（90）2003-07
⑬トンネルじん肺勝利判決とアスベスト問題（特集 アスベストシンポジウム）
働くもののいのちと健康／働くもののいのちと健康を守る全国センター 編（通号 29）2006
⑭判決の意義と展望——東京・熊本・仙台地裁の判決を受けて（巻頭企画 全国トンネルじん肺根絶訴訟勝利判決）
建設政策／建設政策研究所 編（110）2006-11
⑮被害根絶にむけた大きな世論が必要——アスベスト訴訟の現状と課題（特集 アスベスト問題はこれからだ）
働くもののいのちと健康／働くもののいのちと健康を守る全国センター 編（通号 33）2007
⑯全国トンネルじん肺根絶訴訟判決の意義と展望——東京［平成18.7.7］・熊本［平成18.7.13］・仙台［平成18.10.12］地裁判決を受けて
岩城邦治・須納瀬学 他
労働法律旬報（1645）2007-04
⑰判決・ホットレポート 国のトンネルじん肺防止政策を転換させる——全国トンネルじん肺根絶訴訟の勝利解決
法と民主主義（420）2007-07
⑱国のトンネルじん肺防止政策を転換させる——全国トンネルじん肺根絶訴訟の勝利解決［含 資料／トンネルじん肺防止対策に関する合意書（二〇〇七・六・一八)］
労働法律旬報（1657）2007-10
⑲首都圏建設アスベスト訴訟の取り組み（特集 国家賠償 3・2アスベスト訴訟シンポ）
社会労働衛生 5（3）2008-05
⑳首都圏建設アスベスト訴訟の主要な争点（小特集 アスベスト問題はこれからだ）
働くもののいのちと健康／働くもののいのちと健康を守る全国センター 編（通号 38）2009

山下登司夫弁護士　著作論文目録

①八洲測量「初任給切下げ」判決の奇妙な論理――八洲測量事件・東京地裁判決（昭54.10.29）批判（八洲測量初任給切下げ・東京地裁判決批判）
労働法律旬報（通号 990）1979-12-25

②「車持ち」ダンプ運転手の労働者性――全日自労思川砂利事件と茨城地労委命令の意義（「非労働者化」政策と思川砂利事件の意義）
労働法律旬報（通号 996）1980-03-25

③八洲初任給訴訟での争点――一審古館判決の問題点と東京高裁（八洲・初任給裁判シンポジウム〈特集〉）
賃金と社会保障（通号 860）1983-02-25

④企業側の故意責任と時効の起算点をめぐる判断――常磐じん肺第1陣判決の意義〔含 判決〕（じん肺訴訟の意義と運動の到達点〈特集〉）
労働法律旬報（通号 1239）1990-05-10

⑤常磐じん肺第1陣訴訟の勝利和解（じん肺裁判の問うもの〈特集〉）
いのちと健康 1992（4）1992-03

⑥じん肺訴訟から見たじん肺防止対策の現実と制度改革の必要性（最古・最大の職業病――じん肺患者の救済とじん肺の根絶を求めて（制度改革を追求するじん肺シンポジウム））
法と民主主義（通号 281）1993-10

⑦三菱細倉じん肺全面解決の意義（小特集 企業が社会的責任を認め「謝罪」――人間の尊厳をかけた三菱細倉じん肺訴訟）
法と民主主義（通号 314）1996-12

⑧労災・職業病最新情報-1- じん肺訴訟の到達点と残された課題
労働法律旬報（通号 1405）1997-04-10

⑨早期全面解決の展望を切り開いた全国トンネルじん肺訴訟東京地裁勝利和解（権利闘争の焦点）
季刊労働者の権利（通号 239）2001-04

⑩トンネルじん肺の根絶に向けた新たなたたかい（特集 労災職業病の当面する課題の検討）
働くもののいのちと健康／働くもののいのちと健康を守る全国センター 編（14）2003

山下登司夫弁護士　年譜

1942（昭和17）年6月20日生まれ

1949（昭和24）年4月	明星学園小学校　入学
	明星学園小学校、中学校、高等学校　在籍
1961（昭和36）年3月	明星学園高等学校　卒業
1961（昭和36）年4月	日本大学　法学部　入学
1965（昭和40）年3月	同上　卒業
1970（昭和45）年12月	結婚
1971（昭和46）年4月	弁護士登録
1973（昭和48）年3月	文京総合法律事務所　入所
1985（昭和60）年7月	文京協同法律事務所　開設
	（小野寺利孝弁護士と共同経営）
2004（平成16）年4月	山下登司夫法律事務所　開設

2017（平成29）年6月21日　逝去

山下《やました》登司夫《としお》弁護士《べんごし》追悼《ついとう》論集《ろんしゅう》
なくせ！　じん肺《ぱい》・アスベスト被害《ひがい》——法廷内外《ほうていないがい》における闘《たたか》いの軌跡《きせき》

2018年12月15日　第1版第1刷発行

編　者　山下《やました》登司夫《としお》弁護士《べんごし》追悼《ついとう》論集《ろんしゅう》刊行《かんこう》委員会《いいんかい》

発行者　串崎　浩

発行所　株式会社日本評論社
〒170-8474　東京都豊島区南大塚3-12-4
電話　03-3987-8621（販売）　-8592（編集）
FAX　03-3987-8590（販売）　-8596（編集）
振替　00100-3-16　http://www.nippyo.co.jp/
印刷所　倉敷印刷株式会社
製本所　牧製本印刷株式会社
装　幀　百駱駝工房
検印省略　
ISBN978-4-535-52401-9